코로나19 이후 중·소형 교회의 비대면 교회 교육 현황 연구

뉴노멀 교회교육 리포트

코로나19 이후 중·소형 교회의 비대면 교회교육 현황 연구 보고서

뉴노멀 교회교육 리포트

공저
이숙경, 전병철, 이수인, 서혜란
ACTS 교육연구소

뉴노멀 교회교육 리포트

초판 1쇄 발행 2022년 5월 20일

지은이   이숙경, 전병철, 이수인, 서혜란 (ACTS 교육연구소)
펴낸이   김한수
편 집   박민선

펴낸곳   한국NCD미디어
등 록   과천 제2016-000009호
주 소   경기도 과천시 문원청계2길50 로고스센터 206호
전 화   02-3012-0520
이메일   ncdkorea@hanmail.net
홈주소   www.ncdkorea.net

ISBN 979-11-91609-07-3   03230

copyright©한국NCD미디어 2022
Printed in Seoul, Korea

* 이 책은 한국NCD미디어가 저작권자와의 계약에 따라 발행한 것이므로 본사의 협의없는 무단전재와 무단복제를 엄격히 금합니다.
* 잘못 만들어진 책은 구입처에서 교환해드립니다.

값 20,000원

우리의 영역으로 다음 세대를 불러서
우리의 언어와 우리의 방식으로
그들을 바꾸려고 하지 않고
그들의 세계로 들어가서
그들의 언어와 그들의 문화와 방식으로
복음을 전하고 신앙을 훈련하는 것이
우리가 있어야 할 '제자리'가 아닐까?

차례

1장. 들어가면서 _이수인   **p7**

2장. "코로나19 이후 중·소형 교회의 비대면 교회교육 현황 연구"에 붙이는 글 _이숙경   **p15**

3장. 교회학교 교사들이 인식한 비대면 교회교육 현황 _이수인   **p26**

4장. 교역자들이 인식한 비대면 교회교육 현황 _전병철   **p55**

5장. 부모들이 인식한 비대면 교회교육 현황 _서혜란   **p67**

6장. 연구 결과 _ 교회학교 교사   **p91**

7장. 연구 결과 _ 교역자   **p113**

8장. 연구 결과 _ 부모   **p133**

9장. 연구 결과 _ 전체 설문 문항   **p156**

부록 설문 문항   **p187**

1장.

들어가면서

1장.

들어가면서

이수인

코로나 팬데믹과 교회교육

코로나19는 우리 사회의 모든 삶의 방식을 송두리째 뒤흔들어 모든 이들이 아무도 가보지 않은 길을 가도록 하였다. 특히 코로나19가 가져온 변화와 그 변화의 충격은 이러한 변화에 준비되지 않은 영역과 사람들에게 더 크게 다가왔는데, 그렇게 큰 변화와 충격을 경험한 곳이 바로 교회다. 코로나19가 터지기 전, 교회교육은 교회라는 물리적 환경과 얼굴과 얼굴을 마주하며 교육하는 오프라인 모임을 중심으로 모든 교육이 이루어졌다. 거의 200여 년 전, 주일학교가 생긴 이래 이런 교육 방식은 너무나도 당연하였으며 특별한 변화의 필요성 자체를 느끼지 못했다. 그러나 팬데믹의 어려움은 변화에 대한 준비가 되어 있지 못한 교회와 교회교육 환경을 뿌리째 흔들어 버렸다.

제대로 된 교육의 시스템을 떠나 변변한 교재나 충분한 교회학교 교사가 없었던 교회는 거의 교회교육 자체를 포기해야 하는 상황에 처하게 되었고, 그나마 교회교육을 위해 고군분투했던 교회도 사역자나 교사들의 미디어 역량 부족으로 효과적인 교육을 하기는 어려웠다. 물론 재정과 인력적 여유가 있는 대형 교회에서는 어느 정도 이러한 상황에 빠르게 대응하는

모습을 보였으나 중·소형 교회에서의 교회교육은 그야말로 전쟁터를 방불케 하는 모습이었다.[18]

더 큰 문제는 이렇게 한국 교회 전체가 교회교육에 어려움을 겪고 있음에도 불구하고 교단 또는 학교, 연구소 차원에서 코로나 이후 교회교육의 현황과 어려움은 물론 그 대책을 모색하는 연구가 부족해 보인다는 것이다. 물론 연구가 아예 없었다는 것은 아니다. 이 미증유의 위기 앞에 많은 기독교 교육학자는 나름대로 현재의 어려움을 분석하고 전망과 대책을 내놓았다.

김성중은 아가페적 만남의 이론, 카테키시스 이론, 디아코니아 이론을 중심으로 코로나19 이후의 기독교 교육이 어떤 방향으로 나아가야 할지 연구하였고,[19] 유재덕은 문헌 연구를 통해 팬데믹 이후 교회교육에 닥친 위기와 포스트 코로나 시대의 교회교육의 방향을 정리하였다.[20] 또한 김진영은 코로나19 이후의 시대에 통합적 영성 함양이 기독교 교육의 지향점이 되어야 함을 주장하였고,[21] 박미경은 마리아 해리스의 이론에 기초해 코로나19 이후 한국 개신교 교회의 교육 목회의 방향성을,[22] 채혁수는 본회퍼의 공동체에 대한 이해를 중심으로 뉴노멀 New Normal 시대의 교육 목회의 방향성을 제시하였다.[23] 그리고 코로나19로 인해 겪게 된 한국 교회의 변화와 어려움이 워낙 크고 심각하여서 단순히 기독교 교육의 관점으로만 바라보는 것이 아니라 타 학문 영역과 융합하여 대안을 고민하는 연구도 있었다. 박미라는 언택트 Untact 시대의 교회 현장을 위해 기독교 교육의 방법과 상담 접근의 방법을 함께 활용하는 대안을 제시하였고,[24] 이은경은 언택트 시대의 예배와 신앙교육의 새로운 패러다임으로 비대면이 아닌 다면 multi-faceted 교육과 예배를 제안하였다.[25]

물론 전체적인 방향이 아닌 특정 세대에 집중하는 연구들도 있었다. 정희정은 포스트 코로나 시대에 유아기 기독교 교육이 어떻게 이루어져야 하는지 고민하였고,[26] 김정희와 박은혜

---

18 코로나19를 겪으면서 그동안 보이지 않던 각 교회가 가지고 있던 디지털 역량의 차이가 수면 위로 드러나게 되었다. 김정희, "포스트 코로나 시대, 온라인 교회교육에 대한 이해," 『코로나19를 넘어서는 기독교 교육』 (서울: 동연, 2020), 124.
19 김성중, "코로나19 시기 이후의 기독교 교육의 방향," 「기독교 교육논총」 63(2020), 39-64.
20 유재덕, "포스트 코로나 시대의 교회교육," 「기독교 교육논총」 63(2020), 13-37.
21 김진영, "코로나19 이후 기독교 교육과정으로서의 영성 연구," 「신학과 실천」 73(2021), 281-306.
22 박미경, "코로나19 이후, 한국 개신교 교회의 교육 목회 방향성 연구," 「신학과 실천」 77(2021), 453-483.
23 채혁수, "뉴노멀(New Normal) 시대의 교육 목회," 「신학과 실천」 72(2020), 487-515.
24 박미라, ""언택트"Untact) 시대에서 교회의 위기를 위한 기독교 교육상담의 적용방안 연구," 「신학과 실천」 72(2020), 461-485.
25 이은경, "언택트 시대의 예배와 신앙교육 – 비대면을 넘어 다면(multi-faceted) 교육으로," 「기독교 교육정보」 66(2020), 295-322.
26 정희정, "포스트 코로나 시대의 기독교 유아교육 방향 모색," 「성경과 신학」 95(2020), 147-172.

는 코로나 시대를 겪고 있는 기독 노인들의 신앙생활을 위한 교육 목회의 방향을 연구하였다.[27] 그리고 전체적인 방향성이 아닌 조금 더 구체적인 대안을 제시하는 연구들도 수행되었다. 함영주는 뉴노멀 시대의 교육적 특징을 분석하며, 프로젝트 기반 학습을 반영한 가정예배를 대안으로 소개하였고,[28] 마은희 외 3인의 연구자들은 코로나 시대에 기독 유아들의 사회정서 인성개발 프로그램을 효과적으로 실행하기 위한 웹web 기반 유아-부모 세대 통합 예배를 제시하였다.[29]

그런데 이와 같은 연구들에 공통점이 있는데 모두 문헌 연구로 진행된 연구로 한국 교회가 겪고 있는 코로나19로 인한 위기와 어려움들을 실제로 파악할 수 있는 조사 연구나 어떤 방법의 실제적인 효과성을 검증하는 실증 연구는 아니었다. 이현철 외 3명의 연구자는 코로나 시대를 살아가는 청소년들의 변화된 삶의 환경과 신앙생활의 모습을 조사하였고,[30] 김재우는 코로나19 팬데믹이 한국 교회교육부서 여름 사역에 어떤 영향을 끼쳤는지 연구[31]하는 등 나름대로 조사 연구들이 시행되기는 했으나 전체 수행된 연구들에 비하면 턱없이 부족했던 것이 사실이다.[32] 그렇다면 한국 교회와 한국 교회의 다음 세대를 위한 교회교육을 위해 현재 가장 시급한 일은 무엇일까? 바로 코로나19 팬데믹 이후 비대면 상황에서 진행되고 있는 교회교육의 현황과 그 어려움들을 최대한 정확하고 면밀하게 분석하는 것이다. 문제에 대한 답을 찾는 것은 그 문제를 정확하게 인식하는 데에서 출발한다. 위에서 살펴본 많은 연구에서 연구자들은 코로나 때문에 직면하게 된 교육의 변화에 대해 다양한 조언과 대안을 이야기했으나 그러한 조언과 대안들은 각자의 경험과 식견에 기초한 것이었지, 실제적인 조사 데이터를 기반으로 한 것은 아니었다. 본 연구는 이러한 시대적 필요성을 바라보며 시작되었다.

---

27 김정희, 박은혜, "코로나 시대 기독 노인의 신앙생활을 위한 교육 목회 방안 연구,"「기독교 교육논총」66(2021), 243-272.
28 함영주, "뉴노멀 시대 프로젝트 기반 가정예배의 원리와 방법에 대한 고찰,"「신학과 실천」72(2020), 517-546.
29 마은희, 김남임, 김소희, 허계형, "코로나 시대 웹(web)기반 유아-부모 세대통합 예배 전략과 실제: 기독교 유아 사회정서 인성개발 프로그램을 중심으로,"「기독교 교육정보」66(2020), 197-220.
30 이현철, 문화랑, 이원석, 안성복,『코로나 시대 청소년 신앙 리포트 - 청소년들은 어떻게 코로나 시대를 살아가고 있는가?』(서울: SFC출판부, 2021), 15.
31 김재우, "코로나19 팬데믹이 한국 교회교육부 여름 사역에 끼친 영향에 대한 설문 조사,"「기독교 교육정보」69(2021), 247-273.
32 또한 오현주와 홍경화는 온라인 어린이 예배를 위한 도구로 실시한 쌍방향 화상 예배(줌 예배)에 관해 연구하였고, 김성원은 신앙이 있는 초등학생 3-4학년 어린이 9명을 면담하여 코로나19 시기에 경험한 변화와 바람을 연구하였는데 이 연구들은 질적 연구로 수행되었기 때문에 전체적인 상황을 파악하며 큰 그림을 그리기에는 한계가 있다. 오현주, 홍경화, "코로나19 시대의 온라인 어린이 예배에 대한 연구: 실시간 쌍방향 화상 예배를 중심으로,"「기독교 교육정보」70(2021), 137-169; 김성원, "신앙을 가진 어린이들이 코로나19 시기에 경험한 변화와 바람에 관한 질적연구,"「기독교 교육논총」67(2021), 229-265.

그렇다면 어떤 주제의 연구가 가장 시급하고 필요할까? 코로나19 이후 교회교육에 여러 가지 변화가 있었지만, 가장 크게 나타난 변화는 그동안 대면으로 진행됐던 모든 예배와 교육이 강제적인 비대면으로 신속하게 전환되어야 했다는 것이다.

실제로 세계경제포럼(WEF, The World Economic Forum)에서 발간한 자료를 보면 이번 코로나19로 인해 전 세계 186개 국가에서 등교 중지를 단행했고, 그 결과 학교에 가지 못하는 학생의 수가 12억 명을 넘어섰다고 한다.[33] 이처럼 일반 학교도 제대로 가지 못하는 상황이다 보니 교회학교에 학생들이 대면으로 모이는 것은 상상도 할 수 없는 그러한 상황이었고, 어쩔 수 없이 예배와 모든 교육을 비대면으로 진행해야 했다.[34] 그렇다면 '그동안 비대면으로 진행해 온 교회교육은 얼마나 효과적이었고, 어떤 어려움들이 있었을까?'라는 주제를 다루는 것이 가장 시급할 것이다.

이와 같은 연구의 필요성을 느끼며 연구자들은 코로나 팬데믹 이후 한국 교회에서 이루어진 비대면 교회교육의 현황을 설문 조사하여 분석하였다. 특히 본 연구는 네 가지 연구 질문을 바탕으로 수행되었다.

> 첫째, 코로나19로 인해 한국 교회 교회교육에 어떤 변화들이 나타났는가?
> 둘째, 비대면으로 진행된 교회교육에 대한 만족도는 어떠한가?
> 셋째, 교회학교 교사, 교역자, 학부모는 코로나 팬데믹이 끝난 이후에 교회교육은 어떻게 진행될 것으로 예상하고, 어떤 준비해야 한다고 생각하는가?
> 넷째, 교사와 교육부서 사역자들의 미디어 활용 능력(미디어 리터러시)과 비대면 교회교육의 만족도는 어떤 관계가 있는가?

바라기는 이 연구가 아무도 상상조차 못 했던 어려움 가운데 있는 한국 교회의 신앙교육과 다가오는 미래 세대를 위해 귀하게 사용되기를 소원한다.

---

[33] 정지선, "비대면 교육, 대학의 존재 이유를 흔들다," 『코로나 0년 초회복의 시작』 (서울: 어크로스, 2020), 203.
[34] 김정준, "다음 세대와 한국 교회 주일학교의 새 전망," 「기독교 교육논총」 67(2021), 23.

설문 조사 및 분석 방법

본 연구에서는 양적 연구의 방법을 통해 비대면 상황에서 벌어지고 있는 한국 교회의 교회교육 현황을 분석하였다. 그리고 대형 교회보다는 제대로 된 홈페이지조차 없는 소형 교회나 중형 교회(출석 교인의 수가 1,000명 이하)를 그 주된 대상으로 하여 진행하였다. 표본의 확보 방법은 아무래도 전화조사가 모집단 대표성 확보나 즉각적 여론 수렴의 장점이 있다는 점에서 가장 좋으나, 질문의 문항이 많고 내용이 복잡해 조사에 걸리는 시간이 길다는 점을 고려하여 온라인·모바일을 통하여 설문 조사 링크를 배포하는 형식으로 진행하였다. 온라인·모바일 조사의 표본 대표성이 떨어지는 문제나, 특정 계층에 대해 편향성이 나타날 수 있는 부분은 조사 설계와 결과 분석 시 최소화하기 위해 노력하였다. 그런데 실제로 연구를 진행하다 보니, 중·소형 교회를 섬기는 교사들만의 응답을 받는 것이 쉬운 일이 아니었다. 결국 전문 연구 및 통계조사 회사인 '(주)엘림넷 나우앤서베이'에 의뢰해 조사를 마무리할 수 있었다.

특히 연구자들은 현재의 교회교육의 상황을 최대한 정확하게 살펴보기 위해 교회학교를 섬기는 교역자와 교회학교 교사들 그리고 부모로 그룹을 나누어 조사를 진행하였고, 전체 그룹이 답을 하는 질문과 그룹별로 더 깊이 파악할 수 있는 별도의 질문을 준비하였다. 즉 같은 문항이라고 해도 응답자가 목사, 전도사와 같은 교회의 교역자인지, 아니면 교회학교 교사나 학부모인지에 따라 어떻게 다른 응답을 하는지를 분석해 각각 어떤 다른 인식을 가졌는지 분석하였고, 동시에 세 그룹이 모두 응답하는 전체 질문도 두어 전체적인 그림을 파악하기 위해 노력하였다.

표본의 크기는 총 1,000명 이상의 응답자로 계획하였으며, 응답자의 직분과 역할과 같은 하위 카테고리에서 각 300명 이상을 확보하여 분석하려고 하였다. 조사 대상 및 자료수집 방법에 관한 내용은 다음의 표에 정리하였고, 연구 참여자의 인구통계학적 정보는 각 파트별 연구 결과에 자세히 정리해 두었다.

본 연구에서 사용한 설문지의 문항들은 연구자들의 개별 연구와 수차례에 걸친 화상회의를 통해 공동으로 개발되었다. 응답자 '기본정보'에 대한 문항은 성별, 나이, 섬기는 부서, 신

구분	주요 내용
모집단	▶ 출석 교인 1,000명 이하의 교역자·교사·부모
표본크기	▶ 1,000명
조사 도구	▶ PC·모바일
조사 방법	▶ 온라인 설문 조사
조사 기간	▶ 2021년 5월 1일 ~ 9월 3일
조사대행	▶ ㈜엘림넷 나우앤서베이

앙의 기간, 미디어 리터러시 능력(응답자 본인, 교회 내 교육부서 담당자) 등으로 구성하였고, '코로나19로 인한 변화'에 대해서는 비대면 예배 형태, 참석인원의 변화, 교회학교 비대면 교육 현황, 학생들 신앙의 변화 등으로 구성하였다. 또한 '비대면 교회교육의 만족도'에 대한 문항은 교회교육 프로그램에 대한 학생들의 만족도와 더불어 교역자·교사·부모의 만족도로 구성하였으며, '코로나19 이후 전망'에 대해서는 비대면 교회교육의 전망 및 필요성, 비대면 교회교육 운영을 위해 필요한 지원 등으로 문항을 구성하였다. 그리고 각 문항에 대한 응답은 문항의 내용에 따라 단일선택형, 복수 응답형, Likert 타입 척도(1점 전혀 그렇지 않다 - 5점 매우 그렇다)로 응답하도록 하였다.

수집된 설문자료는 통계처리가 가능한 엑셀Excel 형식의 파일로 변환하여 자료의 유효성을 확인하였고, SPSS 25.0 통계프로그램에 데이터를 불러들여 통계분석을 수행하였다. 자료처리를 위해 사용된 통계분석 기법은 이 연구의 목적 자체가 조사 연구이기에 기술통계로 빈도, 백분율, 평균 등을 산출하는 것이 주된 통계분석의 방법이었다. 그러나 교사의 미디어 리터러시 능력미디어를 읽고 쓰는 능력과 교역자의 미디어 리터러시 능력에 따라 비대면 교회교육의 만족도가 어떻게 차이가 나는지 비교 분석하기 위해 일원 배치 분산분석(One-way ANOVA)을 실시하였다.

책의 구성

본 연구는 1,000명의 응답자로부터 수집한 방대한 데이터로 구성되어 있다. 그렇기 때문에 더욱 쉽게 독자들이 본 연구의 결과들에 접근할 수 있도록 다음과 같이 내용을 구성하였다. 먼저 ACTS교육연구소의 소장이신 이숙경 교수님께서 본 연구의 의미와 앞으로의 과제를 말씀해 주셨고, 그다음에 각 응답 그룹별로 요약 보고서를 각 그룹의 분석을 담당한 연구진이 정리하였다. 즉 교회학교 교사(이수인), 교역자(전병철), 그리고 학부모(서혜란)의 순서로 각 그룹별 응답자들의 응답을 요약하고, 그 의미를 정리하였고, 그 이후 각 설문 문항별 응답을 교회학교 교사, 교역자, 학부모, 전체 공통 문항의 순서로 제시하였다. 그래서 데이터에 익숙하지 않은 독자라면, 이숙경 교수님의 글과 요약 보고서를 중심으로 책을 보시는 것을 추천하고 조금 더 자세한 데이터들을 직접 보기를 원하시는 분들은 전체 응답의 데이터는 물론, 부록에 실린 설문 문항까지 참고하면 좋을 것이다.

감사의 인사

이번 연구를 위해 많은 분의 지원과 수고가 있었다. 먼저 본 연구의 취지를 이해해 주시고, 전체 연구비를 후원해 주셔서 연구가 진행될 수 있도록 해주신 ACTS교육연구소의 이숙경 소장님과 추가로 지출하게 된 설문 조사 비용을 지원해 주신 새중앙교회(황덕영 목사), 기쁨이 있는 교회(조지훈 목사)의 성도님들에게도 감사드린다. 그리고 무엇보다 본 연구를 위해 자신의 시간과 에너지를 내어 하나하나 응답해 주신 모든 연구 참여자에게 감사드리고 싶다. 이들의 수고와 헌신이 없었다면 본 연구는 시작하지도 못했을 것이다. 또한 바쁜 업무 가운데도 전체 데이터를 정리하고 도표와 그래프를 정리해 준 최솔 연구원의 수고도 잊을 수 없다. 마지막으로 이 모든 일의 앞과 뒤에서 항상 함께하시고 우리를 이끌어 주셨던 하나님 아버지께 감사드린다.

연구 책임자 이수인

2장.

"코로나19 이후 중·소형 교회의
비대면 교회교육 현황 연구"에
붙이는 글

2장.

"코로나19 이후 중·소형 교회의 비대면 교회교육 현황 연구"에 붙이는 글

이숙경

팬데믹이 시작되기 전, 수년간 한국 교회는 다음 세대를 위한 교회교육의 위기를 목격해 왔다. 학령기 인구의 자연 감소와 기독교 인구의 감소가 함께 진행되면서 교회학교들이 문을 닫는 경우도 발생하고 교회의 다음 세대가 격감하는 현실을 마주하게 되었다. 이 문제의 해결방안을 모색하기 위해 "다음 세대 교회교육"이라는 주제의 강연들이나 설교들이 마치 유행처럼 여기저기서 이루어져 왔다. 하지만 구체적인 방향성이나 대안을 찾지 못하고 있는 가운데 급작스럽게 맞이하게 된 것이 바로 팬데믹 상황이다. 팬데믹 상황은 이제 문제의 심각성을 인식하고 뭔가 변화를 모색하려고 고개를 드는 찰나에 뒤통수를 치는 것처럼 찾아왔다.

사람들은 한마디로 당황했다. 팬데믹에 대한 소위 성경적 해석들은 혼란했고 팬데믹이라는 것에 대한 몰이해는 교회들을 우왕좌왕하게 하였다. 사회적 거리두기라는 새로운 생활방식은 항상 모이기를 강조했던 기독교인들에게는 너무나 큰 도전으로 다가왔다. 그런 가운데 교회는 예배 유지를 위해서 비대면 예배 방식을 받아들이게 되고 SNS를 통한 예배를 선택할 수밖에 없었다. 미디어라는 것에 대체로 부정적이거나 방어적이었던 교회로서는 미디어를 활용한다는 것이 불편하고 낯설지만, 다른 방법이 없기에 어쩔 수 없이 선택하는 상황이 되어 버렸다. 급하게 미디어 사용법을 배우고 예배를 송출하고 교회교육 콘텐츠를 만들어 올리고 하는 일들을 하느라 많은 수고가 있었다. 그러는 가운데 벌써 2년이라는 세월이 지났다. 처음에는 당황했던 것들이 이제는 익숙해지고 예전의 방식으로 돌아갈 수 있을까 하는 질문도 하고 있다.

이제 위드 코로나로 상황이 전환되어 가는 가운데 교회교육과 관련된 또 다른 염려가 고개를 든다. 앞으로의 교회교육은 어떤 식으로 이루어져야 할 것인지, 다음 세대가 교회교육의 기존 방식을 잘 수용할지, 떠났던 아이를 어떻게 돌아오게 할지, 새롭게 시도했던 교회교육의 방식들은 어떻게 다루어야 할지 등 교회교육은 또 다른 질문과 과제들 앞에 있다. 아마도 이 문제들을 다루는 많은 세미나와 강연이 열리지 않을까 생각한다. 이 시점에서 무엇보다 필요한 것은 바로 코로나19를 겪은 교회교육의 현황을 객관적으로 파악하는 것이라고 본다. 객관적인 자료 위에서 코로나19 이후 교회교육에 대한 보다 현실적인 논의가 가능할 것이기 때문이다. 따라서 교회교육의 실질적 상황에 관한 경험적인 연구들이 다각적으로 이루어질 필요가 있다.

필요한 접근들

첫째, 정확한 문제 인식을 위해서는 팬데믹 이전 교회교육에 대한 이해가 필요하다. 그러기 위해서는 팬데믹 이전 상황으로 돌아가 그 당시 논의되던 교회교육의 문제들을 다시 상기시켜 볼 필요가 있다. 그리고 현재 제기되는 문제들이 실제로 어느 정도나 팬데믹 상황에 기인하는지 객관화하는 것이 필요하다. 이미 내재되어 있던 교회교육의 문제들이 마치 팬데믹으로 인한 것처럼 다루어질 가능성도 있기 때문이다.

둘째, 팬데믹 상황에서의 교회교육에 관한 관심은 근본적으로 다음 세대에 두어야 한다. 사역자나 부모가 비대면을 대하는 관점과 다음 세대의 관점은 다를 수 있다. 교회교육을 이야기 하는 데 있어서 종종 있는 문제는 그 교육의 대상인 다음 세대의 생각이나 의견을 잘 묻지 않는다는 것이다. 어른 세대가 생각하는 방식으로 문제를 보고 해결을 찾는다. 그런데 다음 세대는 우리와 다른 삶의 방식들을 경험하고 성장한다. 따라서 분명히 어른 세대와는 다른 관점이 존재할 수 있다. 특히 팬데믹을 경험한 세대와 그 이전 세대 사이에는 분명한 경험의 차이가 있고 그것은 변화를 보는 시각에 있어서 상당한 간극을 만들어 낼 수 있다. 따라서 다음 세대의 특성을 이해하고 그것을 반영하는 것이 교회교육의 실태를 이해하는데 고려되어야 한다고 본다.

셋째, 팬데믹이 교회교육에 가져온 변화의 성격에 대한 이해가 필요하다. 팬데믹은 분명히 큰 변화를 가져왔지만 그런 변화들은 주로 상황에 대처하기 위해 이루어진 것들이지 장기적인 계획이나 미래에 대한 방향성을 갖고 이루어진 것은 아니다. 따라서 표면적인 방법들은 바뀌었지만, 실질적으로 사람들 사이에 깊이 형성되어 있는 교회교육에 관한 생각이 변화된 것은 아니다. 따라서 이런 특별한 상황 중에서 이루어진 변화가 이후의 교회교육에 얼마나 영향을 미칠지는 사실상 미지수이다. 변화의 필요성이나 불가피성을 느끼는 것과 변화에 적극적으로 대응하고자 하는 것은 다르기 때문이다. 변화의 필요성은 느끼지만, 실질적으로는 변화보다 예전으로 회귀하고자 하는 의지가 더 강할 수 있다. 이런 상황들은 이후 교회교육에 갈등을 초래할 수 있다고 본다.

넷째, 팬데믹으로 인한 변화는 근본적으로 사회 전반에 영향을 미쳤고 사회 각 분야에서 팬데믹의 영향과 이후의 삶에 대한 논의들이 이루어지고 있다. 위생의 공공성 문제, 기후 변화의 문제, 환경문제 등이 부각되었다. 또한 미디어 환경의 변화가 가속화되었다. 미디어는 관계와 소통 방식의 변화뿐 아니라 가상현실의 세계를 활짝 열어 놓았다. 팬데믹 상황은 여러 분야의 삶의 방식을 변화시켰고 그 변화는 근본적인 삶의 패러다임 변화를 향해 나아가고 있다. 팬데믹으로 인한 교회교육의 변화를 이야기할 때 이런 사회 전체의 변화에 대한 고려가 있다면 좀 더 현실성 있는 논의가 될 것이다.

다섯째, 교회마다 여러 요인에 따라 상황에 대한 대처가 다르다. 팬데믹 상황에서의 교회교육을 이해하기 위해서는 다양한 변수를 고려하여야 한다. 교단, 목회 철학, 교회의 규모, 교회가 위치한 지역, 교회교육의 기존 방식, 성도들 간의 친밀도, 미디어에 대한 태도 등에 따라 다른 반응이 있을 수 있다. 따라서 섣부른 일반화는 지양하고 이런 변수들을 고려한 연구들이 필요하다.

"코로나19 이후 중·소형 교회의 비대면 교회교육 현황 연구"는 이런 고민 속에서 기독교 교육학의 측면에서 상황을 좀 더 객관적으로 인식하고자 기독교 교육학자들에 의해 이루어진 연구이다. 교회의 실질적인 상황을 보고자 하는 것이 이 연구의 주된 목적이다. 그리고 연구의 발견들에 기초해서 팬데믹 상황에서 교회교육이 경험한 것들의 의미를 생각해 보고 또한 미래의 과제들을 고민하고자 하는 것이다. 이 연구는 교회의 규모라는 변수를 통제하며 현황을 이해하고자 하였다.

대형 교회와 중·소형 교회는 분명히 대응의 용이성이나 체계성 부분에서 차이가 있을 수 있다. 중·소형 교회는 인력이나 재정과 같은 문제에서 더 어려움이 컸을 수도 있다. 따라서 중·소형 교회의 현황에 초점을 맞추어 살펴볼 필요를 느끼게 되었다. 대형 교회의 현황들로 중·소형 교회의 상황을 이해하는 것은 현실을 잘 드러내지 못하는 것이 될 가능성이 있다. 중·소형 교회만을 대상으로 연구를 진행하는 것은 중·소형 교회의 현황에 대한 객관적인 자료를 제시할 수 있고 이는 한국 교회 전체의 현황을 좀 더 정확히 파악하는 데도 도움이 될 것이라고 기대하였다. 특히 교육에 직접 관여하였던 교사, 목회자, 부모를 대상으로 연구함으로 실질적인 반응을 알아보고자 하였다.

팬데믹은 기독교 교육에 매우 큰 과제를 던지고 있다. 사람들은 기독교 교육학자들에게 미디어로 하는 교육을 기독교 교육에서 어떻게 보아야 하는지를 묻는다. 또 팬데믹 이후의 교육에 관해 물어오기도 하고 어떤 대안을 암암리에 요구하기도 한다. 어려운 문제들이고 거기에 답을 하기 위해서는 많은 생각과 고민이 필요하다. 보다 책임 있는 답변을 하기 위해서는 무엇보다 먼저 현황에 대한 정확한 파악이 필요하다고 본다. 이 연구는 그런 면에서 매우 의미 있는 시도이다.

연구 결과의 의미들

우선 이 연구는 몇 가지 예상했던 현상을 보여 준다. 비대면 예배와 교육 상황에서 인원 감소이다. 그리고 비대면 예배에 대해 불만족하다는 반응들이다. 그러면서도 미디어를 통한 비대면 예배가 있어서 예배가 지속될 수 있었다는 것을 다행이라고 생각하기도 하였다.

예배의 도구로는 주로 유튜브를 사용하고 있었다. 예배 외에 다른 교육 프로그램은 활성화되지 못하고 있는 것을 볼 수 있다. 이 문제는 중·소형 교회이기 때문에 더 드러나는 것일 수 있다. 대형 교회들은 팬데믹 이전에도 영상 콘텐츠들을 개발하고 사용하는 경우들이 있었기 때문에 대응이 훨씬 쉬웠을 수 있고 인력이나 재정 면에서 중·소형 교회보다 대처가 용이한 부분이 있었을 것이다.

예배와 마찬가지로 비대면 상황의 교육 프로그램에 대한 만족도도 낮게 나왔다. 비대면 교육 프로그램에 대한 만족도가 낮은 것은 불가피한 일이라고 본다. 일단 경험해 보지 못한 것을 급하게 소화해야 하므로 익숙하지 않은 것에 대해 불편함도 작용했을 것이다. 그리고 뒷부분에서 문제점으로 지적한 것 중에 미디어를 다루는 능력의 문제를 다루고 있는데 교사나 목회자들 자신이 미디어에 준비가 안 되어 있는 상황에서 교육 프로그램을 운영해야 했기 때문에 교육에 대해 낮은 만족도를 가지게 되고 이것이 전체 만족도에 영향을 미치는 면도 있었을 것이라고 본다.

비대면 상황에서 가장 염려하는 것은 바로 공동체성과 영성 및 기도의 문제였다. 관계의 형성이 어렵고 함께 얼굴을 보며 삶을 나누지 못하기 때문에 공동체성을 키워주지 못하는 문제가 있다고 보는 것이다. 이것은 일반 교육의 현장에서도 문제로 제기되고 있다. 코로나19가 시작할 때 초등학교 1학년이었던 학생들의 경우 사회성이 좀 떨어지는 것 같다는 염려들이 있다. 영성과 기도의 문제도 만남이 이루어지지 않고 단순히 콘텐츠를 전달하는 식으로 교육이 이루어지면서 발생하는 것이라고 본다. 결국 관계의 형성과 인격적인 만남이 가능한 교육이 이루어질 필요가 있는 것이다. 만일 비대면의 교육 상황이 지속된다면 분명한 것은 관계 형성을 위한 조치들이 함께 취해져야 한다는 것이다. 이런 측면에서 미디어도 단순히 정보를 전달하는 수단이 아니라 소통과 관계 형성이 활성화될 수 있는 네트워킹이 일어나는 곳으로 활용되는 것이 필요할 것이다. 비대면 상황이 종료된다고 해도 예전과 똑같은 방식의 만남이 가능할지 의문이다. 그렇다면 역시 다양한 방식으로 관계성을 형성하기 위한 시도들이 이루어져야 하겠다는 생각이다.

비대면 교회교육 상황에서 느끼는 문제점으로는 미디어 전문 인력의 부족과 장기적인 계획 및 대안의 부족이 가장 중요하게 제기되고 있는 것을 볼 수 있다. 어떤 의미에서 급박한 변화 속에서 전혀 준비되어 있지 못했고 준비할 수 없었던 상황을 고려할 때 당연한 일이라고 할 수 있다. 다만 이 문제와 관련하여 아쉬운 것은 교회가 미래를 내다보지 못했다는 것이다. 코로나19를 예견하지 못했다는 것이 아니라 시대의 흐름을 내다보지 못했다는 것이다. 예를 들어 미디어에 대한 대처이다. 이미 디지털 미디어는 중요한 소통의 수단으로 자리 잡고 있었고 일상의 일부가 되어 있었는데 교회는 미디어의 발달에 끌려가면서도 너무 관심이 없었고 관심이 있더라도 방어적이거나 비판적으로만 대처해 온 경향이 있다. 교회교육에서 어떻게 미디어가 활용되어야 하고 앞으로 어떤 역할을 하게 될지를 거의 다루어지지 못하거나 다룰 필요를 느끼지 않았다고 본다. 코로나19가 이런 변화 속에서 미래 교회교육의 방향성을 찾는 계기로 선용 된다면 감사할 것이다.

마지막으로 연구는 이후 전망에 관해 이야기한다. 응답자들은 앞으로 부분적으로라도 비대면 교육이 이루어질 가능성이 있다고 본다. 연구자들은 비대면 교육은 이제 불가피한 것으로 보고 있다. 이런 전망 속에서 미디어 활용 능력은 중요해질 수밖에 없다. 교사나 교회교육의 사역자들 심지어 부모들의 미디어 활용 능력이 교육의 효과에 큰 영향을 미치는 것으로 나타났기 때문이다. 지금 초등학교에 다니는 다음 세대의 경우 학교 교육에서도 비대면을 경험하였다. 비대면 교육 프로그램은 우리에게는 부자연스러운 것이지만 그들 세대에는 자연스러운 것일 수도 있다. 그렇다면 교회교육이 코로나19와 같은 비상 상황에 대처하기 위해서가 아니라 다음 세대의 눈높이에 맞추기 위해서도 미디어를 활용한 비대면 교육 프로그램을 개발하는 것은 불가피하다고 보겠다.

연구자들은 근본적으로는 교회들이 좀 더 장기적인 계획과 투자로 사람을 세우는 일이 무엇보다 중요하다고 본다. 그 가운데 미디어의 전문성을 가진 사람들을 키워내서 다음 세대를 위한 비대면 교육 프로그램의 체계적인 개발이 이루어질 뿐 아니라 기독교적인 미디어 콘텐츠들이 좀 더 다양하게 제공되어 교회교육이 활성화되길 희망하고 있기도 하다. "코로나19 이후 중·소형 교회의 비대면 교회교육 현황 연구"는 미래 교회교육에서 결국 비대면의 교육 프로그램이 적어도 병행될 것이며 미디어의 위치가 매우 중요시될 것으로 전망하며 마무리되고 있다.

연구 결과에 더하여

이상의 연구 결과가 시사하는 것들에 기초하여 코로나19 이후 교회교육의 과제에 대한 몇 가지 생각들을 덧붙이고자 한다.

교회교육의 미디어 활용에 대한 이어지는 생각들[18]

첫째, 교회교육의 다양한 차원에서 미디어의 역할을 고려할 필요가 있다. 교회교육은 단순히 말씀을 전달하는 것만을 의미하지 않는다. E. Hill은 교회교육의 사명을 말씀 교육, 공동체적 교제, 섬김, 세상을 향한 증거, 예배 이렇게 다섯 가지로 보았다. 이 각각의 사명은 미디어와 무관할 수 없게 되었다.

말씀 교육은 교회교육에서 가장 기본적인 부분이다. 다음 세대는 미디어를 통한 전달에 점점 더 익숙하다. 따라서 교회의 말씀 교육에서 미디어는 꼭 필요한 것으로 여겨진다. 하지만 미디어는 단순히 내용 전달 수단의 의미만을 갖는 것이 아니라 사람들이 소통하는 방식, 학습하는 방식들에 영향을 미친다. 그리고 전달하는 메시지의 성격에도 영향을 미친다. 또한 미디어를 어떻게 사용하는지, 미디어를 어떤 분위기에서 사용하는지 등이 중요하다. 말씀의 가르침은 말씀 자체를 전달하는 것에 그치는 것이 아니라 전달 방식과 그것이 가르쳐지는 분위기를 통해서도 이루어지기 때문이다. 따라서 미디어를 통해 말씀 교육이 이루어지는 교회

---

18 이숙경 "다음 세대 교회교육과 뉴미디어" 박상진 외 공저 [다음 세대를 위한 기독교 교육 생태계], 서울 : 예영커뮤니케이션, 2016.

내의 교육적 관계와 분위기 등이 동시에 고려되어야 한다.

　미디어는 확실히 교회 성도들 간의 교제에서 필수적이다. 각종 SNS가 교제의 통로로 활용되고 있다. 이미 다음 세대는 이런 교제에 익숙해져 있다. 잦은 SNS의 사용은 뭔가 활발한 관계가 이루어지는 것처럼 여겨지지만 사실상 이것은 소통의 이미지일 수 있다. 즉 그 삶의 실질적인 부딪침은 일어나지 않는 것이다. 따라서 미디어를 통한 네트워크 활용과 함께 대면의 관계에서 실질적인 나눔이 이루어지도록 이끌어 갈 필요가 있다.

　교회교육의 목적 중의 하나는 교회 내외 다양한 사람을 섬길 수 있도록 하는 데 있다. 미디어를 통한 네트워크는 형제간의 섬김의 장이 될 수 있다. 정보와 지식의 공유를 통해 섬김이 필요한 곳을 알리고 함께 섬길 수 있는 모임을 구성할 수도 있을 것이다. 미디어를 통한 네트워크를 활용하여 다양한 섬김의 필요들을 나눌 수 있도록 하고 궁극적으로는 섬김의 행동으로 끌어내는 방법도 모색되어야 한다. 또한 사회적 책임에 대한 인식도 키워 줘야 한다.
　다음 세대는 탈기독화 시대의 흐름 속에서 사회와 더 깊은 관계를 맺으며 살 수밖에 없을 것이다. 따라서 교회뿐 아니라 사회 속에서 기독교인으로 자신들의 삶의 의미와 역할을 이해하고 배워가는 것이 필요하다. 미디어 텍스트들을 통해서 사회적 삶의 문제들을 간접적으로 경험하고 생각해 보도록 하면서 기독교인으로의 사회적 책임을 준비시키는 것도 의미가 있을 것이다.

　미디어는 교회교육을 통해 하나님의 사람들이 세상으로 나가 세상과 소통하고 세상 속에서 하나님의 방식으로 삶을 살도록 하는데 활용될 수 있다. 미디어는 기독교가 세상과 소통하는 수단이 될 수 있다. 미디어가 만들어 놓은 가상공간에서 기독교인들은 좀 더 적극적으로 기독교적 가치들과 진리를 표현할 수 있어야 한다고 본다. 다음 세대가 미디어를 통한 소통을 할 수 있도록 기독교적 미디어 활용을 교육할 필요가 있다. 그리고 나아가서 미디어의 세계에 기독교적 영향을 미칠 수 있도록 기독교 세계관을 형성하고 그것을 실천할 능력을 키워 가기 위한 교회 내에서의 미디어 교육을 고려할 필요가 있다.
　그리고 미디어는 하나님에 대한 찬양을 표현하는 장이 될 수 있다. 미디어는 단순히 예배를 송신하거나 수신하는 도구나 예배를 돕기 위해 사용되는 것 이상의 의미가 있다. 다음 세대는 미디어가 만들어 내는 공간에 익숙하다. 따라서 그 공간 속에서 더 다양한 예배의 표현을 찾아가도록 도울 필요가 있다. 또한 미디어를 사용하는 자체가 삶의 일부로서 하나님께 예배가 되도록 해야 한다. 더 나아가서는 미디어가 만들어 내는 문화와 삶의 방식들이 예배가 될 수 있도록 이끄는 것이 필요할 것이다. 기독교적인 미디어 리터러시 교육이 도움이 될 것이다.

둘째, 미디어 네트워크를 통해 교회 간의 다양한 프로그램의 교류를 생각해 볼 수 있다. 이미 팬데믹 상황에서 미디어를 통하여 각 교회의 예배와 행사들에 접근할 수 있게 되었다. 이런 부분을 좀 더 적극적으로 활용하여 교회간의 프로그램 공유를 체계화하는 것도 의미가 있다고 본다.

셋째, 가정과 학교와 지역사회가 교회를 중심으로 연계되는 방법의 하나가 미디어의 사용이라고 본다. 미디어 네트워크 상에서 가정교육의 프로그램을 전달하고 공유할 수 있고 미디어가 지역사회를 향한 소통의 통로가 될 수도 있다. 미디어의 특성을 활용하여 각 교육의 영역들을 교회를 중심으로 연결하는 방법을 연구할 필요가 있다. 교회 간 연계 그리고 교육의 각 영역 간 연계에 있어서 미디어가 교회교육에 긍정적으로 기여할 수 있는 방안을 모색해 가야 할 것이다.

미디어의 활용과 함께 교회교육이 계속 확인하고 견지해야 할 것들

첫째, 팬데믹과 함께 미디어의 세계는 급속히 확산하였다. 그중 하나의 현상이 메타버스이다. 즉 미디어는 가상 세계를 확장하였고 이제 가상 세계는 일상의 일부가 되었다. 그런데 미디어가 만들어 내는 현실에 대한 해석은 또 하나의 현실을 구성하는 결과를 만들어 낸다. 성경적 진리를 좀 더 실감 나고 현장감 있게 전달하는데 가상 세계를 활용한 프로그램들이 기여할 수 있다. 그런데 가상 세계의 활용은 사람들의 인식이 미디어를 통해 전달되는 이미지들과 해석들에 머물러 있게 하고 그로 인해 진리의 실재성으로부터 거리감이 형성될 수도 있다. 따라서 그들이 가진 진리에 대한 인식이 얼마나 실재적인 것인지 계속 점검이 필요하다.

둘째, 미디어는 참여와 소통에 대한 다양한 가능성을 열어 놓았다. 이런 가능성은 기독교 교육 방법의 지평을 넓히는 데 있어서 매우 유효하다. 하지만 기독교 교육의 방법은 기본적으로 성경적 소통의 원리를 견지할 필요가 있다. 예수님께서 직접 보이신 소통의 과정은 실제적이고 인격적인 것이 중요한 특징이다. 미디어를 통한 교육이 교회교육에서 중요한 위치를 차지하는 것은 불가피해 보인다. 따라서 이와 함께 성경적 소통의 기본 원리인 인격적인 관계를 담보하는 방안 또한 계속 모색해야 한다.

기본적이고 실질적인 과제들

연구자들이 결론적으로 강조하는 것처럼 교회교육이 어떠한 상황에 있든지 해야 할 일은 지속해서 사람을 세우고 키우는 것이다. 코로나19는 많은 변화를 가져왔고 교회교육에 타격을 준 면도 있다. 그러나 현재 한국 교회가 직면하고 있는 교회교육에 대한 도전은 다양하다. 어찌 보면 코로나는 일시적 현상이라고 할 수 있다. 사람이 세워지지 않으면 미디어가 되었든 다른 무엇이 되었든 교회교육은 지속될 수 없다. 교회교육은 또 다른 어려움을 마주하게 될 것이다. 미래 교회교육을 섬길 사람을 세우기 위해서는 몇 가지 인식의 변화가 필요하다고 본다.

하나는 어떤 역량을 가진 사람들을 키워내야 하는지에 대한 것이다. 변함없이 요구되는 역량들과 함께 시대의 변화 속에서 요구되는 새로운 역량들이 있을 것이다. 그것이 무엇인지 정의하고 사람을 키우는 구체적인 목표를 세우는데 적용해야 한다고 본다. 그리고 미디어에 대한 인식의 변화이다. 미디어는 단순히 전달의 도구가 아니라 교육의 장이 되고 있다. 따라서 기술적으로 미디어를 다루는 것만이 아니라 기독교 세계관에 근거하여 미디어를 이해하고 다스릴 수 있는 능력을 키우는 것이 필요하다.

마지막으로 이를 위한 교회 연합적인 노력이 필요하다고 본다. 개교회주의적으로 이 시대의 변화 앞에서 복음과 기독교적 가치를 지켜간다는 것은 만만치 않다. 더욱이 그것을 감당할 사람들을 키워나간다는 것은 역부족으로 보인다. 매우 이상적인 이야기일 수 있으나 교회 간의 연합 속에서 미래 교회교육자들을 세우기 위한 계획과 노력이 이루어진다면 교회교육의 미래에 대해 좀 더 많은 가능성을 기대할 수 있을 것이다.

3장.

교회학교 교사들이 인식한 비대면 교회교육 현황

3장.

교회학교 교사들이 인식한 비대면 교회교육 현황

이수인

팬데믹 pandemic의 사전적 정의는 "일반 전염병이 전 세계적으로 크게 유행하는 현상. 또는 그런 병"[18]으로 "보통 제한된 지역 안에서만 발병하는 유행병과는 달리 두 개 대륙 이상의 매우 넓은 지역에 걸쳐 발병"할 때 팬데믹이라 한다.

이처럼 전 세계가 어려움 가운데 있었던 코로나 팬데믹 이후 모든 사람이 힘든 싸움을 해왔지만, 그중에서도 교회학교 교사들의 싸움은 더욱더 힘들었다. 평소에도 교회로부터 체계적인 교육이나 지원받기 힘들었고, 그저 열심과 헌신으로 그리고 무엇보다 다음 세대를 향한 사랑으로 감당해 왔던 그들에게 코로나19와 비대면 교육이라고 하는 상황은 청천벽력과도 같은 것이었다.

특히 어른 성도들도 비대면 예배에 대해 논란 중이었던 터라 교육부서들을 위한 체계적이고 구체적인 가이드라인 같은 것은 없다시피 했다. 그러나 이렇게 어려운 상황 가운데도 많은 교회학교 교사는 자신의 사명 자리를 지켰고, 비대면으로 진행된 교회교육의 모든 어려움을 온몸으로 막아내었다. 이들에게 코로나 팬데믹 이후 주로 비대면으로 진행된 교회교육의 상황들을 물어보았다.

---

18 네이버 사전

1. 응답자들의 기본정보

본 연구에 참여한 교회학교 교사들은 총 364명(남성이 170명(46.7%), 여성이 194명(53.3%))으로 40대(32.1%)가 가장 많았고, 30대(24.5%)와 50대(21.2%)도 큰 비중을 차지하였다. 응답한 교사들이 섬기는 교회의 출석 성도 규모는 100~300명(32.4%)으로 가장 많았고, 300~500명(20.3%)과 500~1,000명(20.9%)도 20% 이상으로 나타났다.

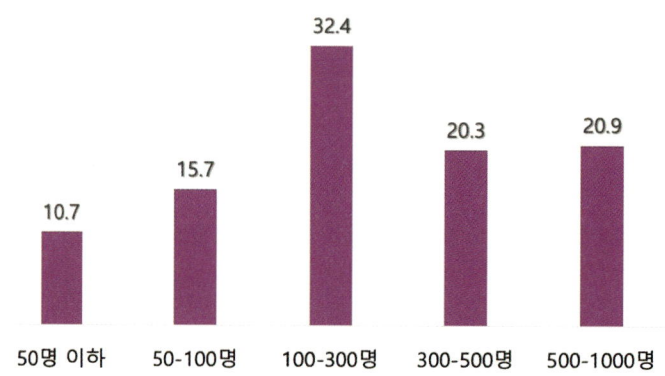

교사들이 섬기는 부서는 초등부(29.4%)가 가장 많았고, 그다음으로는 중등부(20.3%)와 유치부(17.6%) 순이었으며, 섬기는 교육부서의 규모는 10~30명(38.5%)이 제일 많았고, 10명이내(26.4%)가 그다음으로 많았다. 그리고 30~50명이라고 응답한 비율도 24.2%나 되었다. 즉 교육부서의 규모가 30명이 안 되는 교사들이 64.9%로 높은 비율을 차지하고 있었다.

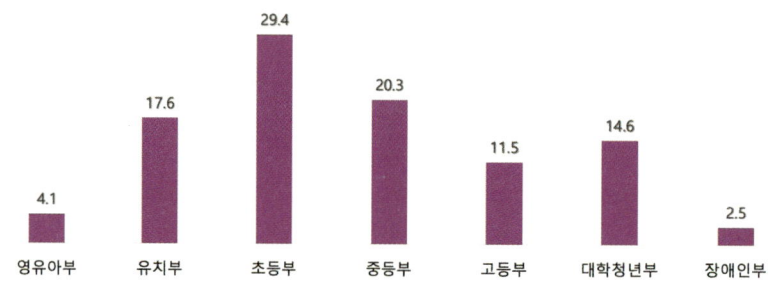

· 섬기는 부서의 규모(N=364, 단위: %)

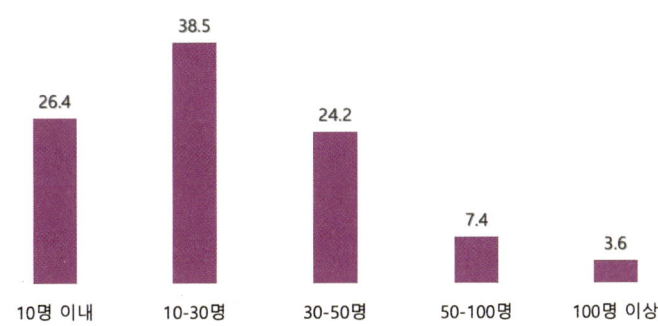

교사들이 신앙생활을 한 기간은 10~30년(51.1%)이 가장 많았고 30~50년 동안 신앙을 가지신 분들도 29.1%나 되었으며, 교사 사역의 경험은 의외로 1~5년(33.5%)이 제일 많았고 그 다음으로는 5~10년(29.7%)이 많았다.

· 교사의 신앙 기간(N=364, 단위: %)

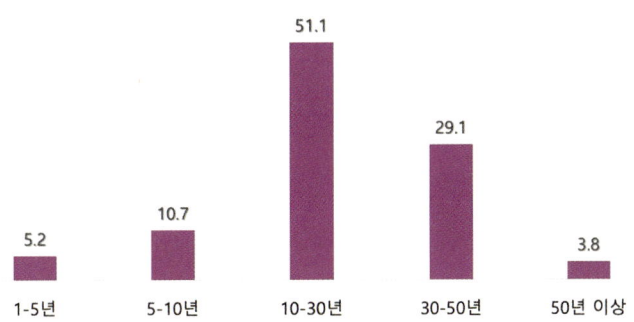

교사들의 미디어 활용 능력을 5점 척도로 평가하도록 했을 때 조금 잘한다(39%)고 응답한 비율이 가장 높았고, 전체 평균도 3.78점 정도로 나타났다. '조금 잘함'과 '매우 잘함'을 합한 비율은 61.8%로 상당히 많은 교사가 자신들의 미디어 활용 능력을 꽤 높게 평가하고 있었다.

· 교사의 미디어 능력

현재 교사들이 섬기는 교육부서에 담당 사역자가 있는지 물었을 때 84.3%는 있다고 응답했고, 자신의 부서에 담당 사역자가 없다고 응답한 교사도 15.7%나 되었다. 교육부서에 담당 사역자가 있는 교회의 교사들에게 담당 사역자의 미디어 활용 능력을 5점 척도로 평가하도록 했을 때 조금 잘한다(37.1%)고 응답한 비율이 가장 높았고, 전체 평균도 3.92점 정도로 나타났다. 전체적으로 교사 자신의 미디어 활용 능력(3.78)보다는 담당 사역자의 미디어 활용 능력이 높다고 평가하고 있었다.

· 교육부서 담당 사역자의 미디어 능력

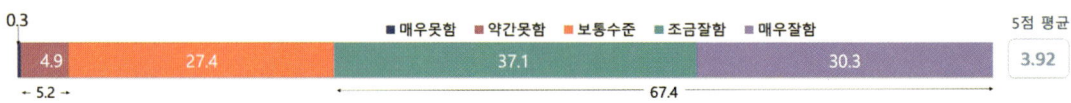

2. 코로나19로 인한 변화

1) 예배: 유튜브를 통한 온라인 예배로의 전환 그러나 예배 인원의 감소

대부분 사람이 예상했던 것처럼 본 연구를 통해 확인된 가장 중요한 교회교육의 변화는 코로나 팬데믹 이후 교회학교는 온라인으로 예배를 전환할 수밖에 없었다는 것이다. 사회적 거리두기가 계속되는 가운데 대면으로 예배를 드릴 수 없게 되자 인터넷과 각종 매체를 이용해 예배를 드리게 되었다. 전체 응답자의 61.5%가 온라인과 현장 예배를 병행하고 있다고 응답했으며, 26.4%의 응답자들은 대면 예배 없이 온라인으로만 예배하고 있다고 응답하였다. 이처럼 한국 교회의 교회학교들은 아무런 준비 없이 온라인 예배로 전환하게 되었다.

· 코로나19 이후, 예배 형태(N=364, 단위: %)

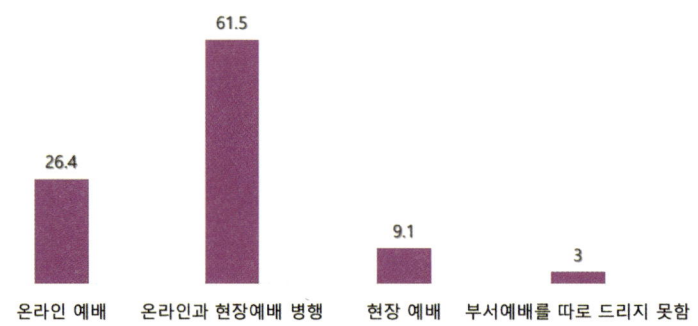

또한 온라인으로 예배를 드릴 때 가장 많이 사용한 미디어는 바로 유튜브였다. 복수 응답이 가능한 문항에서 응답자들의 62.8%가 유튜브를 통해 예배를 드린다고 응답하였는데, 이는 전체 사용 매체의 41.3%의 비율을 차지할 정도로 높은 비중을 차지하고 있었다. 그다음으로는 실시간 화상회의 플랫폼인 줌(Zoom) (22.6%), 교회의 홈페이지(21.1%)를 통해 예배를 드린다고 응답한 비율이 높게 나타났다. 이렇게 유튜브가 높게 나타난 것은 아무래도 유튜브가 이제 세대를 초월해 많은 사람이 사용하고 있는 미디어 플랫폼이기에 별다른 사용법 교육 없이도 쉽게 접근할 수 있기 때문이라고 생각된다.

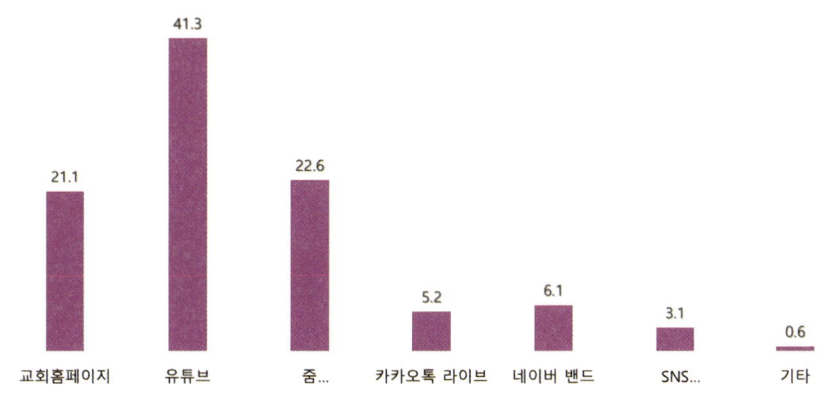

· 온라인 예배 시, 사용하는 매체 (N=540 *복수응답, 단위: %)

코로나19 이후 예배 참석인원도 많이 줄어든 것으로 나타났다. 교회별로 예배 출석 인원을 조사한 것은 아니었지만, 응답자들에게 예배 참석인원이 줄었는지, 혹은 늘었는지 물었을 때 응답자의 44.2%가 '어느 정도 예배 참석인원이 줄었다.'라고 응답했고 '많이 줄었다.'라고 응답한 교사들도 39%나 되었다. 즉 그 수와 규모가 어떻든 예배 참석인원이 줄었다고 응답한 교사들이 83.2%로 나타났고, 인원이 늘었다고 응답한 교사들은 고작 3%밖에 되지 않았다. 즉 코로나19 이후 한국 교회의 교회학교는 부흥은커녕, 대부분 교회가 예배 참석인원이 줄어드는 상황 속에 있음을 확인할 수 있었다.

· 코로나19 이후, 예배 참석 인원의 변화(N=364, 단위: %)

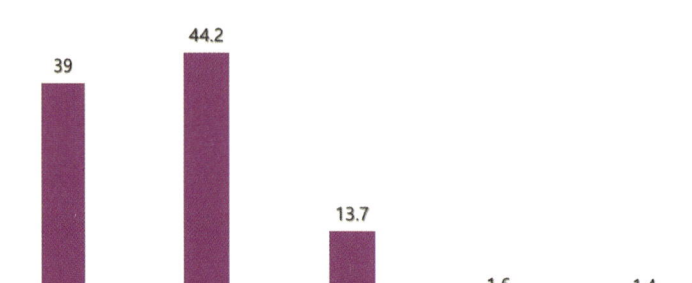

2) 교회교육 프로그램: 예배를 드리는 것만으로도 벅참

코로나19 이후 비대면 교회학교 교육은 예배(3.76)가 가장 높은 비중을 차지하고 있었고, 그 외의 비대면 모임이나 프로그램은 그렇게 활발하게 진행되지 못하고 있었다. 주일성수를 중요하게 생각하는 한국 교회의 신앙적 전통에 따라 예배 같은 경우 '매주(항상)하고 있음'을 선택한 비율이 40.1%를 차지해 가장 높은 비율을 나타냈다. 사실 '꽤 자주 하고 있음'과 '가끔 하고 있음'을 합하면 83%의 응답자가 그래도 예배는 온라인으로라도 드리기 위해 노력하고 있음이 나타났다.

· 코로나19 이후 비대면 교회학교 교육 현황 (5점 평균 비교)

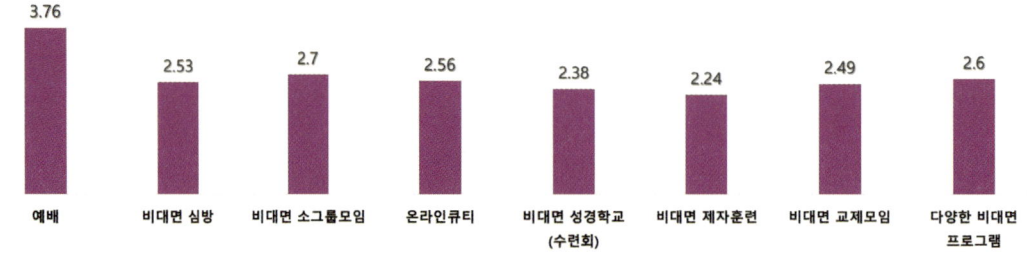

그러나 예배를 제외한 다른 교회교육 프로그램을 비대면으로라도 운영하지 못하는 교회들이 많았다. '전혀 하지 않음'과 '거의 하지 않음'의 비율을 합해 계산해 봤을 때, 비대면 심방은 48.3%, 비대면 소그룹 모임은 47.6%, 온라인 큐티는 49.7%, 비대면 성경학교/수련회는

54.4%, 비대면 제자훈련은 60.7%, 비대면 교제 모임은 48.6% 그리고 다양한 비대면 프로그램은 44.5%의 교사들이 전혀 혹은 거의 하지 못하고 있다고 응답했다. 즉 거의 절반에 가까운(혹은 절반도 넘는) 교회들이 온라인 예배를 제외한 비대면 교육 프로그램을 운영하지 못하고 있는 것으로 나타났다.

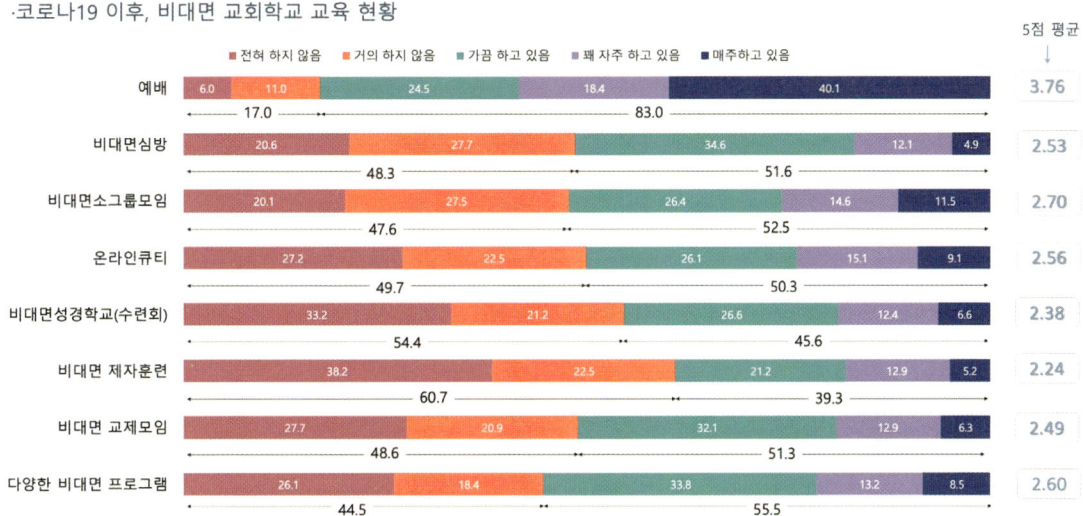

·코로나19 이후, 비대면 교회학교 교육 현황

3) 비대면 교회교육의 가장 큰 어려움?

코로나19 이후 비대면 교회학교 교육을 진행할 때 교회학교 교사들은 어떤 어려움들을 겪었을까? '전혀 힘들지 않음'을 1점, '항상 힘들었다'를 5점으로 하는 5점 척도 Likert Scale로 조사했을 때, 전문 인력의 부족(3.27), 장기적인 계획과 대안의 부재(3.22), 학생들의 저조한 반응과 참여(3.20), 영상 편집(3.13), 미디어 콘텐츠와 자료 부족(3.13)의 순서로 어려움들이 있었다고 응답했다.

· 코로나19 이후 비대면 교회학교 교육 어려운 점 (5점 평균 비교)

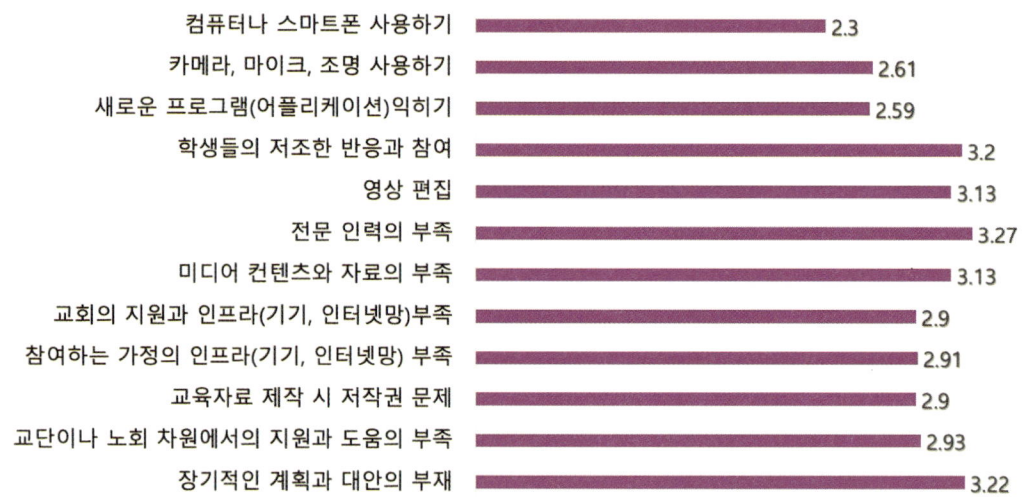

· 코로나19 이후, 비대면 교회학교 교육 어려운 점

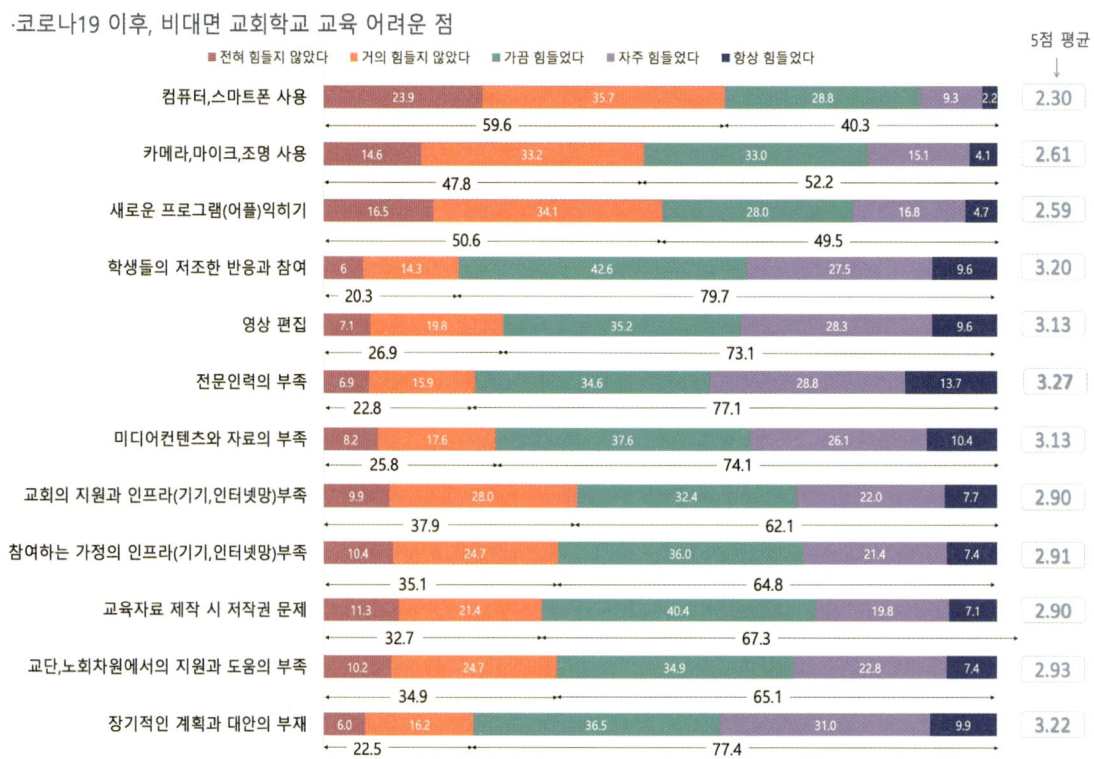

또한 '가끔 힘들었다'를 포함하여 어떤 모양이든 힘들었다고 응답한 비율을 따로 살펴보았

는데, 평점과는 약간 다른 결과가 나타났다. 힘들었다고 응답한 비율로 따졌을 때는 학생들의 저조한 반응과 참여(79.7%)가 가장 큰 어려움이었고, 그다음으로 장기적인 계획과 대안의 부재(77.4%), 전문 인력의 부족(77.1%), 미디어 콘텐츠와 자료의 부족(74.1%) 그리고 영상 편집(73.1%)의 순서로 나타났다. 순서의 차이가 있으나 힘들었다는 응답 비율과 평점을 살펴볼 때 상위 5가지 항목은 동일하게 나타났다.

평점(5점 척도)	힘들었다고 응답한 비율
전문 인력의 부족(3.27)	학생들의 저조한 반응과 참여(79.7%)
장기적인 계획과 대안의 부재(3.22)	장기적인 계획과 대안의 부재(77.4%)
학생들의 저조한 반응과 참여(3.20)	전문 인력의 부족(77.1%)
영상 편집(3.13)	미디어 콘텐츠와 자료의 부족(74.1%)
미디어 콘텐츠와 자료의 부족(3.13)	영상 편집(73.1%)

이처럼 교사들이 느끼는 어려움들은 학생들의 반응과 참여를 제외하면 단시간 내에 해결할 수 없는 문제가 대부분이었다. 사실 전문 인력을 키우는 것이나 미디어 콘텐츠와 자료를 만드는 것 같은 일은 단시간에 해결하는 방안이 있는 것이 아니다. 오랜 시간, 긴 안목으로 투자하면서 인력과 콘텐츠를 만들어야 하는 일인데, 그동안 한국 교회는 이 필요성을 주장하는 사람들의 목소리를 들으면서도 실제적인 투자는 이루어지지 않았었고, 결국 그 부족한 투자에 대한 성적표를 받은 것 같아서 연구자들의 마음도 무거웠다.

반면 컴퓨터나 스마트폰 사용하기가 힘들다고 응답한 비율은 40.3%였고, 카메라 마이크 조명 사용하기가 힘들다는 응답은 52.2%, 그리고 새로운 프로그램 익히기가 힘들다고 응답한 비율은 49.5%로 나타났는데, 스마트폰을 이용해서 사진이나 영상을 찍는 것이 어느 정도 대중화되어 있어서 이런 부분에서 어려움을 느끼는 교사는 많지 않았다.

3. 비대면 교회교육의 만족도

1) 불만족! 불만족! 불만족!

그렇다면 이렇게 비대면으로 진행한 교회교육 프로그램에 대해 학생들과 교사들은 얼마나 만족하고 있을까? 본 연구에서 학생들은 연구의 대상이 아니었기 때문에 교사들에게 학생들의 반응을 물었다. 처음에는 잘 참여했지만, 지금은 관심이 식었다(46.2%)고 응답한 비율이 가장 높았고 처음부터 관심이 없었고 참여도 저조했다고 응답한 비율도 12.1%나 되었다. 즉 58.2%의 학생들이 저조한 참여를 보였고, 반면 대체로 잘 적응하여 참여하거나 비대면 프로그램에 더 잘 참여하는 학생은 전체의 23.4%에 불과한 것으로 나타났다.

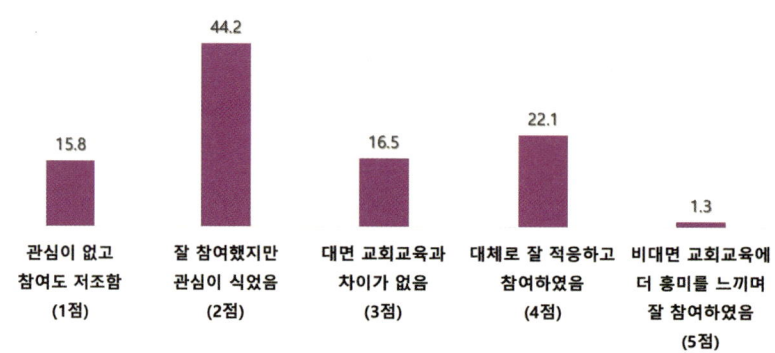

· 교회교육 프로그램에 대한 학생들의 전반적인 만족도

한편 교회학교 교사 본인의 만족도는 어떻게 나타났을까? 대단히 불만족하다는 응답(20.1%)과 조금 불만족하다는 응답(49.7%)을 합하면 무려 69.8%나 되는 교사들이 비대면 교회교육 프로그램에 만족하지 못하는 것으로 나타났다. 약 70%의 교사들이 비대면으로 진행된 교회교육 프로그램에 대해 만족하지 못하고 있다고 응답한 것인데, 특히 5점 척도로 비교했을 때, 학생들의 만족도(2.56) 보다 교사들의 만족도(2.29)가 더 떨어지는 것으로 나타났다. 즉 교사들은 자신들이 어림하여 판단한 학생들의 만족도 보다 스스로가 평가한 만족도를 더 부정적으로 평가하였다. 이와 같은 결과를 바탕으로 생각할 때 만약 이번 연구에서 학생들에게 직접 만족도를 물었다고 한다면 교사들이 응답한 만족도보다 조금 더 부정적인 결과도 나올 수 있었을 것이라 짐작된다.

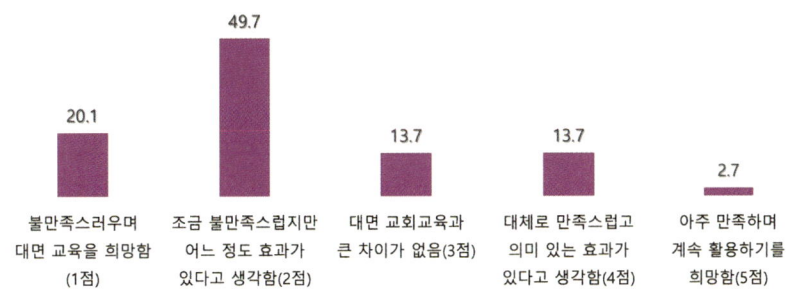

· 교회교육 프로그램에 대한 교사의 전반적인 만족도

· 교회교육 프로그램에 대한 교역자의 전체적인 만족도

- 대단히 불만족스럽고 빨리 대면 교육이 이루어지기를 원함(1점)
- 조금 불만족스러운 부분은 있지만 어느 정도 효과가 있다고 생각함(2점)
- 대면으로 진행된 교회교육 프로그램들에 비해 큰 차이가 없음(3점)
- 대체로 만족스러우며 꽤 의미 있는 효과가 있다고 생각함(4점)
- 아주 만족하며 코로나 이후에도 계속 활용하기를 원함(5점)

이번 연구는 기존의 교회 지도자들이나 기독교 교육 전문가들의 예상과 크게 차이 나지 않는 결과를 보여 주었다. 교회에서 비전을 갖고 기존의 교육 패러다임을 전환하며 추진한 비대면 교회교육이 아니었기 때문에 교사들은 등 떠밀려 비대면 교육을 시작할 수밖에 없었다. 더군다나 긴 시간 체계적인 준비를 하여 시작한 비대면 교육이 아니었기 때문에, 온라인 교육 프로그램의 운영에 있어서 시행착오와 여러 사건·사고가 빈번히 일어났다. 이에 자연스럽게 교사들은 현재 자신들이 맡은 사역에 만족스러울 수 없었고, 그러한 현실이 이번 연구를 통해 여실히 나타났다.

2) 그런데도 살짝 엿볼 수 있는 기대와 가능성

본 연구에서는 더 구체적으로 만족도를 살피기 위해 9가지의 하부 질문을 교사들에게 던졌다. 그 결과 교사들이 조금 더 긍정적으로 평가하는 항목과 그렇게 평가하지 않는 항목이 있음을 알게 되었다. 우선 교사들이 가장 긍정적으로 바라본 비대면 교회교육의 장점은 '학생들이 예배의 끈을 놓치지 않는 데 도움이 되었다'(3.40)라는 것이었다. 사회적 거리두기 때문에 예배실에서 함께 예배드리지 못하는 상황임에도 주일성수와 예배 참여를 할 수 있도록 했다는 점에서 가장 높은 평가를 한 것이다.

· 교회교육 프로그램에 대한 교사의 만족도(5점 평균 비교)

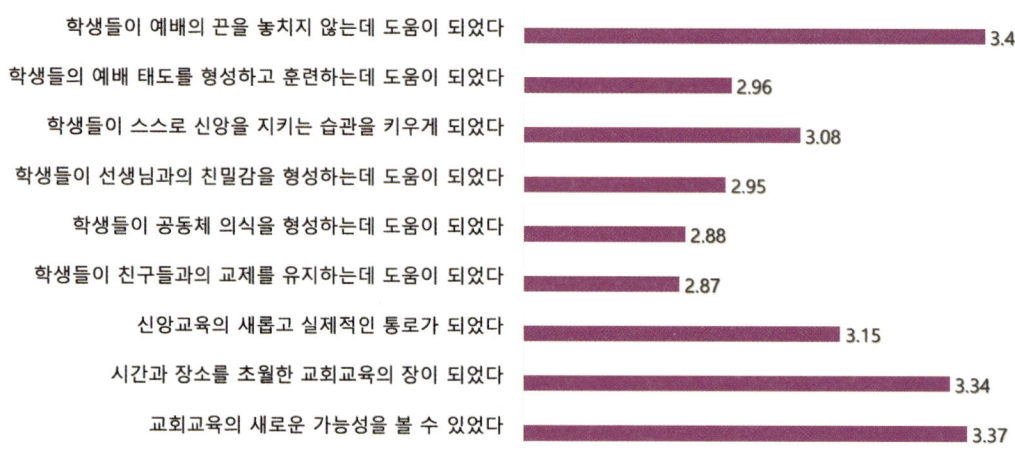

학생들이 예배의 끈을 놓치지 않는데 도움이 되었다	3.4
학생들의 예배 태도를 형성하고 훈련하는데 도움이 되었다	2.96
학생들이 스스로 신앙을 지키는 습관을 키우게 되었다	3.08
학생들이 선생님과의 친밀감을 형성하는데 도움이 되었다	2.95
학생들이 공동체 의식을 형성하는데 도움이 되었다	2.88
학생들이 친구들과의 교제를 유지하는데 도움이 되었다	2.87
신앙교육의 새롭고 실제적인 통로가 되었다	3.15
시간과 장소를 초월한 교회교육의 장이 되었다	3.34
교회교육의 새로운 가능성을 볼 수 있었다	3.37

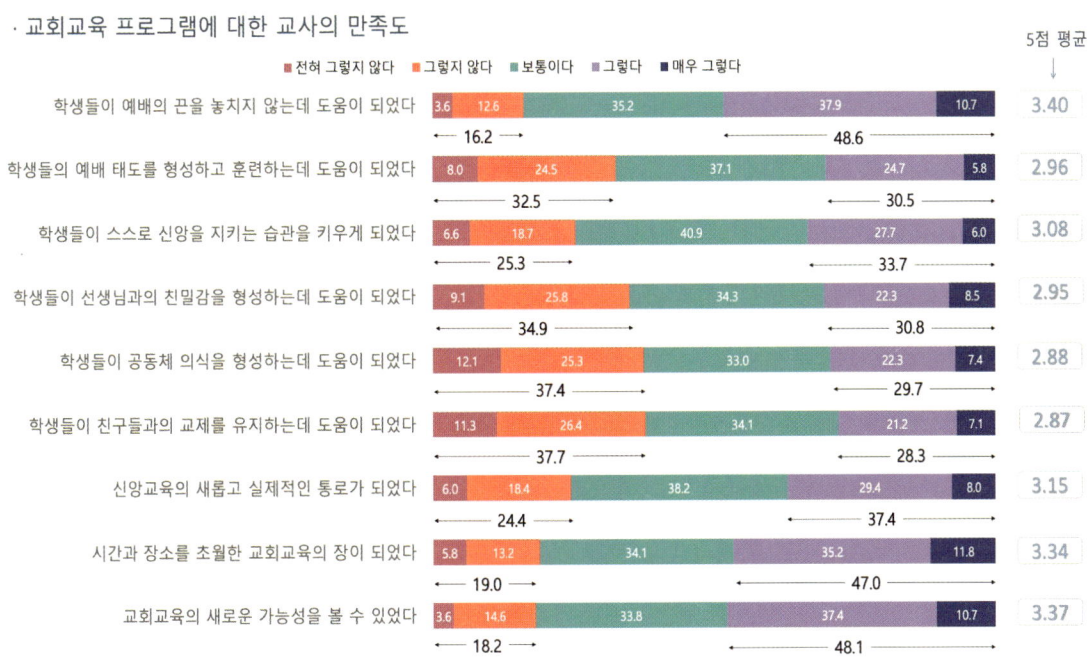

그다음으로는 '교회교육의 새로운 가능성을 볼 수 있었다'(3.37)와 '시간과 장소를 초월한 교회교육의 장이 되었다'(3.34)가 그 다음 순으로 높은 만족도를 기록했다. 이러한 응답들이 높게 나타난 것을 통해 지금은 비록 만족스럽지 못한 비대면 교회교육을 진행하고 있지만, 교사들이 그 안에서 뭔가 새로운 기대와 가능성을 발견했음을 알 수 있었다. 이번 비대면 교육은 체계적인 대비 없이 갑작스럽게 시작할 수밖에 없었고 각종 시행착오를 겪으며 비대면 교육을 진행하였다. 그러나 탁월한 전문사역자의 도움과 다양한 양질의 콘텐츠 사용, 장기적인 비전과 체계적인 운영계획이 수립된다면, 비대면 교회교육은 새로운 시대의 중요한 교육 통로가 될 수 있다. 시간과 장소를 초월한 미디어의 특성이 교회교육의 좋은 장이 될 수 있다는 가능성을 코로나 팬데믹을 통해 교사들도 깨닫게 되었다.

3) 공동체 의식과 영성 훈련은 대면으로

본 연구에서는 비대면으로 교회교육이 진행되면서 학생들의 신앙 성장에서 걱정되는 것이 무엇인가를 복수 응답이 가능하게 질문하였다. 교사들이 지적한 가장 걱정되는 요소는 공동체 의식이 부족하게 된다(21.8%)였고, 이와 비슷한 항목인 관계의 끈을 놓치게 된다는 지적

(16.8%)도 세 번째로 많은 응답을 기록했다. 이 두 항목을 합쳐서 계산해 보면 공동체와 관계의 문제에 있어서 염려된다고 지적한 응답이 38.6%나 되었다. 특히 이 문항은 한 사람이 몇 개든 선택할 수 있는 복수 응답 문항이었는데 공동체 의식이 부족하게 된다는 응답에 표시한 교사들이 57.4%나 되었다.

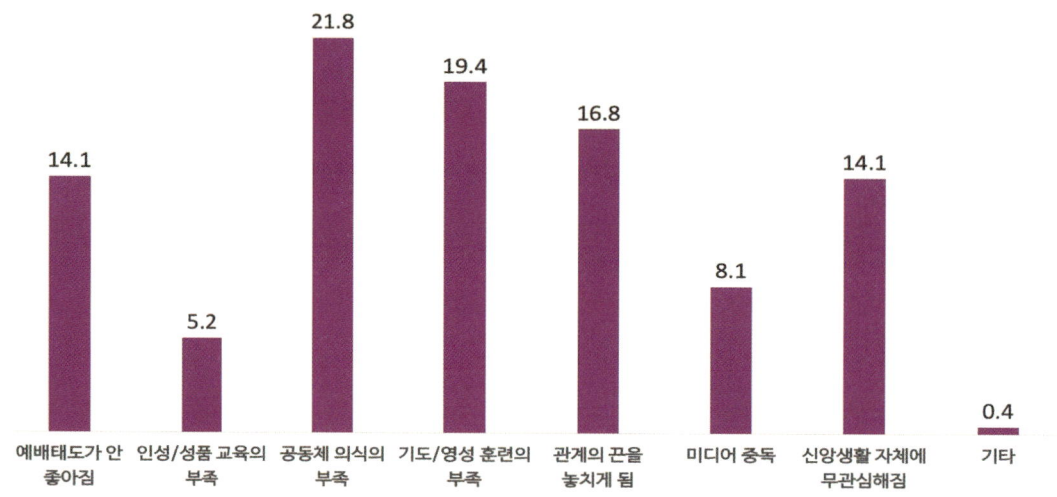

· 비대면 교회교육이 진행되면서 학생들의 신앙성장과 관련하여 가장 걱정되는 부분 (N=958 *복수응답, 단위: %)

예배태도가 안 좋아짐	인성/성품 교육의 부족	공동체 의식의 부족	기도/영성 훈련의 부족	관계의 끈을 놓치게 됨	미디어 중독	신앙생활 자체에 무관심해짐	기타
14.1	5.2	21.8	19.4	16.8	8.1	14.1	0.4

교사들은 비대면 교회교육을 통해서는 기도 및 영성 훈련이 부족하게 될 수 있음을 두 번째로 많이 지적하였다(19.4%). 특히 응답자의 51.1%가 이 질문에 염려를 표시했는데, 비대면 교육의 한계가 그대로 드러난 것이 아닌가 생각이 된다.

4. 코로나19 이후 전망

1) 코로나19 이후에도 비대면 교회교육은 계속될 것이다.

연구자들은 과연 코로나19가 끝나게 된다면 그 이후 교회학교 교육이 어떻게 이루어질 것으로 생각하는지 교사들에게 물었다. 이 질문에 교사들은 코로나19 이후 교회교육은 대면 교육을 위주로 하지만 비대면 교육을 병행하게 될 것이라고 가장 많이 예상하였다(53%). 즉 예전처럼 대면으로 예배하고, 교육을 주로 하지만, 그 부족한 점을 어떤 모양으로든 비대면 교육이 채우지 않겠느냐고 예상한 것이다. 그다음으로 높은 전망은 예전처럼 대면 교육 위주로 운영될 것이라는 전망이었다(25%).

· **코로나19 이후, 교회학교 교육의 전망**(N=364, 단위: %)

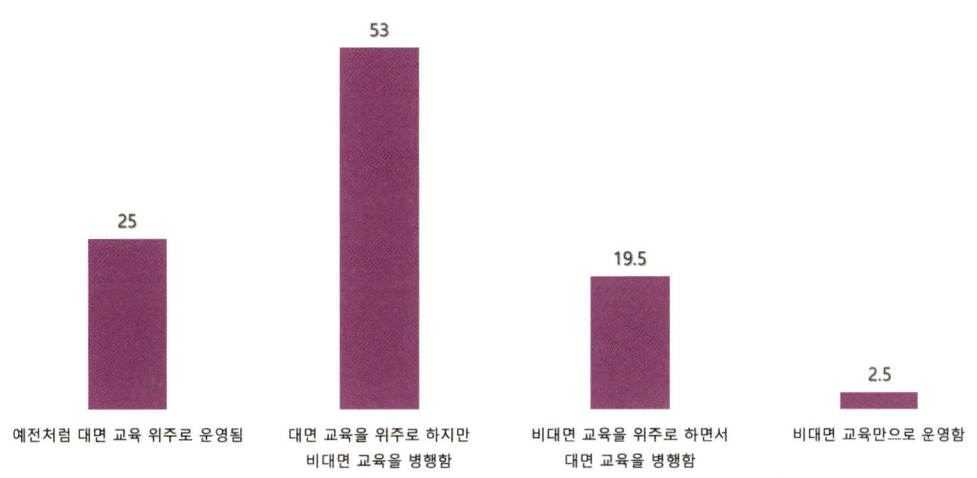

그런데 의외로 비대면 교육을 위주로 하면서 대면 교육을 병행하게 될 것(19.5%)이라는 전망도 꽤 높게 나타났다. 즉 약 20%의 교사들은 앞으로의 교회교육은 비대면 교육이 주가 되고 대면 교육이 보조하게 될 것이라 예상한 것이다. 그리고 별도의 질문으로 위의 예상과는 상관없이 응답하는 교사 자신이 생각할 때 코로나19 이후에도 어떠한 형식이든 비대면 교회교육이 필요하다고 생각하느냐는 질문에 83.5%의 교사들이 필요하다고 대답하였다.

· **코로나19 이후, 비대면 교육의 필요성** (N=364, 단위: %)

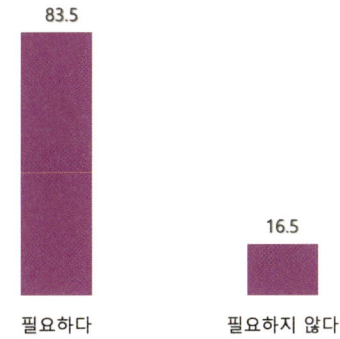

2) 결국 콘텐츠, 그리고 사람을 세워가는 장기적인 비전과 투자

그렇다면 과연 어떤 준비와 투자가 필요할까? 본 연구자들은 코로나19 이후에도 비대면 교회교육이 필요하다면 가장 우선으로 필요한 지원은 무엇이라고 생각하는지 교사들에게 물었다. 그랬더니 교사들은 양질의 교육 미디어 콘텐츠가 가장 필요하다(21.6%)고 답을 하였다. 또한 교회의 지원과 관심(18.2%)과 미디어 활용 능력과 신학적 기초를 함께 갖추고 있는 사역자(18.2%)도 우선으로 지원이 되어야 할 것으로 지적하였다.

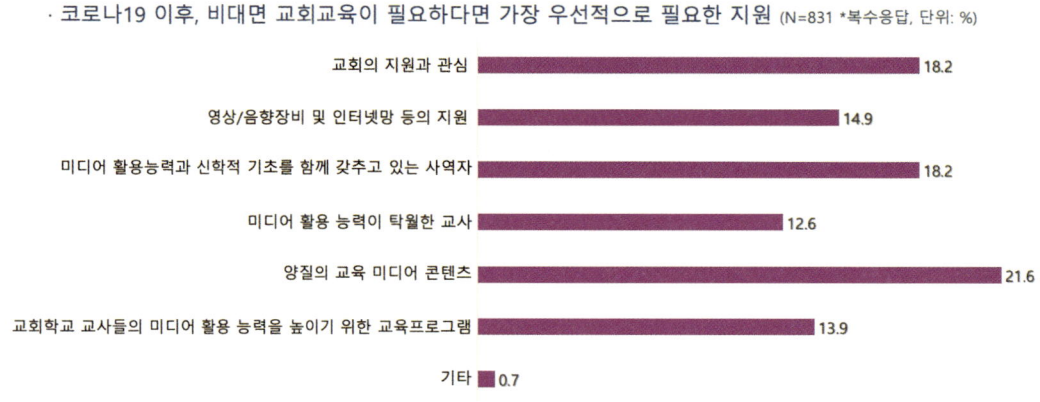

먼저 교사들은 양질의 교육 미디어 콘텐츠가 가장 필요함을 언급하였고(21.6%) 교회의 지원과 관심이 비대면 프로그램이 어우러질 앞으로의 교회교육에 꼭 필요하다고 대답했다(18.2%). 특히 응답한 교사 중 45.9%의 교사들이 이 항목에 응답하였는데, 이들이 그동안 특별한 교회의 관심과 지원도 없이 얼마나 고군분투하며 사역의 자리를 지켜왔는지 그 어려움이 느껴져서 연구자들의 마음이 무거웠다. 그동안 한국 교회는 참 변하기 힘든 조직 중 하나였다. 우리의 믿음을 지키고 신앙의 본질을 지키는 것은 물론 너무나도 중요한 일이지만, 비본질적인 것들의 작은 변화에도 큰일이 나는 듯이 예민하게 반응하는 경우가 많았다. 그러나 이제는 더 이상 비대면 프로그램 없이 교회교육이 이루어지는 것은 어렵다는 사실은 수많은 기독교 교육 전문가의 말을 들어도 분명히 알 수 있고 또한 본 연구의 결과를 봐도 확신할 수 있다. 그러므로 앞으로 보다 장기적인 안목과 비전을 가지고 교회의 비대면 교육 프로그램에 투자하고 지속적으로 개발해 나가야 할 것이다.

마지막으로 교사들의 지적을 통해 재차 확인하게 되는 것은 결국 사람을 세우는 것이 답이라는 것이다. 교사들의 지적에 의하면 앞으로 가장 필요한 지원 중의 하나는 '미디어 활용 능력과 신학적 기초를 함께 갖추고 있는 사역자'였다(18.2%). 이는 '교회의 지원과 관심'과 동일한 응답을 기록해 두 번째로 높은 항목이었다. 결국 이번 팬데믹을 거치면서 교사들은 교육부서 사역자에게 있어 미디어 활용 능력이 얼마나 중요한지 깨닫게 되었다.

5. 논의

1) 다양한 비대면 교회교육 프로그램 개발의 필요

이번 연구를 통해 나타난 결과에 의하면 많은 한국교회의 교회학교는 팬데믹 이후 예배를 제외한 다른 교회교육 프로그램을 비대면으로라도 운영하지 못했음을 알 수 있었다. 그런데 이러한 결과는 어느 정도는 예측이 되었다. 기본적으로 비대면으로 교육 프로그램을 운영한다는 것은 쉬운 일이 아니다. 우선 비대면 교육 프로그램을 위해서는 교사와 학생 모두 일정 수준의 미디어 조작 능력이 필요하다. 특히 코로나19 이후로 많이 사용된 실시간 화상회의 프로그램들 같은 경우, 능숙하게 조작하여 효과적으로 교육 프로그램을 진행하기 위해서는 적지 않은 시간과 노력이 필요하다. 또한 예배와 달리 비대면으로 교육 프로그램을 운영할 때 대체로 소그룹 모임을 인도하게 되는 경우가 많은데, 예배와 달리 이러한 소그룹 모임에서는 더 활발한 양방향 소통이 필요하다. 그런데 온라인 수업에서는 학생들과 활발한 소통을 하는 것이 대면 수업보다 훨씬 더 어렵다.[19] 즉 가뜩이나 온라인 교육 자체가 운영하기가 어려운데 아무런 준비 없이 비대면으로 교회교육을 진행해야 했으니 제대로 운영할 수 있는 교회가 많지 않았다.

게다가 비대면으로 교회교육을 할 때 여러 가지 어려움과 문제점도 나타났다. 이번 연구에 참여한 교사들은 비대면으로 교육할 때 가장 우려되는 점이 공동체 의식이 부족해지지 않을

---

[19] 일반적으로 교사들은 학생들이 자신의 수업을 잘 따라오는지 수많은 미묘한 신호들, 즉 학생들의 몸짓 언어나 표정을 통해 파악한다. 그런데 온라인 수업 환경에서는 그러한 미묘한 신호들을 파악하기 어렵기 때문에 교실의 분위기를 파악하고, 학생들이 지금 잘 따라오고 있는지를 감지하기가 어렵다. 이러한 이유로 교사들의 수준과 실력 차이의 차이도 온라인 수업에서 더 확실하게 드러나는 경우가 많다. 더그 레모브, TLAC팀, 『최고의 교사는 온라인에서 어떻게 가르치는가』 (서울: 해냄, 2021), 66.

까 하는 점이었다. 또한 위에서 살펴본 비대면 교회교육 만족도를 구체적으로 살펴보기 위한 9개 항목 중 가장 낮은 만족도 점수를 기록한 것 역시 '학생들이 친구들과의 교제를 유지하는 데 도움이 되었다'(2.87)와 '학생들이 공동체 의식을 형성하는 데 도움이 되었다'(2.88)이었다. 교회 공동체는 그리스도를 머리로 하여 모든 지체가 한 몸이 되는 귀한 믿음의 공동체이며, 기독교 신앙 자체가 공동체 안에서 형성되고 자라간다. 이처럼 공동체성은 신앙생활에 있어 가장 핵심적인 요소 중 하나인데 비대면 만남과 교회교육을 통해서는 이러한 공동체 의식과 깊은 관계가 자라기 어렵다는 것을 교사들은 우려하였다.[20]

또한 교사들은 비대면으로 교육을 할 때, 기도 및 영성 훈련 역시 부족하게 될 수 있음을 지적하였다. 기도와 영성을 가르칠 때 영적인 분위기는 무시할 수 없는 중요한 요소인데, 비대면 교육에서는 이와 같은 영적 분위기를 만들어 가는 것 자체가 쉽지 않다. 함께 온라인으로 모이기는 하지만, 예배와 모임에 참여하는 사람 모두 자신이 평소 살아가는 집 혹은 자신의 방의 공간에서 온라인에 접속하는 것뿐이다. 이처럼 뭔가 자신의 일상의 삶과는 구별되는 예배실의 분위기, 혹은 함께 기도하는 뜨거운 기도회의 분위기 없이 평소의 삶과 똑같은 공간에서 예배하고 기도하는 영적 훈련을 받게 되니 기도 및 영성 훈련이 약해질 수밖에 없었다. 이와 같은 결과를 놓고 보았을 때 현재의 기술적 수준으로는 정보를 전달하고, 인지적으로 배우는 데에는 비대면 교육도 어느 정도 효과가 있으나, 영적 분위기를 전달하고, 영적 훈련을 위해 사용하는 데는 아직 한계가 있음이 분명해 보인다.

이같이 코로나19 이후 한국의 중·소형 교회의 교회학교에서는 제대로 된 비대면 교육 프로그램을 운영하지도 못했고, 어쩔 수 없이 운영하는 비대면 프로그램에서도 여러 가지 염려되는 점을 발견하였다.

그러나 앞으로의 교회교육을 위해서는 다양하고 잘 준비된 비대면 교회교육 프로그램을 개발해야 할 필요성이 있다. 코로나 팬데믹은 우리 사회의 거의 전 영역을 송두리째 바꿔놓은 엄청난 파도였다. 그리고 그 파도는 한국 교회의 교회학교 그리고 교회학교 교사들의 의식도 바꾸어 놓은 것처럼 보인다. 이번 조사에서 53%의 교회학교 교사들은 코로나가 끝이 난다고 할지라도 대면 교육을 위주로 하지만 비대면 교육을 병행하게 될 것이라고 응답하였

---

20 코로나 팬데믹 때문에 온라인으로 예배하고 모임을 가지지만 결국 한 공동체 안에서 진정한 코이노니아를 이루는 것이 교회임을 잊어서는 안 될 것이다. 윤성민, "코로나19 사태에서의 미디어 영상예배를 위한 실천신학적 방법론 - 헬무트 쉬비어(Helmut Schwier) 중심으로," 「신학과 실천」 69(2020), 67-89.

고, 19.5%의 교사들은 비대면 교육을 위주로 하면서 대면 교육을 병행(19.5%)할 것이라 응답하였다.[21] 게다가 자신의 전망과는 상관없이 코로나19 이후에도 어떠한 형식이든 비대면 교회교육이 필요하다고 생각하느냐고 질문했을 때 83.5%의 교사들이 필요하다고 대답하였다.

솔직히 코로나19 이전에 교회에서 비대면으로 교육 프로그램을 진행했던 교회가 얼마나 있을까? 구체적인 조사가 제대로 없기는 하지만 아마 거의 없었을 것이고, 혹 있다고 해도 주변의 시선은 그저 특이하다 정도의 반응을 보였을 것이다. 그런데 그렇게 교회에서 비대면 교육이나 미디어를 통한 교육에 힘을 쓰지 않았던 이유가 앞으로 비대면 교육이나 온라인 교육 같은 것들이 필요 없다고 여겨져서 그랬을까? 그렇지 않다. 많은 교육 전문가가 그러한 교육의 필요성을 지적하였고, 대부분의 교회 리더도 그것이 필요하다는 데에는 반대하지 않았다. 다만 하지 않았을 뿐이다. 이러한 교회의 모습들을 돌아보는 가운데 슬라보예 지젝Slavoj Zizek, 철학자의 글이 떠올랐다.

> 우리는 팬데믹의 가능성을 인지하고 있었고, 다른 위험한 일들도 몇 년 전부터 경고했었습니다. 그럼에도 실제로 그 일이 발생했을 때 모두에게 충격과 공포였죠. 지식과 정보는 있지만 어떤 이유인지 일어날 일을 받아들일 수가 없는 상황이라는 겁니다. 팬데믹이 충격적이라는 게 바로 이러한 점입니다. 일어날 것이라고는 알고는 있었지만 동시에 일어날 수 없는 일이라고 생각했던 거예요. 실제로 팬데믹이 현실이 되었는데도 '인지하지 않으려는 의지'가 발동하게 됩니다.[22]

이와 같이 그 비대면 교육의 가능성과 필요성을 인지하고 있었는데도 그저 우리는 제대로 인정하고, 받아들이지 않았다. 그러나 이제는 어떤 모양으로든 비대면 교육 프로그램 없이 교회교육이 어려울 것임을 대부분 교사도 인정하고 있었다. 이는 엄청난 교육의 패러다임 전환이다. 그동안 미디어를 통한 기독교 교육이 필요함을 부르짖었던 수많은 사역자가 몇십 년씩 투자해도 이루어지지 않았던 패러다임의 전환이 이 팬데믹 기간에 순식간에 이루어진 것

---

21 여기에 비대면 교육으로만 운영할 것이라고 응답한 교사들의 비율(2.5%)를 합치면 75%의 교사들이 코로나 이후에도 비대면 교육이 진행될 것이라 응답하였다.
22 JTBC 팩추얼 〈A.C.10〉 제작진, 『팬데믹 이후의 세계 A.C. 10』 (서울: 중앙books, 2021), 58-59.

이다. 그러므로 한국 교회의 지도자 그리고 교육 전문가들은 그저 다시 대면 예배와 대면 교육을 할 수 있는 시기로 돌아갈 수 있기만을 기도할 것이 아니라, 앞으로 어떤 형식과 모양으로든 이루어지게 될 비대면 교회교육 프로그램을 준비하고 지금부터 대비해 나가야 할 것이다.[23] 특히 교회교육의 대상인 다음 세대는 태어날 때부터 정보통신기술의 세례를 받으며 태어난 디지털 원주민 Digital Native이며[24] 이들은 이미 메타버스 문화에도 익숙해져 있는 세대임을[25] 잊어서는 안 될 것이다. 우리가 분명히 인정할 수밖에 없는 것은 하나님께서 수많은 선지자를 통하여 여러 부분과 여러 모양으로 말씀하셨던(히 1:1) 것처럼 코로나19 이후 다양한 과학 기술을 통하여 자신의 백성에게 말씀하셨고[26] 그리고 앞으로도 그렇게 하실 것이라는 사실이다.

2) 장기적인 비전과 투자

이번 연구를 통해 그동안 비대면으로 진행된 교회교육 프로그램에 대한 만족도는 그렇게 높지 않은 것으로 나타났다. 재미있는 것은 교사들은 자신들이 어림하여 판단한 학생들의 만족도(2.56) 보다 스스로가 평가한 만족도(2.29)를 더 부정적으로 평가하였다. 이와 같은 결과를 바탕으로 생각할 때 만약 이번 연구에서 학생들에게 직접 만족도를 물었다고 한다면 교사들이 응답한 만족도보다 조금 더 부정적인 결과도 나올 수 있었을 것이라고 짐작된다. 그런데 이러한 연구의 결과는 기존의 교회 지도자들이나 기독교 교육 전문가들의 예상과 크게 차이 나지 않는 결과였다. 교회에서 비전을 갖고 기존의 교육 패러다임을 전환하며 추진한 비대면 교회교육이 아니었기 때문에 교사들은 등 떠밀려 비대면 교육을 시작할 수밖에 없었다. 더군다나 긴 시간 체계적인 준비하여 시작한 비대면 교육이 아니었기 때문에 온라인 교육 프로그램의 운영에 있어서 시행착오와 여러 사건 사고가 빈번히 일어났다. 이에 자연스럽게 교사들은 현재 자신들이 맡은 사역에 만족스러울 수 없었고 그러한 평가가 이번 연구를 통해

---

[23] 그리고 실제로 중장년층에 비해 온라인이나 디지털 매체에 익숙한 젊은이들은 온라인/방송/가정 예배의 방식으로 주일 예배를 드리는 것에 대한 만족도가 상대적으로 높게 나타났다. 정재영, "코로나 팬데믹 시대에 교회의 변화와 공공성," 「신학과실천」 73(2021), 861.
[24] 남선우, "코로나19와 교회학교 교사의 역할," 『코로나19를 넘어서는 기독교교육』 (서울: 동연, 2020), 144.
[25] 김현철, 조민철, 『메타버스 교회학교』 (서울: 도서출판 꿈미, 2021), 137-138.
[26] Lorrie E. Francis, "Pandemic Responses of Churches in Southern Vermont and the Surrounding Area," *Christian Education Journal 18*(2021), 498.

여실히 나타났다.

코로나19 이후 비대면 교회교육 프로그램을 진행할 때 '가장 큰 어려움이 무엇이었는가?'라고 교사들에게 물었을 때 그들은 전문 인력의 부족(3.27), 장기적인 계획과 대안의 부재(3.22)를 가장 큰 어려움으로 꼽았다. 학생들의 저조한 반응과 참여(3.20) 보다도 위의 두 가지를 꼽았다는 것이 연구자들에게는 의미 있게 다가왔다. 현장의 교사들이 얼마나 답답하고 힘들었을지 느낄 수 있었기 때문이다. 그런데 전문 인력의 부족과 장기적인 계획과 대안의 부재는 거의 같은 이야기를 다르게 표현하는 것이 아닌가 싶다. 왜냐하면 전문 인력을 키워내는 일은 단시간 내에 해결할 수 있는 일이 아니라 장기적인 계획과 비전을 가지고 오랜 시간과 물질을 투자해야 가능한 일이기 때문이다. 그동안 한국 교회는 이 필요성을 주장하는 사람들의 목소리를 들으면서도 실제적인 투자는 이루어지지 않았었고, 결국 그 부족한 투자에 대한 성적표를 받은 것 같아서 연구자들의 마음도 무거웠다.

그러므로 이제는 비대면 교회교육에 대한 장기적인 비전과 투자가 꼭 필요해 보인다. 그동안 교회에서의 비대면 교회교육 프로그램이 제대로 운영되지 못했던 데에는 코로나 팬데믹이 이렇게 오래 끌 것으로 생각하지 못하고 금방 지나갈 줄 알았기 때문인 것도 있을 것이다. 즉 조금만 참으면 다시 대면으로 교육하게 되겠지 생각하며 버티는 것에 초점을 맞추고 있었을 뿐, 아예 교육 프로그램의 패러다임 자체를 바꿔야 한다고 생각하지 못했던 것이 아닐까 싶다. 그러나 많은 전문가는 더 이상 인류는 코로나 이전의 삶으로 돌아갈 수 없음을 지적하고 있다. 코로나19 이후의 삶을 새로운 노멀normal, 즉 뉴노멀new normal로 여기는 그러한 시대를 살게 된다는 것이다. 또한 국제 학술지인 〈네이처〉가 2021년 1월, 세계 23개국 119명의 면역학자와 전염병 전문가, 코로나 연구자 등을 대상으로 실시한 설문 조사 결과에서 응답자의 89%가 코로나19는 팬데믹이 아니라 엔데믹Endemic으로 남을 가능성이 크다고 응답하였다.[27] 즉 코로나 펜데믹이 끝나더라도 코로나가 완전히 사라지는 것이 아니라 제한된 지역에서 끊임없이 유행하게 되는 질병으로 정착하게 될 것이라는 예상이었다.

그동안 우리가 꿈꿔왔던 코로나 이후와 같이 코로나 팬데믹이 끝나고 완전한 예전의 일상

---

[27] 팬데믹은 전염병이나 감염병이 전 지구적으로 유행하는 것을 의미하고, 엔데믹은 제한된 지역에 정착해 유행을 반복하는 질병, 즉 풍토병 같은 것을 일컫는다. 김용섭, 『라이프 트렌드 2022』 (서울: 부키, 2021), 7.

으로 돌아가는 일은 거의 불가능한 일이 되어가는 것 같다. 그렇기 때문에 이제는 우리가 모두 잘 대응하며, 위드 코로나의 시대를 지혜롭게 살아가는 수밖에 없다. 그러므로 더는 코로나가 끝나고 나면 다시 대면 교육의 시대로 돌아갈 것이라 안일하게 생각하며 기다리는 것이 아니라 적극적으로 그리고 장기적인 안목과 비전을 가지고 교회의 비대면 교육 프로그램에 투자하고 지속해서 개발해 나가야 할 것이다.[28] 특히 각 지역교회에서 알아서 이런 그림을 그리고 투자하도록 할 것이 아니라 각 교단 총회에서는 코로나19 이후의 교회교육을 위한 거버넌스 governance, 공공경영를 구축하고 구체적인 미래 교회교육의 방안들을 만들어 내야 할 것이다.[29]

특히 이번 연구에 참여한 교사들은 학생들이 예배의 끈을 놓치지 않도록 도와주었다는 점에서 비대면 교회교육의 긍정적인 면이 있다고 보았고(3.40), 그다음으로는 '교회교육의 새로운 가능성을 볼 수 있었다.'(3.37)와 '시간과 장소를 초월한 교회교육의 장이 되었다.'(3.34)의 순으로 높은 기대감을 표현했다.[30] 즉 지금은 비록 만족스럽지 못한 비대면 교회교육을 진행하고 있지만, 교사들이 그 안에서 뭔가 새로운 기대와 가능성을 발견했음을 알 수 있었다.[31] 이번 비대면 교육은 체계적인 대비 없이 갑작스럽게 시작할 수밖에 없었고 각종 시행착오를 겪을 수밖에 없었으나 탁월한 전문사역자의 도움과 다양한 양질의 콘텐츠 사용, 장기적인 비전과 체계적인 운영계획이 수립된다면, 비대면 교회교육은 새로운 시대의 중요한 교육의 통로가 될 수 있음을 교사들은 깨달은 것이다. 이렇게 시간과 장소를 초월한 미디어의 특성이 교회교육의 좋은 장이 될 수 있다는 가능성을 마음에 품고 다가올 미래의 교회교육환경을 준비해 나가야 할 것이다.

---

28 김순환, "위드 코로나 시대를 위한 한국 교회 예배 대안 모색: 삶 속에서의 시간적, 공간적, 예배 지평 확장," 「신학과 실천」 77(2021), 54.
29 김수환, "코로나19 이후의 온·오프라인 교육, 미디어와 중등부," 『코로나 이후, 교회교육을 디자인하다』 (서울: 들음과봄, 2020), 169.
30 그리고 성인 예배를 대상으로 하는 연구이기는 하지만 온라인 예배가 장기화됨에 따라 온라인 예배의 부정적인 반응은 줄어들고, 만족도는 높아지고 있다. 이민형, "코로나19 상황에서의 한국 개신교 신앙 지형 연구: '2020 주요 사회 현안에 대한 개신교인 인식조사'의 결과를 중심으로," 「신학과 실천」 73(2021), 950.
31 실제로 온라인 교육에는 사용력(Accessibility), 확장성(Scalability), 접근력(Reachability)에 있어서 오프라인 교육과는 비교할 수 없을 정도의 장점이 있다. 케빈 리, 『온라인 사역을 부탁해』 (서울: 두란노, 2021), 88-92.

3) 사람 세우기

본 연구에서 연구자들은 교사들에게 코로나19 이후에도 비대면 교회교육이 필요하다면 가장 우선하여 필요한 지원은 무엇이라고 생각하는지 질문하였다. 무엇보다 교사들은 우선 양질의 교육 미디어 콘텐츠가 가장 필요함을 언급하였고(21.6%), 미디어 활용 능력과 신학적 기초를 함께 갖추고 있는 사역자(18.2%)가 두 번째 높은 응답을 기록하였다. 사실 이번 코로나19 이후 비대면으로 교육을 하게 되자 기존의 교회교육의 많은 콘텐츠를 그대로 사용하기에는 어려움이 많이 있었다. 대부분의 교회교육 콘텐츠는 대면 교육을 상정하고 만들어진 것들이고, 대부분 문서나 책과 같은 아날로그 자료들이었다. 그렇기에 이러한 자료들은 비대면 상황 속에서는 유명무실한 자료가 되기 일쑤였고 비대면 상황에 최적화되어 있는 새롭고 다양한 교회교육 콘텐츠가 절실하게 필요함을 이야기한 것이다.

그런데 양질의 교육 미디어 콘텐츠를 개발하고 만들어 내는 데 있어서 가장 중요한 것이 무엇일까? 바로 양질의 교육 콘텐츠를 만들어 낼 수 있는 미디어 교육 전문가를 양성하는 것일 것이다. 이런 점에서 교사들이 지적한 미디어 활용 능력과 신학적 기초를 함께 갖추고 있는 사역자에 대한 요구와 연결이 되는 것 같다. 즉 사람을 세우는 일이야말로 다가오는 코로나 이후의 교회교육을 준비하는 데 있어 가장 우선순위를 두어야 할 일인 것이다. 기독교 세계관의 기초 위에 전문적인 미디어 콘텐츠 제작 능력을 더해 탁월한 교육 미디어 콘텐츠를 만들어 내는 일에도 사람이 필요하고 그렇게 만들어진 좋은 콘텐츠를 가지고 교회교육 현장에서 잘 활용하며 섬기는 일에도 사람이 필요하다.

본 연구에서 연구자들은 교사와 교육부서 사역자들의 미디어 활용 능력(미디어 리터러시 media literacy)가 얼마나 되는지 질문했다. 그 이유는 과연 교사들과 교육부서 사역자들의 미디어 활용 능력과 비대면 교회교육의 만족도가 어떤 관계에 있는지 살펴보기 위함이었다. 그래서 네 가지 교차분석을 시도하였다. 첫 번째로 교사의 미디어 능력과 학생들의 비대면 교회교육 프로그램의 만족도를 분석하였고, 두 번째로 교사의 미디어 능력과 교사 자신들의 만족도를 분석하였다. 세 번째로는 교육부서 담당 사역자의 미디어 능력과 학생들의 비대면 교회교육 프로그램의 만족도를 분석하였고, 마지막 네 번째로 교육부서 담당 사역자의 미디어 능력과 교사들의 만족도가 어떤 관계에 있는지 분석하였다. 연구자들은 교사와 교육부서 담당 사역자의 미디어 능력에 따라 학생들과 교사들의 비대면 교회교육 프로그램 만족도 평균이 유의미한 차이를 보이는지 검증하고자 '일원 배치 분산분석$^{One-way\ ANOVA}$'을 각각 실시하였는데, 분석의 결과 너무나 놀라운 결과를 발견하게 되었다(모든 문항에서 '매우 못함'으로 응답한 교사들의 수가 너무 적어, '매우 못함' 응답을 제하고 분석하였다).

미디어 활용 능력	교사의 미디어 능력 · 학생들의 만족도	교사의 미디어 능력 · 교사 본인의 만족도	교육부서 담당 사역자의 미디어 능력 · 학생들의 만족도	교육부서 담당 사역자의 미디어 능력 · 교사 본인의 만족도
약간못함	2.18	1.88	1.80	1.80
보통수준	2.48	2.21	2.49	2.25
조금잘함	2.56	2.28	2.56	2.25
매우잘함	2.73	2.52	2.82	2.48

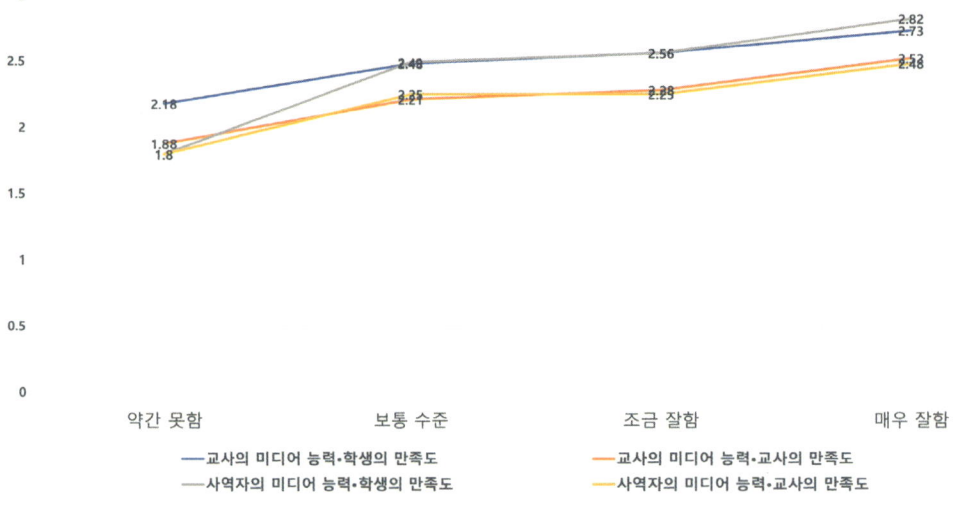

위 표와 그래프에서 확인할 수 있듯이 네 가지 조건 모두에서 교사들과 교육부서 사역자들의 미디어 활용 능력이 높아짐에 따라 학생들과 교사 본인들의 만족도가 일관성 있게 높게 나타났다. 특히 이 중에서 교육부서 담당 사역자의 미디어 능력과 학생들의 만족도는 통계상

유의미한 차이를 나타내었다(F=4.792, p=0.003).[32] 즉 모든 조건에서 다 가르치는 자들의 미디어 활용 능력이 높아짐에 따라 학생과 교사들의 비대면 교육에 대한 만족도가 높아지는 경향을 나타냈지만, 특히 담당 사역자들의 미디어 활용 능력이 학생들의 만족도에 미치는 영향이 가장 중요하게 나타난 것이다.

위의 발견이 본 연구를 통해 드러난 가장 흥미롭고 중요한 발견으로 보인다. 연구자도 분석 전에 비슷한 결과가 나올 것을 어느 정도 예상했으나, 이렇게 일관성 있게 차이가 드러날 것이라고는 예측하지 못했다. 결국 비대면 교회교육 프로그램에 대한 만족도에 가장 일관성 있게 영향을 준 요소 중 하나는 바로 교사와 교육부서 사역자들의 미디어 활용 능력이었다.

이는 기독교 교육 지도자들은 물론 교단의 지도자 그리고 신학교의 교수들에게도 많은 생각할 거리를 던져주는 결과가 아닐 수 없다. 앞으로의 기독교교육과 교육 목회의 환경 속에서 미디어는 이제 떼어놓고 생각할 수 없는 시대가 되었다. 그러므로 신학교의 커리큘럼과 목회자 후보생 교육에서 미디어 활용 능력을 가르치며 코로나 이후의 시대를 준비하도록 해야 할 필요가 있다. 앞으로의 교육 목회 현장은 "무릇 있는 자는 받아 풍족하게 되고 없는 자는 그 있는 것까지 빼앗기리라"(마 25:29) 하신 말씀처럼[33] 미디어 리터러시를 갖춘 사역자들에게는 더 많은 사역의 기회가 생길 수 있지만, 그렇지 못한 사역자들에게는 있던 기회마저 사라질 수 있는 그런 상황이 될 수 있다.

또한 현장에서 미디어를 활용하여 다음 세대를 가르칠 교사들을 위해 미디어 및 디지털 리터러시 역량을 키워줄 수 있는 교사 교육의 프로그램도 준비되어야 할 것이다. 특히 나이가 있는 교사라면 이런 디지털 전환이 낯설고 어렵게 느껴질 수 있다. 그러나 학교 현장 선생님들의 경험에 의하면, 젊은 교사라고 온라인 수업을 잘하고 나이가 많은 교사라고 어려워하는 일은 일어나지 않았다고 한다. 오히려 개인의 성향에 따라 다르게 나타났고, 한 번 적응하고 나면 그 이후에는 큰 어려움이 없었다고 한다. 하나님께서 요셉을 세워 온 땅에 찾아올 흉년

---

32 Scheffe 사후 분석을 통해 살펴본 결과 사역자의 미디어 능력에 있어 '약간못함'과 '매우잘함' 사이에 통계적으로 유의미한 차이가 나타났다.
33 실제로 사회학자들은 이러한 부익부 빈익부 현상을 묘사하는데, '마태효과(Matthew Effect)'라고 하는 단어를 사용하는데, 디지털 교육환경 속에서는 이러한 마태효과가 일반 교육을 비롯해 대규모 학습 분야에서 매우 일반적으로 나타나게 될 것이다. Justin Reich, *Failure to Disrupt: Why Technology Alone Can't Transform Education*, (Cambridge, MA: Harvard University Press, 2020), 149.

의 시간을 예비하게 하셨던 것처럼, 우리도 앞으로 찾아올 미지의 시간, 특히 비대면으로 많은 교회교육 프로그램을 진행해 나가야 할 그 시간을 지혜롭게 섬길 준비된 하나님의 사람들을 세워나가야 할 것이다.

6. 참고문헌

김성원, "신앙을 가진 어린이들이 코로나19 시기에 경험한 변화와 바람에 관한 질적 연구." 「기독교 교육논총」 67(2021), 229-265.

김성중, "코로나19 시기 이후의 기독교 교육의 방향." 『코로나19를 넘어서는 기독교 교육』. 서울: 동연, 2020.

김성중, "코로나19 시기 이후의 기독교 교육의 방향." 「기독교 교육논총」 63(2020), 39-64.

김수환, "코로나19 이후의 온·오프라인 교육, 미디어와 중등부." 『코로나 이후, 교회교육을 디자인하다』. 서울: 들음과봄, 2020.

김순환, "위드 코로나 시대를 위한 한국 교회 예배 대안 모색: 삶 속에서의 시간적, 공간적, 예배 지평 확장." 「신학과 실천」 77(2021), 39-66.

김용섭, 『라이프 트렌드 2022』. 서울: 부키, 2021.

김정준, "다음 세대와 한국 교회 주일학교의 새 전망." 「기독교 교육논총」 67(2021), 11-44.

김정희, "포스트 코로나 시대, 온라인 교회교육에 대한 이해." 『코로나19를 넘어서는 기독교 교육』. 서울: 동연, 2020.

김정희, 박은혜, "코로나 시대 기독 노인의 신앙생활을 위한 교육 목회 방안 연구." 「기독교 교육논총」 66(2021), 243-272.

김재우, "코로나19 팬데믹이 한국 교회교육부 여름 사역에 끼친 영향에 대한 설문 조사." 「기독교 교육정보」 69(2021), 247-273.

김진영, "코로나19 이후 기독교 교육과정으로서의 영성 연구." 「신학과실천」 73(2021), 281-306.

김현철, 조민철, 『메타버스 교회학교』. 서울: 도서출판 꿈미, 2021.

남선우, "코로나19와 교회학교 교사의 역할." 『코로나19를 넘어서는 기독교교육』. (서울: 동연, 2020), 144.

더그 레모브, TLAC팀, 『최고의 교사는 온라인에서 어떻게 가르치는가』. 서울: 해냄, 2021.

류창기, "펜데믹이 가져온 학교의 변화." 『코로나 이후 학교의 미래』. 서울: 오브바이포, 2020.

마은희, 김남임, 김소희, 허계형, "코로나 시대 웹(web)기반 유아-부모 세대통합 예배 전략과 실제: 기독교 유아사회정서인성 개발 프로그램을 중심으로." 「기독교교육정보」 66(2020), 197-220.

박미경, "코로나19 이후, 한국 개신교 교회의 교육목회 방향성 연구." 「신학과실천」 77(2021), 453-483.

박미라, ""언택트"Untact) 시대에서 교회의 위기를 위한 기독교교육상담의 적용방안 연구." 「신학과실천」 72(2020), 461-485.

오현주, 홍경화, "코로나19 시대의 온라인 어린이 예배에 대한 연구: 실시간 쌍방향 화상 예배를 중심으로." 「기독교교육정보」 70(2021), 137-169

유재덕, "포스트 코로나 시대의 교회교육." 「기독교교육논총」 63(2020), 13-37.

윤성민, "코로나19 사태에서의 미디어 영상예배를 위한 실천신학적 방법론 – 헬무트 쉬비어(Helmut Schwier) 중심으로." 「신학과실천」 69(2020), 67-89.

이민형, "코로나19 상황에서의 한국 개신교 신앙 지형 연구: '2020 주요 사회 현안에 대한 개신교인 인식조사'의 결과를 중심으로." 「신학과실천」 73(2021), 943-972.

이은경, "언택트 시대의 예배와 신앙교육 – 비대면을 넘어 다면(multi-faceted) 교육으로." 「기독교교육정보」 66(2020), 295-322.

이현철, 문화랑, 이원석, 안성복, 『코로나 시대 청소년 신앙 리포트 – 청소년들은 어떻게 코로나 시대를 살아가고 있는가?』. 서울: SFC출판부, 2021.

정재영, "코로나 팬데믹 시대에 교회의 변화와 공공성," 「신학과실천」 73(2021), 857-886.

정지선, "비대면 교육, 대학의 존재 이유를 흔들다." 『코로나 0년 초회복의 시작』. (서울: 어크로스, 2020), 203.

정희정, "포스트 코로나 시대의 기독교 유아교육 방향 모색."「성경과신학」 95(2020), 147-172.

채혁수, "뉴노멀(New Normal) 시대의 교육목회,"「신학과실천」 72(2020), 487-515.

케빈 리,『온라인 사역을 부탁해』. 서울: 두란노, 2021.

함영주, "뉴노멀 시대 프로젝트 기반 가정예배의 원리와 방법에 대한 고찰,"「신학과실천」 72(2020), 517-546.

JTBC 팩추얼 〈A.C.10〉 제작진,『팬데믹 이후의 세계 A.C. 10』. 서울: 중앙books, 2021.

Reich, Justin, *Failure to Disrupt: Why Technology Alone Can't Transform Education*, Cambridge, MA: Harvard University Press, 2020.

Francis, Lorrie E., "Pandemic Responses of Churches in Southern Vermont and the Surrounding Area," *Christian Education Journal* 18(2021), 498.

4장.

교역자들이 인식한
비대면 교회교육 현황

4장.

교역자들이 인식한 비대면 교회교육의 현황

전병철

1. 코로나19로 인한 변화

1) 예배

코로나19 이후 어떻게 예배하고 있는지 질문했을 때 온라인과 현장 예배를 병행하는 비율(73.6%)이 가장 높았고, 온라인으로만 예배하는 비율도 15.8%나 되었다. 즉 약 89%의 응답자들은 자신의 교회가 온라인으로 예배를 송출하고 있다고 응답했고, 현장 예배로만 예배하는 교회는 7.9%에 불과했다. 또한 코로나19 이후 부서 예배를 따로 드리지 못하고 있는 교회도 2.6%나 되는 것으로 나타났다. 그리고 온라인 예배를 드릴 때 사용하는 매체로는 유튜브(42.5%)가 가장 많이 사용되었고, 줌(19.4%)과 교회 홈페이지(19.4%)도 많이 사용되었다.

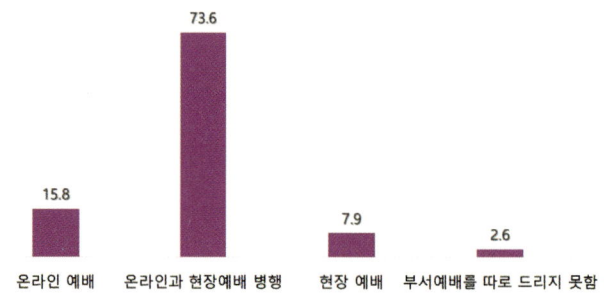

· 코로나 19 이후, 예배 형태(N=303, 단위: %)

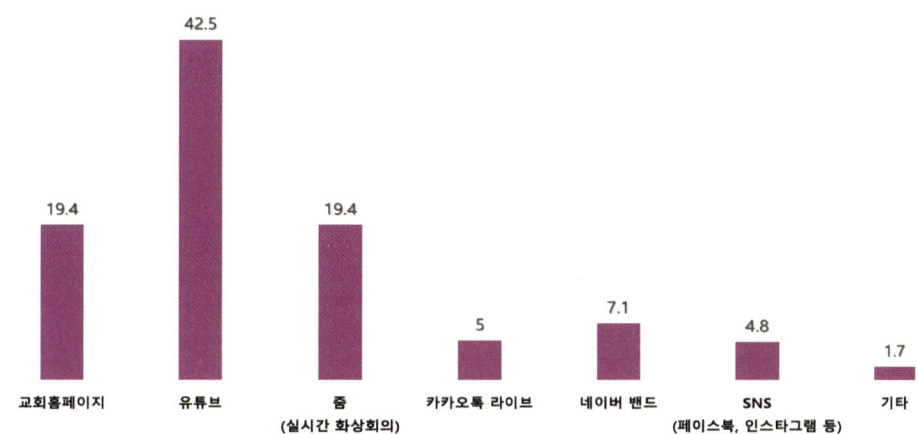

· 온라인 예배 시, 사용하는 매체 (N=463 *복수응답, 단위: %)

코로나19 이후 교육부서의 예배 참석인원은 '어느 정도 줄었다'가 42.6%, '많이 줄었다'가 35.3%로 77.9%의 교역자들이 자신이 섬기는 교육부서의 예배 참석인원이 줄었다고 응답했다.

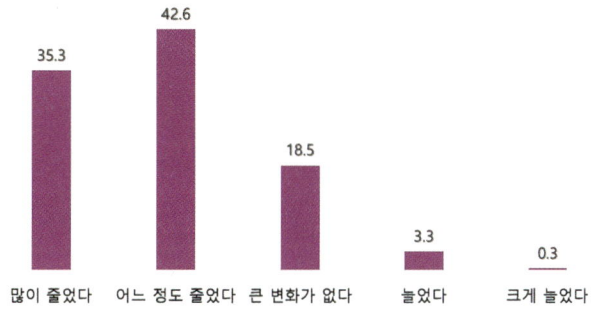

· 코로나 19 이후, 예배 참석 인원의 변화(N=303, 단위: %)

2) 교회교육 프로그램

코로나19 이후 비대면 교회학교 교육은 예배(3.87)가 가장 높은 비중을 차지하고 있었다 ('꽤 자주 하고 있음'과 '매주 하고 있음'을 합하면 86.7%). 그런데 그 외의 비대면 모임이나 프로그램은 대동소이하게 진행되고 있었다.

• 코로나19 이후, 비대면 교회학교 교육 현황 (5점 평균 비교)

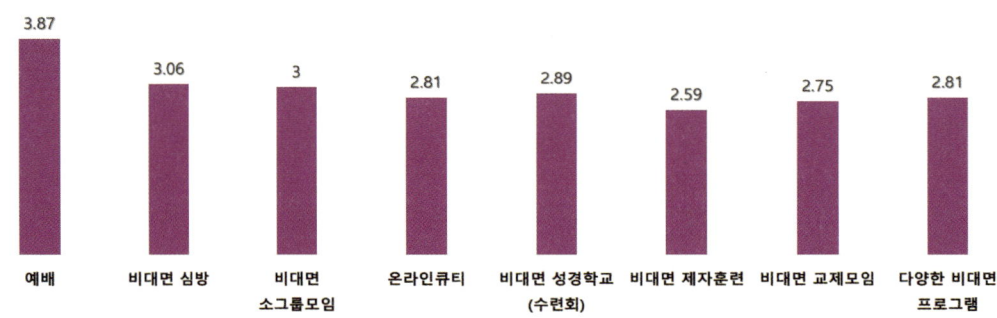

코로나19 이후 비대면 교회학교 교육을 진행할 때의 어려움을 질문했을 때 교회학교 교사들은 전문 인력의 부족(3.64), 장기적인 계획과 대안의 부재(3.59), 미디어 콘텐츠와 자료의 부족(3.54), 교단과 노회 차원에서의 지원과 도움의 부족(3.42), 영상 편집(3.30)의 순으로 응답했다.

• 코로나19 이후 비대면 교회학교 교육 어려운 점 (5점 평균 비교)

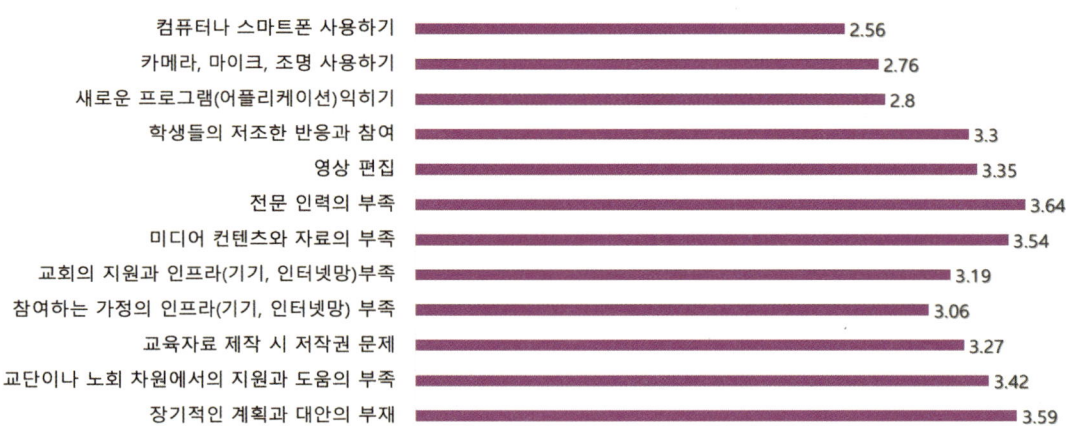

코로나19 이후 진행된 비대면 교회교육의 결과 부서 학생들이 신앙에 어떤 변화가 있었는지 질문했을 때 '약간 안 좋아졌다.'라고 응답한 비율이 44.6%나 되었고, 심각하게 안 좋아졌다고 응답한 비율도 19.8%나 되었다. 반면 좋아졌다(5.6%), 혹은 크게 좋아졌다(0.7%)고 응답한 비율은 굉장히 낮아 전체적으로 코로나19 이후 진행된 비대면 교회교육은 학생들의 신

앙에 안 좋은 영향을 끼쳤다고 교역자들은 평가했다(전체 평균 2.23).

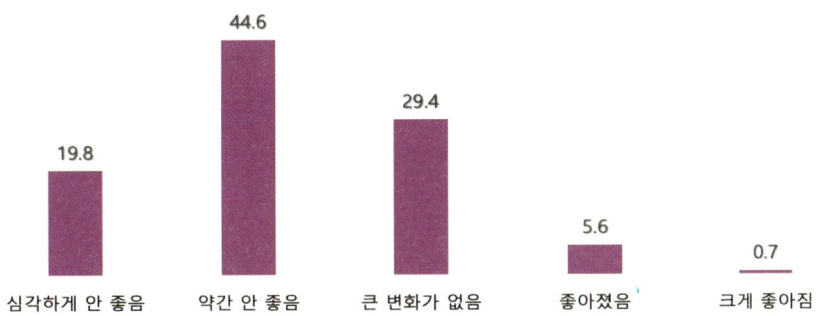
· 코로나19 이후 학생들 신앙의 변화

2. 비대면 교회교육의 만족도

교역자들이 생각하는 비대면 교육 프로그램에 대한 학생들의 만족도는 5점 만점 중 2.49로 크게 만족하지 못하고 있다고 생각하는 것으로 나타났다. 그리고 사역자 본인들도 대체로 비대면 교육 프로그램에 대해 크게 만족하지 못하고 있는 것으로 나타났다(만족도가 5점 만점에 2.15점).

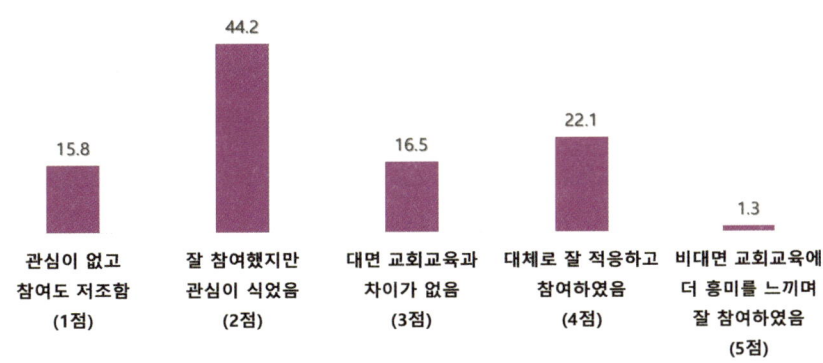
· 교회교육 프로그램에 대한 학생들의 전반적인 만족도

· 교회교육 프로그램에 대한 교역자의 전반적인 만족도

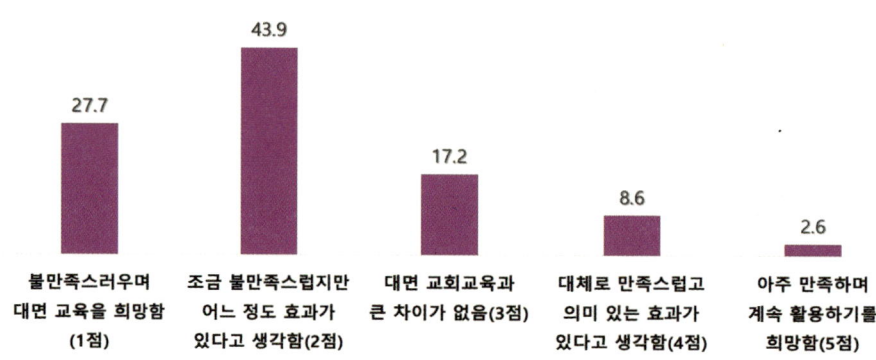

전체적인 비대면 교회교육 프로그램에 대한 각 영역에 대한 만족도는 그다지 높지 않았다. (5점 만점에 3.43이 가장 높은 점수). 학생들이 예배의 끈을 놓지 않는 데 도움이 되었다는 항목에 대한 만족도가 제일 높은 만족도를 기록했고(3.43), 시간과 장소를 초월한 교회교육의 장이 되었다는 항목에 대한 만족도는 3.21점으로 그다음으로 높은 점수를 기록했다. 신앙교육의 새롭고 실제적인 통로가 되었다는 항목에 대한 만족도가 그다음으로 높았다(3.04).

· 교회교육 프로그램에 대한 교역자의 만족도(5점 평균 비교)

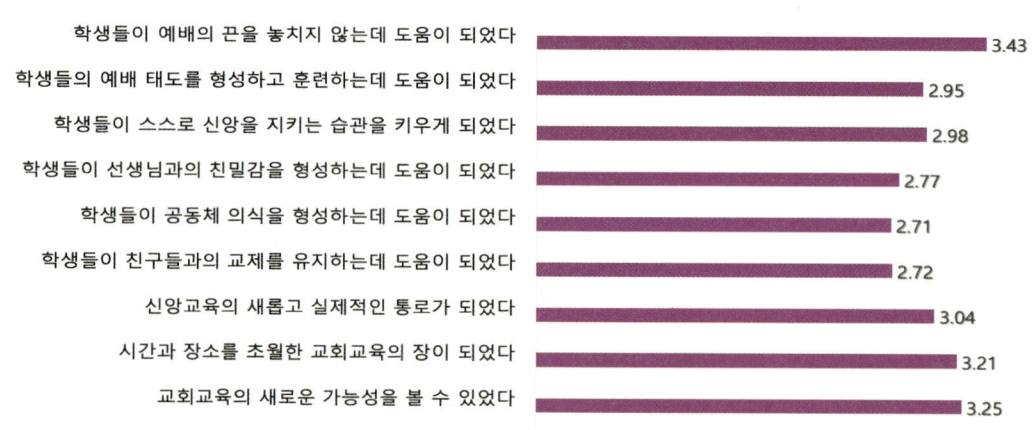

비대면 교회교육이 진행되면서 학생들의 신앙 성장과 관련한 교역자들의 가장 큰 걱정은 공동체 의식의 부족이라고 응답했다(22.5%). 그다음으로 걱정되는 부분은 영적인 부분으로

기도 및 영성 훈련의 부족(17.6%)이라고 생각했으며 관계의 끈을 놓치게 된다는 점을 걱정한 응답도 15.9% 있었다.

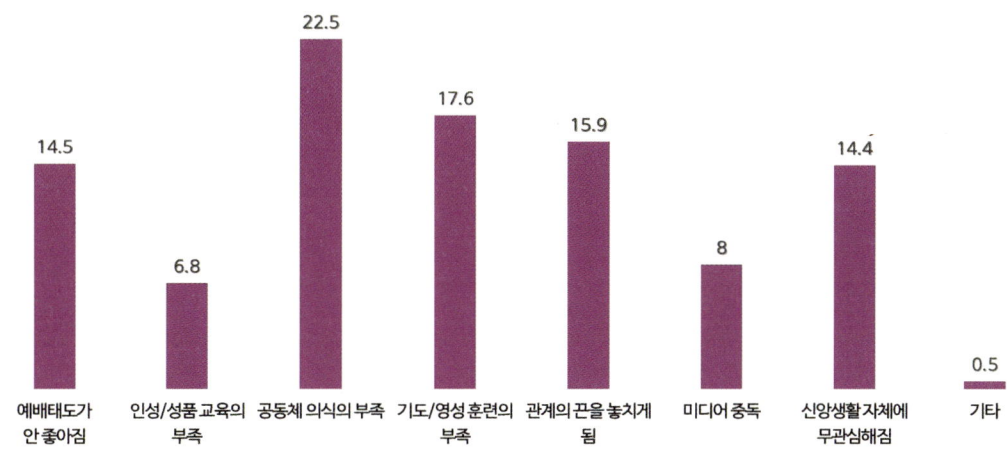

· 비대면 교회교육이 진행되면서 학생들의 신앙성장과 관련하여 가장 걱정되는 부분 (N=864 *복수응답, 단위: %)

3. 코로나19 이후 전망

코로나19 이후의 전망에 관한 질문에는 응답자의 67%가 대면 교육을 위주로 하며 비대면 교육을 병행할 것으로 예측했다. 어떻게 보면 교회교육에 대한 교역자들의 관점에는 큰 변화가 없다고 볼 수 있다. 예전처럼 대면 교육 위주로 운영될 것이라고 예상한 응답자도 15.2%나 됐다. 교육환경은 변했지만, 교육에 대한 패러다임은 여전히 변하지 않은 것이다. 반면 비대면 교육을 위주로 변할 것으로 예측한 응답은 16.8%로 그다지 크지 않았다. 비대면 교육만으로 전환될 것으로 생각한 응답자는 1%에 그쳤다. 반면 코로나 이후에도 비대면 교회교육이 필요하다고 생각하느냐는 질문에는 90.4%의 응답자가 그렇다고 대답했다.

• 코로나19 이후, 교회학교 교육의 전망 (N=303, 단위: %)

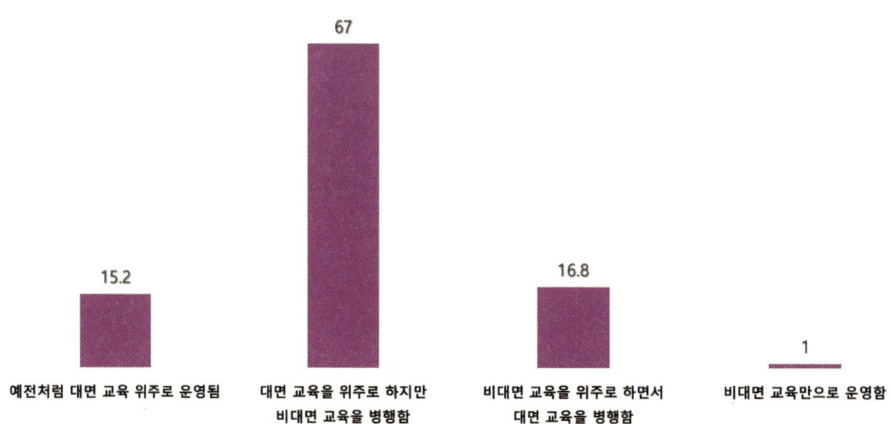

• 코로나19 이후, 비대면 교육의 필요성 (N=303, 단위: %)

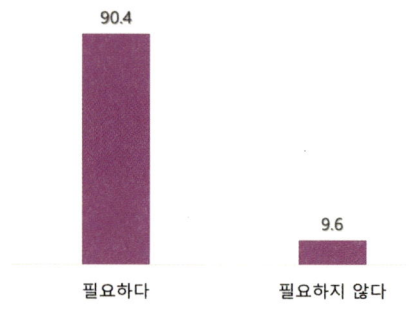

비대면 교회교육을 위해 필요한 지원에 관한 질문에는 미디어 활용 능력과 신학적 기초를 함께 갖추고 있는 사역자가 필요하다는 응답이 19.1%, 양질의 교육 미디어 콘텐츠가 필요하다는 응답이 18.8%, 교회의 지원과 관심이 필요하다는 응답이 18.2%, 영상/음향 장비 및 인터넷망 등의 지원이 필요하다는 응답이 17.2%, 교회학교 교사들의 미디어 활용 능력을 높이기 위한 교육 프로그램이 필요하다는 응답이 13.4%로 나타났다.

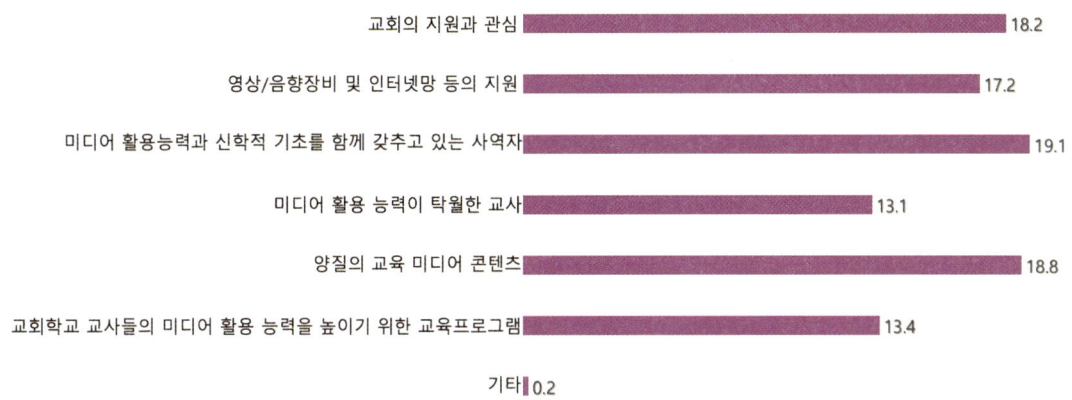

논의

1. 어른들만 몰라요, 세상이 바뀐걸

본 연구는 담임 목회자들과 교육부 담당 목회자들의 교회론과 교육 사역에 대한 패러다임의 변화가 필요하다는 시사점을 던져 주었다. 목회자들은 아이들의 미디어 사용 시간이 늘어난 이유가 코로나 때문이라고 생각하기 쉽지만, 코로나 훨씬 이전부터 어린이들의 미디어 이용 시간은 어른들이 상상하지 못할 정도로 많았다. 2020년 한국언론진흥재단의 조사에 따르면, 3세에서 9세 어린이들의 하루 미디어 이용 시간은 하루 평균 284분(WHO권고기준의 4배 이상)에 달하는 것으로 나타났다. 대부분 시간을 텔레비전(129.8분)을 보는 데 쓰고 있는 것으로 나타났지만, 스마트폰(80.9분)이나 태블릿(48.3분)과 개인용 컴퓨터(25.6분)를 이용하는 시간도 꽤 많았다. 이를 토대로 유추해보면 코로나로 인해 예배와 교회교육의 환경이 바뀌었어도 정작 아이들은 별 불편함을 느끼지 않았을 것이다. 본 연구에서도 드러났듯이 불편함과 어려움을 호소한 그룹은 오히려 부모들과 교역자 등 어른들이었다. 학생들은 교사나 교역자들이 미디어를 제대로 다루지 못하는 것에 대한 불만족을 표현하지만, 온라인 환경으로 바뀐 것에 대한 불만을 표시한 것은 아니다.

대다수 목회자는 교육 목회에 미디어의 활용이 중요하다는 것은 인정하지만, 스스로 사역에 있어 미디어 활용 능력이 다소 부족하다고 느끼고 있다. 여러 가지 이유를 들 수 있겠지만 교육부를 담당하고 있는 교역자들의 연령층이 다소 높고, 무엇보다 신학교에서 실제적인 미디어 사역 관련 교육을 받은 적이 없기 때문일 것이다. 현재 교육부는 소위 '알파'세대라고 불리는 Z세대 이후의 또 다른 세대로 이루어졌다. Z세대는 흔히 디지털 네이티브로 여겨질 정도로 디지털 미디어와 매우 밀접한 환경에서 자랐다. 그 사람 다음 세대인 알파 세대는 더할 나위가 없다. 이미 2018년에 있었던 한 포럼에서 다음 세대로 지칭되는 청소년들은 미디어와 떼려야 뗄 수 없는 세대이기 때문에 올바르게 사용할 수 있도록 지도하는 것이 더 낫다는 결론을 내기도 했다. 그러한 디지털 세대의 교육과 돌봄을 마지막 아날로그 세대인 X세대 교역자들이 맡고 있어서 어려움을 느끼지 않을 수 없는 현실이다. 이러한 현실은 신학교 교육과정의 변화를 통해서만 해결할 수 있다.

2. 신학교 seminary가 변하지 않으면 공동묘지 cemetery가 되고 말 것이다.

본 연구는 목회자들의 패러다임이 크게 바뀌지 않는 한 뉴노멀 시대의 교회교육은 앞이 보이지 않는다고 해도 과언이 아니다. 코로나19 이후의 교회교육 전망에 관한 질문에는 응답자의 67%가 대면 교육을 위주로 하며 비대면 교육을 병행할 것으로 예측했다. 교회교육에 대한 교역자들의 관점에는 큰 변화가 없다고 볼 수 있다. 예전처럼 대면 교육 위주로 운영될 것이라고 예상한 응답자도 15.2%나 됐다. '제자리'로 돌아갈 것이라고 믿고 있다. 적어도 '제자리'로 돌아갈 것을 기대하고 있다는 말이다. 교육환경은 변했지만, 교육에 대한 패러다임은 여전히 변하지 않은 것이다. 반면, 비대면 교육을 위주로 변할 것으로 예측한 응답은 16.8%로 그다지 크지 않았다. 비대면 교육만으로 전환될 것으로 생각한 응답자는 1%에 그쳤다. 어쩌면 바뀌지 않을 것으로 예측하기보다는 바뀌지 않기를 바라는지도 모르겠다. 자신들이 준비되지 않았기 때문에 다가오는 변화의 물결이 두려운 것은 아닐까?

2015년에 복음주의 신학회에서 시행한 한국 교회교육의 현실분석과 미래 방향성에 관한 사회과학적 통합연구의 결과에 의하면 교역자들의 신학대학원 교육이 교육 사역이나 전반적인 사역에 도움이 되는가에 대한 응답은 45%로 대체로 긍정적인 답변이었다. 그런데 교육 사역에 도움을 준 과목들에 관한 질문에는 성경 신학(32.4%)이 도움이 되었다고 답한 사람이 가장 높았고 정작 교육 실천적 과목들에 관한 관심은 나타나지 않았다. 이번 연구에서 미디어 사역에 대한 필요성에 대한 교역자들의 응답이 다소 높게 나오기는 했지만, 갑작스러운 팬데믹의 발생 때문이지 패러다임의 변화가 있었던 것은 아닌 것 같다. 그 이유는 응답자의 대다수가 팬데믹이 끝난 후에는 대면 교육을 중심으로 비대면 교육을 병행하겠다고 답한 것에서 알 수 있다.

앞서 언급했듯이 신학교의 커리큘럼에 미디어 사역/교육과 관련된 과목의 개설이 필요하다는 것이다. 비대면 교회교육을 위해 필요한 지원에 관한 질문에 미디어 활용 능력과 신학적 기초를 함께 갖추고 있는 사역자가 필요하다는 응답이 19.1%, 양질의 교육 미디어 콘텐츠가 필요하다는 응답이 18.8%, 교회의 지원과 관심이 필요하다는 응답이 18.2%, 영상/음향 장비 및 인터넷망 등의 지원이 필요하다는 응답이 17.2%, 교회학교 교사들의 미디어 활용 능력을 높이기 위한 교육 프로그램이 필요하다는 응답이 13.4%로 나타났다. 교회들은 단순한 미디어 전문가를 찾는 것이 아니라 '신학적 기초'를 갖춘 미디어 사역자를 찾고 있는 것으로 나타났다. 이는 앞으로 신학교가 이론 신학을 가르치는 데 그치는 것이 아니라 그 신학을 가르칠 수 있는 도구인 미디어 활용 능력을 갖출 수 있어야 한다는 시사점을 준다.

3. 걱정도 팔자

이 연구는 또한 목회자들이 엉뚱한 걱정을 하고 있다는 것을 나타냈다. 비대면 교회교육이 진행되면서 학생들의 신앙 성장과 관련한 교역자들의 가장 큰 걱정이 무엇이냐는 질문에 학생들의 공동체 의식의 부족이라고 응답했다(22.5%). 그다음으로 걱정되는 부분은 영적인 부분으로 기도 및 영성 훈련의 부족(17.6%)이라고 생각했으며, 관계의 끈을 놓치게 된다는 점을 걱정한 응답도 15.9% 있었다. 그다음으로는 온라인으로 교회교육이 계속되면 예배 태도가 안 좋아질 것이라는 응답이 14.5%, 신앙생활 자체에 무관심해질 것이라고 걱정하는 응답이 14.4% 나왔다. 큰 점수를 기록하지는 않았지만, 비대면 교회교육이 진행되면서 미디어 중독으로 이어질 수도 있다고 걱정하는 응답도 8.0% 나왔다. 이 대부분의 걱정은 대면으로 이뤄져야 할 것들이 비대면으로 이뤄지기 때문에 벌어진다고 여기는 것이다. 하지만, 교역자들이 걱정하는 부분들은 대면으로 교육을 시행했을 때부터 이미 벌어지고 있었던 현상들이다. 온라인으로 환경이 바뀌고 비대면으로 교육을 시행했기 때문에 갑자기 발생한 부정적인 현상이 아니다.

물론 코로나로 인해 교육환경이 바뀌면서 발생하는 부정적인 현상이 없을 수는 없다. 일례로 정보통신정책연구원(KISDI)의 코로나19 전후 청소년의 미디어 이용행태 비교 보고서에 따르면 지난해 교과서 등 종이매체 이용률은 대폭 감소했다고 한다. 다시 말하면, 독서 시간이 줄었다는 말이다. 하지만, 독서 시간이 줄었다고 머리가 나빠졌다고 말할 수는 없다. 마찬가지로, 대면에서 비대면으로 모임의 형식이 바뀌었다고 해서 영성이 나빠진다고 속단하는 것은 바람직하지 않다. 오히려 비대면이지만 다음 세대가 가장 많이 사용하는 디지털 미디어를 교육과 소통의 방법으로 사용한다면 걱정하는 영역들이 대부분 해결될 수도 있다. 온라인 교육환경으로의 변화는 어쩌면 기존의 (교회로) '와서 보라.'라는 전통적 선교/전도 방식에서 '가서 전하라.'라는 새로운 선교 패러다임의 전환을 불러왔다고 볼 수도 있다. 우리의 영역으로 다음 세대를 불러서 우리의 언어와 우리의 방식으로 그들을 바꾸려고 하지 않고 그들의 세계로 들어가서 그들의 언어와 그들의 문화와 방식으로 복음을 전하고 신앙을 훈련하는 것이 우리가 있어야 할 '제자리'가 아닐까?

5장.

부모들이 인식한
비대면 교회교육 현황

5장.

부모들이 인식한 교회교육 현황

서혜란

코로나19로 초래된 주요한 변화 두 가지를 꼽는다면, 하나는 비대면으로 전환된 일상이고, 다른 하나는 그로 인해 재조명된 가족의 삶이 아닐까 싶다. 급작스럽게 직면하게 된 언택트(untact) 일상은 뉴노멀(new normal)로 자리매김하고 있으나, 변화의 과정은 녹록하지 않다. 고강도 사회적 거리 두기는 재택근무, 온라인 개학, 졸업이라는 초유의 상황을 전개했고, 이는 물리적, 심리적, 사회적으로 개인을 위축시킬 뿐 아니라, 소득 감소, 일자리 상실로 이어져서 경제적 어려움마저 가중해 왔다.

한편, 사회적 거리가 멀어지는 만큼 가족이 한 공간에 모이는 시간이 증가하면서 여러 방면에서 가족이 재조명되는 계기가 되었다. 저녁이 있는 삶을 되찾게 되어 반가움을 표현하는 이들도 있지만, 가족의 실상은 결코 긍정적이지만은 않았다. 특히, 자녀를 양육하는 부모의 염려, 부담, 스트레스는 매우 심각한 수준에 이르렀다. 맞벌이 가정의 경우, 계속되는 온라인 수업과 보육 시설의 휴원 등으로 자녀 돌봄의 어려움이 막중해졌고, 한부모 가정을 비롯한 취약계층이 겪어야 하는 문제들은 이루 말할 수 없는 형편이 되었다. 종일, 가정 내에서 자녀의 수업을 챙기고 가사 노동을 책임져야 했던 부모의 피로도 역시 극에 달하였다. 가족이 함께하는 시간이 증가하였으나, 오히려 갈등이 심해져 어려움을 호소하는 관계가 상당하였다.

이처럼 준비되지 못한 채 맞닥뜨려야 했던 어려움은 한편으론 삶에 대한 본질적인 질문들을 돌아보게 하는 기폭제가 되고 있다. 멈춰버린 일상은 쉼 없이 앞을 향해 질주하는 삶을 돌아보며 일상의 소중함을 깨닫게 하였다. 전 세계적으로 생태계가 회복되었다는 소식도 멈춤의 가치를 더욱 의미 있게 하였다. 크리스천 또한 교회 안에 국한되어 있었던 신앙의 범주를 벗어나 진정한 예배란 무엇인지, 성도의 삶이란 무엇인지 고민하게 되었고, 더욱이 비대면 예배의 경험은 가정이 하나님을 예배하는 곳임을 새롭게 깨닫게 하였다.

어느덧 코로나 3년 차에 접어들면서 초반의 혼란과 공포는 더디게나마 제자리를 찾아가고 있다. 그리고 뉴노멀 일상을 어떻게 살아가야 하는가에 대한 논의가 활발해지고 있다. 교회 역시 변화된 환경 가운데 무엇을 수용하고, 무엇을 잃지 말아야 하는지를 비롯한 본질적인 고민을 모색하고 있다. 본 연구 역시 코로나19 이후 교회교육의 방향성을 찾기 위한 노력의 일환으로써 우선적으로 비대면 교회교육의 현장에서는 어떤 일이 일어나고 있는지 주목하는 데 그 목적을 두고 있다. 실제 가정에서 부모와 자녀들이 비대면 교육을 통해 경험하고 있는 바를 성찰하는 것은 중요한 출발점이 되리라 생각해본다. 자녀들의 비대면 교회교육 참여를 비롯하여 전반적인 변화를 살펴보기 위하여 부모 대상 설문을 진행하였다.

1. 응답자들의 기본정보

본 설문에 총 333명의 부모(아버지: 53.2%, 어머니: 46.8%)가 참여하였고, 40대(39.6%), 50대(24.3%), 30대(20.4%) 순으로 높은 비중을 차지하였다. 경제 활동의 경우, 맞벌이 가정(58.3%)과 외벌이 가정(41.7%)에서 각각 비슷한 참여가 있었다. 섬기는 교회의 출석 성도는 100~300명(31.8%)이 가장 높은 비중을 보였고, 300~500명(21.9%)과 500~1,000명(21.6%)도 비교적 높은 비중을 나타내었다.

· 섬기는 교회의 출석 성도 규모(N=333, 단위: %)

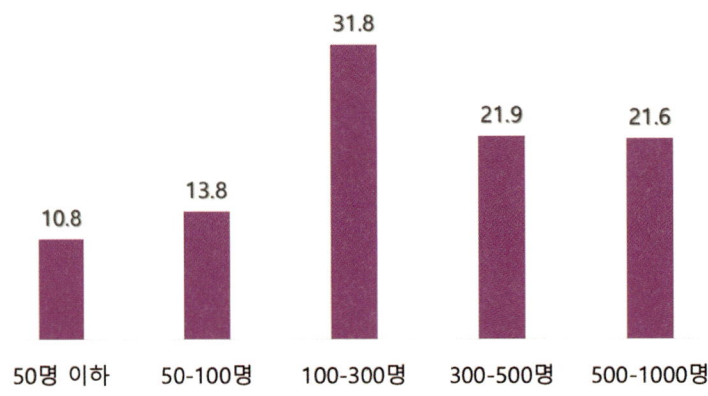

교회 직분으로는 일반성도(45.6%)와 서리집사(32.7%)이신 분들이 대다수였는데, 단정 지을 수는 없지만 중직자 그룹에 비해 더 진솔하게 응답한 결과이지 아닐까 짐작해본다.

· 부모의 교회 직분(N=333, 단위: %)

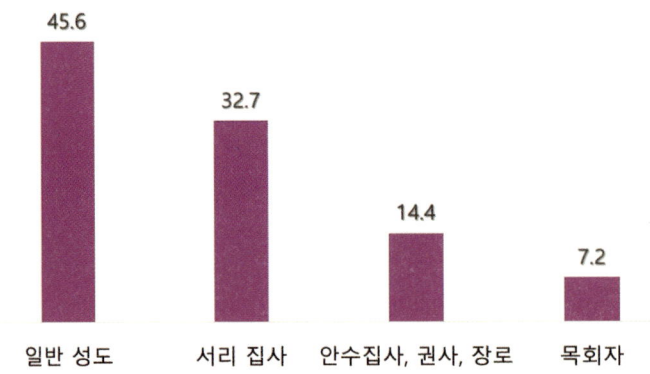

부모의 평균 미디어 사용 시간은 1~3시간(58.0%)이 가장 많았고, 3~5시간(22.8%)이 다음으로 높은 비중을 보였다. 미디어 활용 능력을 5점 척도로 평가하도록 했을 때 조금 잘한다(36.0%), 보통(30.9%)이라고 응답한 비율이 높았고, 전체 평균은 3.73점 정도로 비교적 높게 나타났다.

· 부모의 미디어 능력

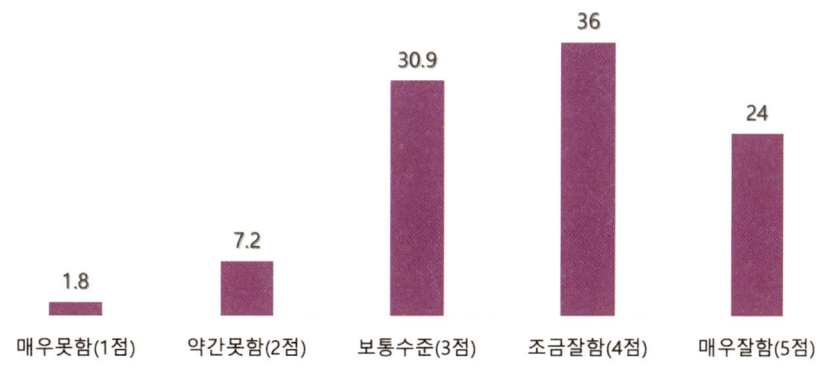

자녀가 소속된 교육부서에 담당 사역자가 있는지 물었을 때, 62.5%는 있다고 응답했고, 담당 사역자가 없는 경우도 32.1%나 되었다. 담당 사역자의 미디어 활용 능력에 대해서는 조금 잘한다(42.3%)고 응답한 비율이 가장 높았고, 다음으로, 매우 잘한다(26.4%), 보통이(25.9%)라고 응답한 비중이 비슷하게 나타났다. 전체 평균은 3.89점 정도로 높게 나타났다.

· 교회 교육부서 담당사역자의 미디어 능력

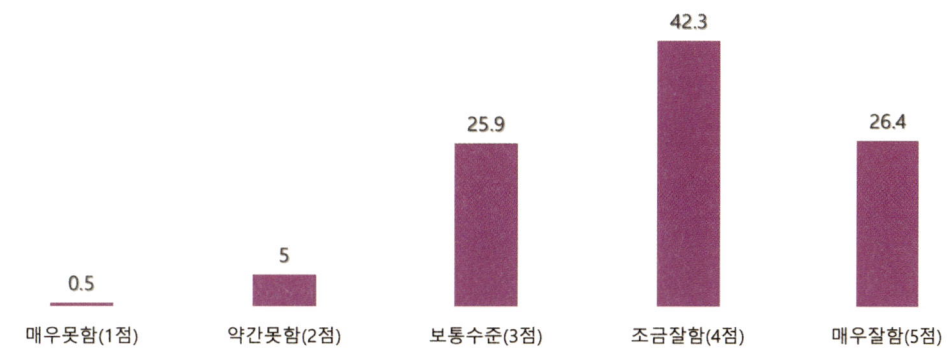

· 교회 교육부서 담당사역자의 미디어 능력

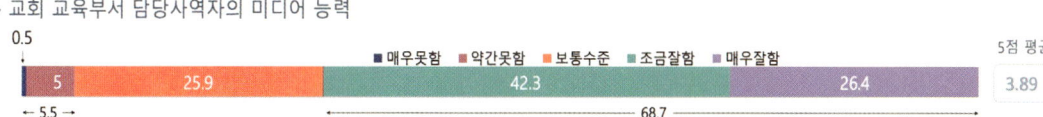

2. 코로나19로 인한 변화

1) 온라인 예배로의 전환, 다양한 교육적 시도는 미흡

코로나19 이후, 교회가 직면하게 된 가장 두드러진 변화를 꼽는다면 아마도 전면 온라인 예배를 시행해야 했던 경험일 것이다. 사회적 거리 두기의 방편으로 정부에서 시행한 현장 예배 금지 조치로 인해 모든 예배 및 모임이 비대면으로 전환되었다. 시행착오가 있고, 여전히 미비한 부분이 있겠으나, 온라인 예배로의 전환은 대다수 교회에서 어느 정도 유연한 대처가 가능해지고 있다고 여겨진다. 다만, 코로나가 장기화하면서 교회가 단순히 온라인 예배라는 형식에 익숙해지고 있는 것은 아닌지 돌아보게 된다.

코로나 상황 가운데 과연 자녀들은 어떻게 예배와 교회교육에 참여하고 있으며 비대면 교육을 통해 무엇을 경험하고 있을까? 예상하는 바와 같이 대부분 자녀는(78.6%) 온라인 예배를 경험하고 있는 것을 확인할 수 있었다. 구체적인 비중을 살펴보자면 온라인 예배 참석이 43.5%, 온라인과 현장 예배 병행이 35.1%로 나타났다. 어느덧 자녀들에게 비대면 환경은 더 이상 새로운 경험이 아니라, 학교와 교회로써 만나는 일상적 장소가 되었음을 짐작해 볼 수 있겠다.

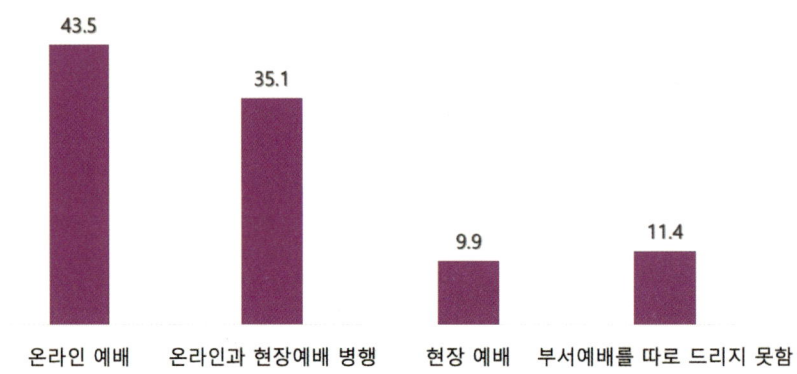

· **코로나 19 이후, 예배 형태**(N=333, 단위: %)

한편, 온라인 예배의 참여에 비해 다른 비대면 프로그램의 참여는 현저히 낮았다. 이러한 결과는 자녀들이 기타 온라인 활동에 참여를 원치 않기 때문이라기보다 아직 다양한 온라인 교회교육이 시행되지 못하고 있는 상황이 반영된 결과로 여겨진다. 앞선 교사/교역자 설문 결과에서 확인할 수 있었듯이 대다수 교회는 온라인 예배로 전환하고 유지하기 위해 고군분투해 왔으며 온라인 교육 개발을 위한 노력은 미비하였다.

구체적으로 자녀들의 비대면 교회학교 프로그램 참여를 살펴보자면 온라인 예배가 가장 높은 참여 수준을 나타내었고 그 외의 비대면 모임이나 프로그램은 대동소이한 참여 수준을 보였다. '전혀 참여하지 않음'과 '거의 참여하지 않음'의 비율을 합해서 참여하지 않는 편으로 계산해 본다면 온라인 예배는 22.8%지만, 비대면 소그룹 모임은 47.4%, 비대면 제자훈련은 58.8%, 비대면 친교 모임은 51%, 다양한 비대면 프로그램은 48%, 비대면 성경학교/수련회는 55.8%의 자녀들이 거의 참여하지 못하고 있다고 응답했다. 즉 거의 절반에 가까운(혹은 절반도 넘는) 자녀들이 온라인 예배를 제외한 비대면 교육 프로그램에 참여하지 않는 것으로 나타났다. 비대면 제자훈련은 가장 낮은 참여를 보이는데 코로나 상황 속에서 신앙 훈련을 위한 교육이 저조했음을 짐작하게 한다. 이러한 결과는 온라인 교육이라는 급작스러운 변화를 직면해야 했던 교회의 상황을 고스란히 드러낸다. 코로나가 장기화하고 있는 상황 속에서 이제는 비대면 교회교육의 가능성을 모색하고 체계적인 설계 및 실천을 위한 중장기적 비전과 적극적인 시도가 요청되고 있다. 혹여나, 작금의 사태가 멈추어 대면 모임이 재기되기만을 기다리는 수동적인 태도를 보인다면 큰 위기가 아닐 수 없다.

· **코로나 19 이후 비대면 교회학교 교육 현황** (5점 평균 비교)

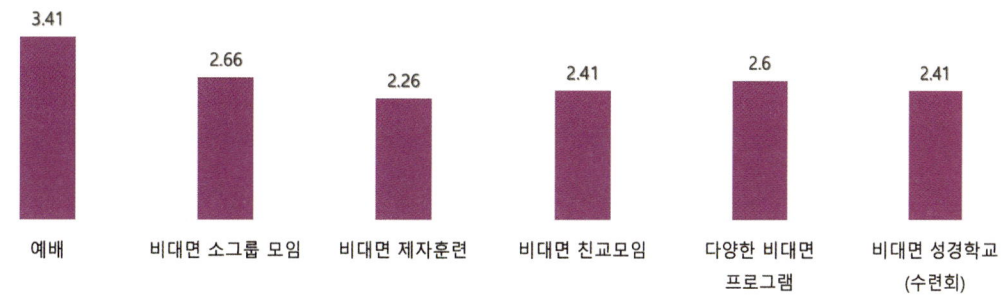

2) 생활 습관 및 신앙생활: 부정적이거나, 변화가 없거나

코로나19를 지나며 자녀들은 생활 습관 및 신앙생활에 있어서 어떤 변화를 겪고 있을까? 예상하는 바와 같이 생활 및 신앙의 변화에 대해 부정적으로 응답한 비율이 절반이 넘었다. 생활 습관의 경우, 대체로 안 좋아졌다(46.5%), 훨씬 더 안 좋아졌다(7.5%)는 부정적 응답이 54.0%로 나타나지만, 대체로 좋아졌다(8.4%), 훨씬 더 좋아졌다(1.8%)고 긍정적으로 응답한 비율은 매우 낮았다. 신앙생활도, 대체로 안 좋아졌다(45.9%), 훨씬 더 안 좋아졌다(10.8%)는 부정적 응답이 56.7%로 나타나지만, 대체로 좋아졌다(7.5%), 훨씬 더 좋아졌다(1.5%)고 긍정적으로 응답한 비율은 매우 낮았다. 비교적 간략한 질문이었으나, 전반적인 일상생활에 있어서 이처럼 부정적인 응답들은 코로나 팬데믹으로 인해 삶의 저변에 부정적인 정서 및 태도가 만연해 있음을 짐작하게 한다. 공포, 단절, 분노, 우울감 등의 부정적 정서가 극대화되면서 갑작스러운 일상의 변화를 적절하게 대처해 낼 여력을 확보하지 못해온 것이 사실이다. 부모 역시 처음 겪게 되는 변화에 쫓기느라 자녀들이 겪어야 하는 어려움을 돌보기에는 역부족이었다.

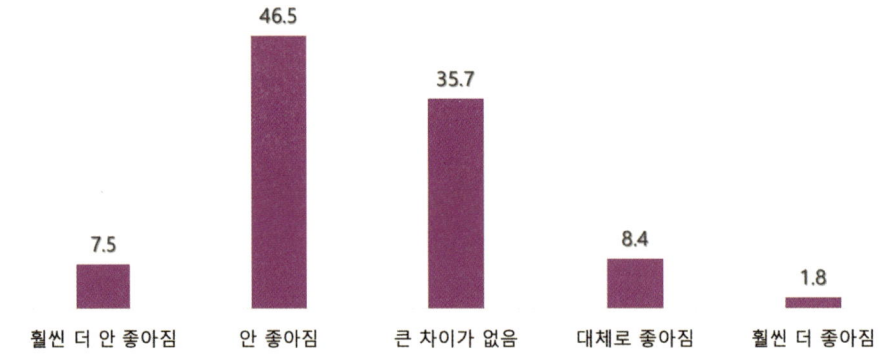

다른 한편으로는 코로나19 이후 자녀들의 일상생활에 대해 부정적인 평가가 높게 나타났으나 코로나 이전과 큰 차이가 없다(생활 습관: 35.7%, 신앙생활: 34.2%)고 응답한 비율도 상당히 높아서 전체적인 평가는 보통 수준(생활 습관: 2.5, 신앙생활: 2.43)으로 나타났다.

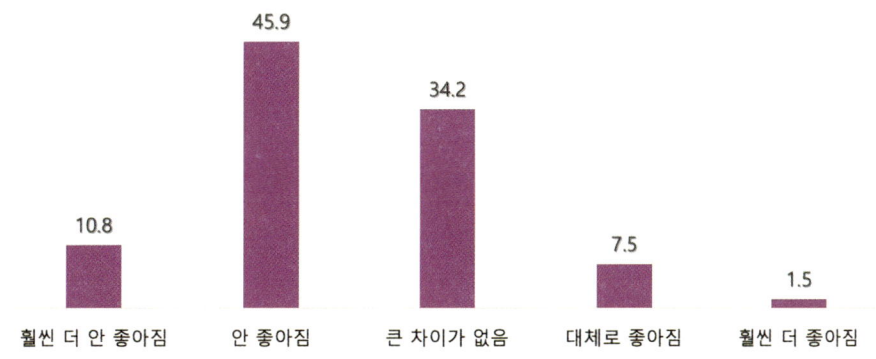

· 코로나19 이후 자녀들의 신앙 생활 변화

훨씬 더 안 좋아짐 10.8
안 좋아짐 45.9
큰 차이가 없음 34.2
대체로 좋아짐 7.5
훨씬 더 좋아짐 1.5

이러한 결과는 코로나로 인해 삶과 신앙이 위기에 처하게 되었다는 단편적인 접근보다는 더욱 본질적인 질문을 떠올리게 한다. 물론, 보통 수준으로 나타난 변화의 양상을 긍정적으로 볼 수 없고, 부정적인 영향을 드러내는 결과임은 분명하지만, 그러함에도 이례적인 코로나 팬데믹을 지나고 있는 가운데 적지 않은 자녀들의 생활과 신앙에 큰 변화가 없다고 응답하게 된 이유는 어떤 것들이 있는지 주목해야 할 필요가 있다고 여겨진다. 부모의 주관적인 판단일 수도 있고 혹은 자녀의 생활 및 신앙에 대해 그다지 관심을 크게 두지 않는 무심한 답변일 수도 있겠으나 코로나 상황을 잠시 배제하고서라도 가정 및 교회의 역할에 대한 본질적인 질문이 있게 된다.

3) 교회교육의 현주소: 자녀들의 비대면 교육 참여 의지를 지속시키지 못함

급작스럽게 비대면 교육으로 전환을 경험하면서 때론 비대면 상황 자체를 부정적으로 인식하는 예도 적지 않다. 예를 들어, 비대면 교육은 대면 교육에 비해 효과적이지 않다거나, 자녀들의 자발적인 참여를 기대하기 어렵다는 인식 등이 그러하다. 체계적인 온라인 환경을 구축하기까지는 다양한 시행착오가 예상되는 것은 사실이나, 낯선 환경에 대해 막연함과 오해로 인한 지나친 우려는 아닐지 돌아볼 필요가 있다. 자녀 세대에게 온오프라인 공간은 더 이상 분리된 장소가 아니며, 코로나19는 두 세계의 연결을 더욱 확고히 하였다. 어느 측면에서는 오프라인보다 온라인에서의 경험이 증폭되면서 획기적인 전환을 예상케 하고 있다. 이번 연구에서 이러한 양상을 어느 정도 확인할 수 있었는데, 많은 자녀가 비대면 교육에 비교적 적극적인 참여 의지를 나타내고 있었다.

자녀들의 비대면 교육 참여 정도를 살펴보면, 비대면 상황에 비교적 빠르게 적응하고 있음을 확인할 수 있다. 학교 비대면 교육과 교회 비대면 교육의 참여 정도를 질문하였는데, 예상하는 바와 같이 학교 교육 참여가 더 높다(42.9%)는 응답이 월등히 높았고, 학교 교육과 교회교육 모두 높다(27.3%), 학교 교육과 교회교육 모두 낮다(15.0%), 교회교육 참여가 더 높은(14.7%) 순으로 나타났다. 질문의 의도는 학교와 교회의 비대면 교육 참여 정도를 비교하는 것에 있다고 하겠으나, 그러함에도 학교 교육과 교회교육 모두 참여가 낮다는 응답이 15% 비중으로 나타난 것은 비교적 자녀들이 비대면 교육에 적극적으로 참여하고 있다는 분석도 가능해 보인다. 더불어 교회교육의 경우에도 비교적 적극적인 참여를 확인할 수 있다. 교회교육에 참여가 높다는 응답의 비중을 살펴보면, '교회교육에 참여가 더 높다.' '학교 교육과 교회교육 모두 참여가 높다.'의 응답이 42%로 나타났는데 절반에 가까운 자녀들이 교회 비대면 교육에 비교적 높은 참여를 응답한 것이다. 물론 대단히 적극적인 참여는 아닐 수 있으나 단순히 비대면 상황 자체를 비관적으로 볼 수만은 없는 결과라 하겠다. 더욱이 비대면 교육으로의 전환이 준비 없이 맞이한 갑작스러운 상황이었음을 고려할 때 점차 비대면 교육이 체계를 세워간다면 보다 긍정적인 결과를 충분히 예상할 수 있는 바이다.

· "학교" 비대면 교육과 "교회" 비대면 교육의 참여 정도(N=333, 단위: %)

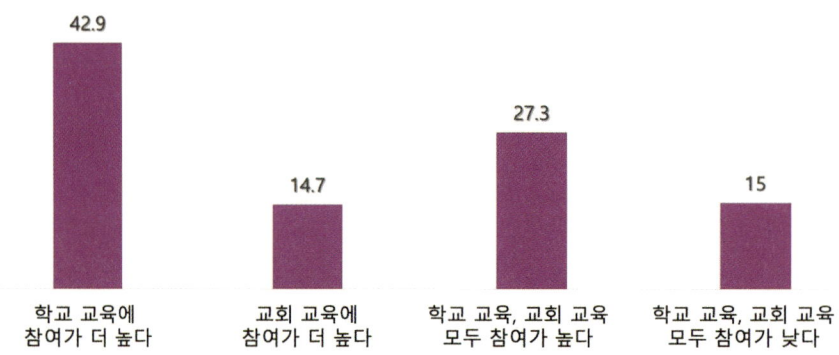

다만, 자녀들의 비대면 교육 참여 의지를 지속해서 유지하고 교육적인 변화를 기대하기에

는 준비되지 못한 현실이 현저하게 드러나고 있다. 자녀들의 미디어 콘텐츠 활용은 비대면 교회교육의 현주소를 구체적으로 나타내고 있는데 게임/엔터테인먼트(22.5%), 친구들과 소통(20.6%), 개인학습(19.3%), 학교 교육 참여(18.3%)가 높은 응답을 보였고, 비교적 큰 편차를 두고 교회교육 참여(11.5%), 신앙/경건 생활(7.4%), 기타(0.4%)의 응답을 보였다. 중복 응답이 가능했던 질문이었음에도 미디어 활용에 있어서 교회교육은 매우 낮은 활용을 나타내고 있는데 자녀들의 비대면 활동 참여 의지에 비해 이를 지속시킬 수 있는 교육 체계 및 실질적 콘텐츠의 부재를 실감케 한다.

이에 많은 교회가 비대면 교육환경의 구축은 필수적 과업이라는 것을 인식하고 비대면 환경을 개선하고 콘텐츠 개발을 위한 고무적인 변화들이 나타나고 있는 바이다. 다만, 형식적인 콘텐츠 개발에만 치우쳐서 삶과 연결되지 못한 지식 중심 교육을 양산하는 함정에 빠지지 말아야 할 것이다. 단순히 콘텐츠에만 매진한다면 오늘날 교회교육의 위기를 오프라인 환경에서 온라인 환경으로 고스란히 이동시키는 것에 불과하지 않을까. 형식적인 접근을 지양하고 진정한 변화를 도모하기 위한 신중한 논의가 요청되는 바이다.

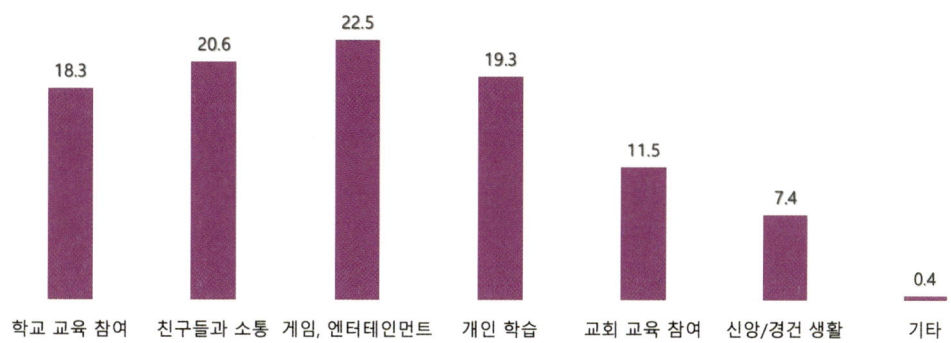

· 자녀들이 자주 사용하는 미디어 컨텐츠(N=965 *복수응답, 단위: %)

3. 비대면 교회교육의 만족도

1) 어느 정도 참여는 하였으나, 만족도는 부정적

주일 현장 예배의 온라인 전환이 신속하게 이루어졌고 비대면 예배가 비교적 정착되어가는 모양새이다. 이례적인 변화 가운데 최선으로 예배를 드리고자 고군분투한 노력의 결과라 할 수 있으나 과연 비대면 교회교육을 경험한 부모와 자녀는 어느 정도 만족도를 나타내고 있을까? 이번 연구에서 자녀들의 참여는 없었지만, 부모를 통해 자녀들의 비대면 교회학교 프로그램 참여 정도를 파악하고 부모와 자녀의 만족도 수준을 함께 살펴보았다. 그 결과 근소한 차이이기는 하지만 부모 만족도(2.42)는 보통 이하 수준이고 자녀 만족도(2.67)는 보통 이상 수준을 보였다. 부모 만족도의 경우 교회교육의 효과에 대해 질문하였고 자녀 만족도의 경우 자녀의 참여 정도에 대해 질문하였음을 고려할 때 비대면 프로그램 참여 정도에 비해 교육 만족도는 미비하다는 것을 나타내는 결과라 할 수 있다.

구체적으로 만족도 정도를 살펴보면 자녀 만족도의 경우 처음에는 잘 참여했지만, 지금은 관심이 식었다(38.7%)고 응답한 비율이 가장 높았고, 다음으로 대체로 잘 적응하여 참여하고 있다(28.2%), 대면으로 진행된 교회교육 프로그램들과 큰 차이가 없었다(17.4%)는 응답도 어느 정도 비중을 나타내었다. 이러한 결과는 자녀들이 비대면 프로그램에 관심 및 참여 의지를 지니고 있으나 교회교육이 지금까지는 이러한 관심을 지속시키지 못하고 있음을 다시 한번 드러내고 있다.

· 교회교육 프로그램에 대한 학생들의 전반적인 만족도

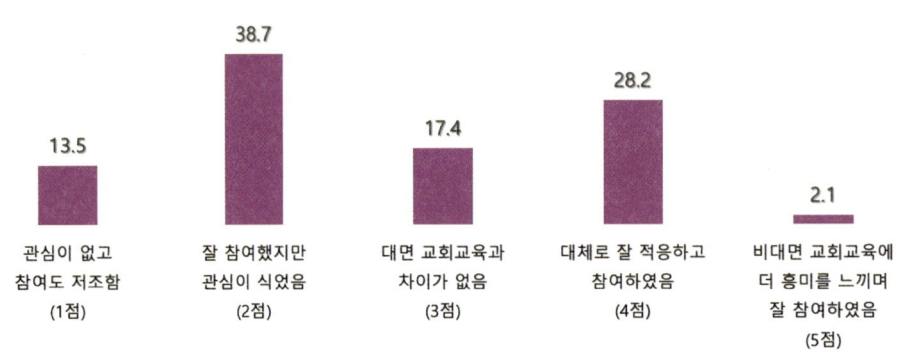

· 교회교육 프로그램에 대한 자녀들의 전반적인 만족도

| 13.5 | 38.7 | 17.4 | 28.2 | 2.1 | 5점 평균 2.67 |

52.2 / 30.3

- 처음부터 관심이 없었고 참여도 저조했다(1점)
- 처음에는 잘 참여했지만 지금은 관심이 식었다(2점)
- 대면으로 진행된 교회교육 프로그램들과 큰 차이가 없었다(3점)
- 대체로 잘 적응하여 참여하고 있다(4점)
- 비대면 프로그램에 더 흥미를 느끼며 더 잘 참여했다(5점)

부모 만족도의 경우에는 조금 불만족스러운 부분은 있지만 어느 정도 효과가 있다고 응답한 비율이 절반 정도(44.1%)로 가장 높은 비중을 보였고, 다음으로 대면으로 진행된 교회교육 프로그램들에 비해 큰 차이가 없다(18.6%), 대단히 불만족이고 빨리 대면 교육이 이루어지기를 원한다(17.7%), 대체로 만족하며 꽤 의미 있는 효과가 있다고 생각한다(17.4%)는 응답이 비슷한 수준으로 나타났다. '대면과 큰 차이 없음,' '대단히 불만족,' '대체로 만족' 응답이 비슷한 비중을 나타내고 있는 것도 인상적이다.

· 교회교육 프로그램에 대한 부모의 전체적인 만족도

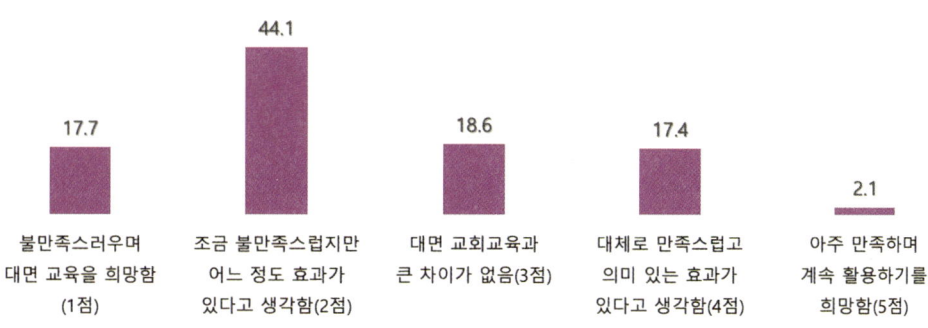

· 교회교육 프로그램에 대한 부모의 전체적인 만족도

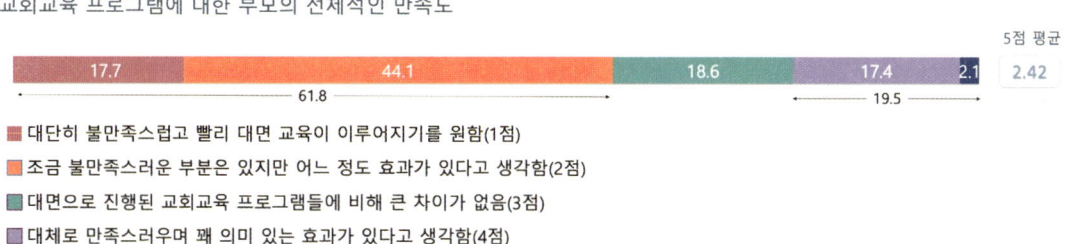

- 대단히 불만족스럽고 빨리 대면 교육이 이루어지기를 원함(1점)
- 조금 불만족스러운 부분은 있지만 어느 정도 효과가 있다고 생각함(2점)
- 대면으로 진행된 교회교육 프로그램들에 비해 큰 차이가 없음(3점)
- 대체로 만족스러우며 꽤 의미 있는 효과가 있다고 생각함(4점)
- 아주 만족하며 코로나 이후에도 계속 활용하기를 원함(5점)

더불어 자녀들의 비대면 예배와 교육을 돕기 위해 부모로서 직면했던 어려움을 살펴보았는데 비대면 교회교육 프로그램의 운영에 있어서 세밀함이 부족했던 점이 낮은 만족도를 나타낸 요인 가운데 하나로 여겨진다. 크게 '소통,' '미디어 활용,' '프로그램 콘텐츠 수준'에 대한 설문을 구성하였는데 전반적으로 미디어 활용에 있어서 비교적 낮은 어려움을 보였고 소통적인 부분에서 비교적 높은 어려움을 나타내었다. 즉, 가정의 인프라 부족(2.71), 프로그램 사용 안내 부족(2.81), 미디어 기기 활용이 서툼(2.83)이 비교적 낮은 수준으로 자녀의 교회학교 교역자와 소통(3.07), 자녀의 담임교사와 소통(3.09), 자녀들과 소통(3.18)이 비교적 높은 수준으로 나타났다. 비대면 프로그램의 콘텐츠의 질이 떨어짐(3.02)으로 인한 어려움은 소통과 미디어 활용의 중간 수준으로 나타났다.

이러한 결과는 흥미롭게도 오늘날 교회교육의 위기를 고스란히 반영하고 있는 듯하다. 앞서 비대면 교회교육의 콘텐츠 수준이 매우 미흡한 실정임을 살펴보았는데 비대면 교회교육 만족도에 있어서 콘텐츠의 수준보다도 소통의 부재가 더 어려운 문제로 여겨진다는 것이다. 기독교 신앙은 소통/관계적인 측면을 제외하고서 설명하기 어렵다. 이러한 측면에서 오늘날 교회교육은 신앙과 삶을 연결하는 능력이 부족할 뿐 아니라, 가정과도 소통하지 못한 채 표면적인 신앙 지식만을 주입하고 있다는 점에서 큰 위기이다. 교회교육은 온오프라인 어느 상황에서든 콘텐츠로만 전할 수 없는 소통적인 측면을 신중하게 고려하면서 당면한 문제들을 하나씩 마주하며 개선해 나가야 할 것이다. 물리적 거리와 상관없이 다양한 측면에서 연결/소통을 가능케 하는 비대면 교육환경이 과연 교회교육과 어떻게 어우러질 수 있을지 근본적인 질문과 성숙한 변화를 위한 창의적인 시도들이 기대되는 바이다.

• 자녀들의 비대면 예배와 교회교육을 돕는데 직면한 어려움(5점 평균 비교)

2) 비대면 교육 경험을 통해 보게 된 가능성

교회의 비대면 교육 프로그램에 대한 우려가 있으나, 그러함에도 향후 가능성에 대한 기대감도 확인할 수 있었다. 비대면 교육 경험에 대해 보다 구체적인 만족도를 살펴보기 위해 9가지 세부 만족도 문항을 설계하였는데, 그 결과 비대면 교육의 가능성 및 전망과 관련한 문항들에서 비교적 긍정적인 응답을 보였다. 우선하여 자녀들의 예배 끈을 놓치지 않는 데 도움이 되었다(3.44)는 만족도 수준이 가장 높게 나타났고, 다음으로, 교회교육의 새로운 가능성(3.40), 시간과 장소를 초월한 교육의 장(3.38), 신앙교육의 새롭고 실제적인 통로(3.27)에 대한 만족도가 비슷한 수준에서 높게 나타났다. 기타 문항들과 매우 근소한 차이이기는 하지만 교회교육의 새로운 장으로써 비대면 교육환경에 대한 기대감을 반영하고 있는 문항들이 상위 순위를 나타내고 있는 것이 인상적이다. 앞서 부모의 교회교육에 대한 전반적인 만족도에서 다소 불만족하다고 응답하였음에도 어떤 점에서 비대면 교육에 대한 가능성을 기대하게 하였는지 구체적으로 살펴보는 것도 향후 교회교육이 주목해야 할 의미 있는 논의가 될 것이라 여겨진다.

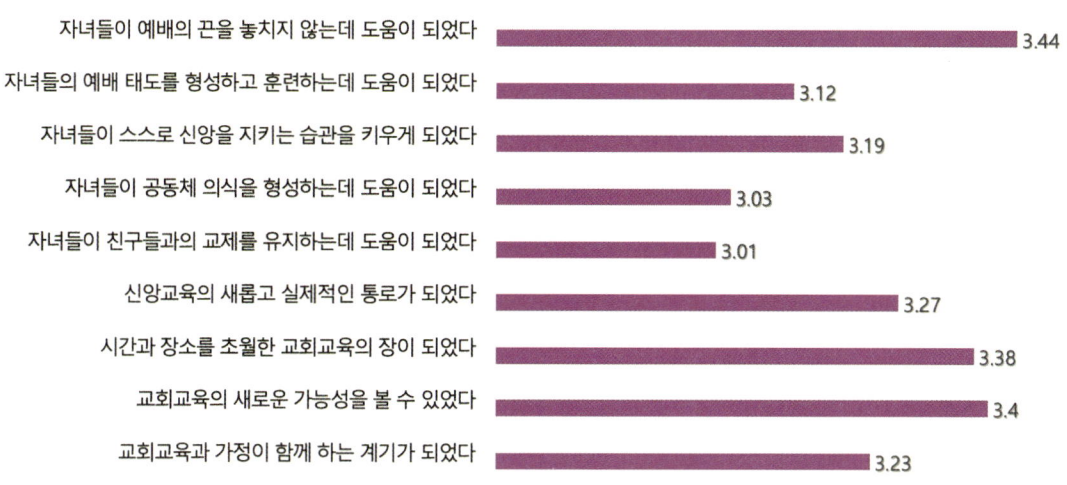

· 교회교육 프로그램에 대한 부모의 만족도(5점 평균 비교)

현재 비대면 교회교육이 임시적 방편으로 운영되고 있는 측면이 다분한 상황임에도 가정에서의 온라인 교회교육 경험은 이전에는 갖지 못했던 새로운 인식을 형성하게 하는 중요한 계기가 되고 있음이 분명하다. 비록 아직은 그 양상이 구체적으로 드러나지 않는 듯하나 조용하지만 분명하게 변화는 시작되었다. 삶에 깊은 관심을 두고 신앙과의 연결을 추구하는 것이 교회교육의 본질이라면 비대면 교육 경험이 초래하고 있는 다양한 변화를 포괄하고 해석하며 적극적인 대안을 모색할 수 있어야 하겠다. 비대면 교육을 대면 교육의 공백을 잠시 대신하는 수준으로 생각하고, 새로운 변화에 수동적이고 배타적으로 반응하는 태도는 머지않아 설 자리를 찾을 수 없게 되지 않을까.

4. 코로나19 이후 전망

1) 비대면 교회교육, 필수적 교육환경이 되다.

비대면 환경은 분명 일상 속 필수적 공간으로 자리를 잡아 가고 있다. 자녀들의 비대면 예배와 교육을 돕기 위해 부모로서 직면했던 어려움을 살펴본 결과도 인프라 부족이나 미디어 기기 활용에 대한 어려움이 전반적으로 낮게 나타나고 있는데 이미 우리 일상은 언택트라는 뉴노멀에 적합한 양상으로 진화하고 있음이 분명하다. 코로나19 이후 어떠한 형태로든 비대면 교육이 지속될 것이라는 전망(80.5%) 및 필요성(85%) 또한 대단히 높게 나타나고 있다. 특별히 근소한 차이이기는 하지만 예전처럼 대면 교육 위주로 운영될 것(19.5%)이라는 전망보다, 비대면 교육 위주로 대면 교육이 병행될 것(21.0%)이라는 전망이 두 번째로 높은 수준으로 나타난 것은 주목할 만한 결과라 하겠다. 비대면 교육이 새로운 교육의 장으로 인식되고 있는 것을 넘어 오랫동안 보편적으로 여겨져 왔던 대면 교육과 대등한 양상을 갖게 되리라고는 불과 몇 년 전만 하여도 결코 상상치 못했던 변화이다. 이와 같은 추세라면 이제껏 불가능하리라 여겨져 왔던 교육 패러다임의 전환에도 의미있는 진전이 있지 않을까. 온오프라인의 환경과 자녀 세대와의 적절한 연결을 모색하면서 도전적인 교육적 시도를 고민해야 할 시기이다.

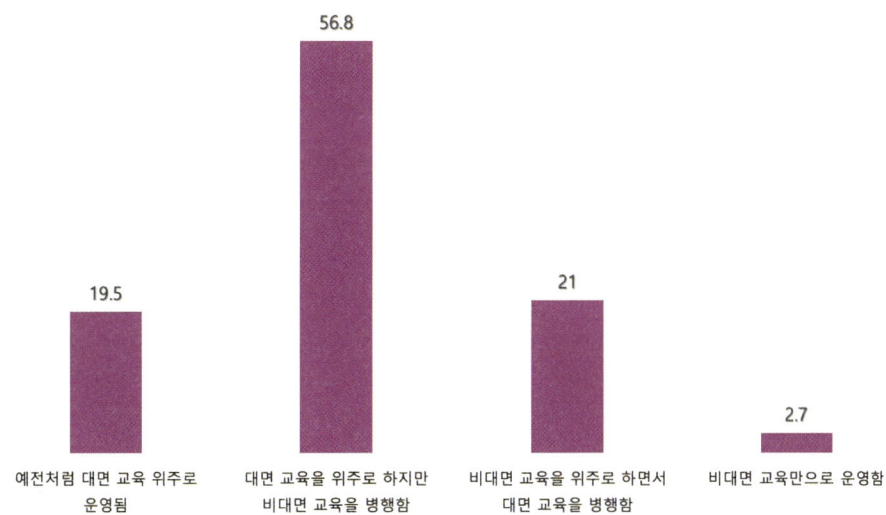

· 코로나19 이후, 교회학교 교육의 전망 (N=333, 단위: %)

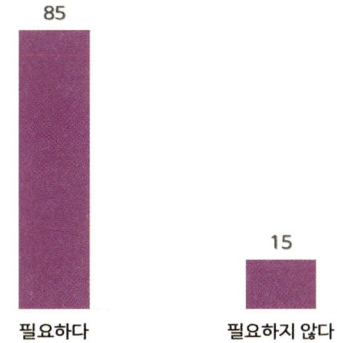

· 코로나19 이후, 비대면 교육의 필요성 (N=333, 단위: %)

2) 미디어 담당 사역자의 역할 및 비전에 대한 재인식

부모들은 코로나19 이후 비대면 교회교육을 위해 우선하여 필요한 지원이 무엇이라 응답하였을까. 7개의 지원 항목 가운데 '양질의 교육 미디어 콘텐츠(23.5%)' '미디어 활용 능력과 신학적 기초를 함께 갖추고 있는 사역자(18.5%)' '교회학교 교사들의 미디어 활용 능력을 높이기 위한 교육(17.5%)' '교회의 지원과 관심(16.1%)' 순으로 상위 응답을 나타내었다. 이상의 항목은 콘텐츠, 사역자, 교사, 교회 지원의 중요성과 기대감을 드러낸다. 다음으로는 '교회와 가정과의 소통(15.9%),' '부모들을 위한 미디어 교육(8.3%),' '기타(0.1%)' 순으로 하위 응답을 나타내었는데 가정과 부모의 역할은 상대적으로 우선순위에서 밀려나 있다고 하겠다. 이러한 결과는 전반적인 교회교육에 있어서 부모 세대 스스로가 가정의 역할에 대해 소극적인 자세를 취하고 있음을 여실히 드러낸다. 복수 응답이 가능한 문항이었음에도 가정과 연계된 문항들이 상대적으로 적은 응답으로 나타난 것은 인상적이다. 물론, 본 연구의 주된 목적은 비대면 교회교육 현황을 확인하는 것이기에 단편적인 응답 결과를 두고 교회교육에 있어서 가정의 역할 등을 일반화하여 적용할 수는 없겠다. 다만, 오늘날 교회교육의 위기를 논의할 때 연결의 부재가 중요한 이슈임을 유념한다면 가정과 교회는 각각 본연의 역할을 회복하고 상호 소통하며 균형 있는 연계를 이루어가기 위한 적극적인 노력이 요청되는 바이다.

· 코로나19 이후, 비대면 교회교육이 필요하다면 가장 우선적으로 필요한 지원 (N=816 *복수응답, 단위: %)

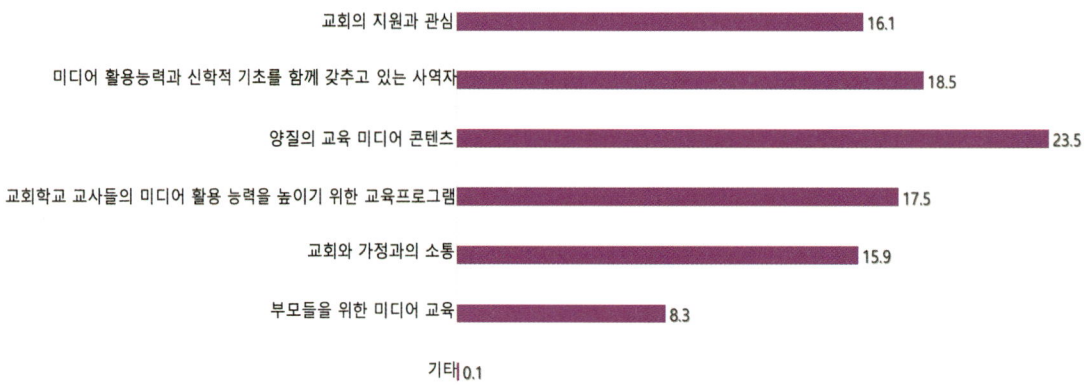

한편, 양질의 콘텐츠 및 전문사역자의 필요성에 대해서 높은 응답을 나타내었는데 비대면 교회교육을 구축함에 있어서 체계적인 지원의 중요성을 드러내는 결과라 하겠다. 비대면 교회교육 만족도에도, '부모'와 '교육부서 담당 사역자'의 미디어 능력은 만족감을 높이는 중요한 요인으로 작용하고 있었다. 먼저, 부모의 미디어 능력의 경우 자녀의 만족도에 영향을 나타내었다(F=3.494, p=0.016). 특히 부모의 미디어 능력이 높은 경우 자녀의 만족도가 2.96, 조금 잘하는 경우 2.71점으로 나타나 부모의 미디어 능력이 낮은 경우보다 높은 만족도를 보였다.

		사례 수(명)			평균
		327			2.68
부모 미디어 능력 * 비대면 교회교육에 대한 자녀의 만족도	약간 못함	24			2.63
	보통 수준	103			2.45
	조금 잘함	120			2.71
	매우 잘함	80			2.96
ANOVA		제곱합	자유도	평균제곱	F	유의확률
	집단-간	12.163	3	4.054	3.494	0.016
	집단-내	374.760	323	1.160		
	전체	386.924	326			

무엇보다 교육부서 담당자의 미디어 능력이 굉장히 중요한 요소로 나타났다. 교육부서 담당자의 미디어 능력은 자녀들의 만족도($F=4.114$, $p=0.007$)뿐만 아니라 부모의 만족도($F=3.574$, $p=0.015$)에도 영향을 미치고 있었다. 교육부서 사역자의 미디어 사용 능력이 '매우 잘함'일 때 부모의 만족도는 2.40, '조금 잘함'일 때 2.71로 나타났고, 자녀들의 만족도는 사역자의 미디어 사용 능력이 '매우 잘함'일 때 2.84, 그리고 '조금 잘함'일 때 3.06으로 나타나 교육부서 사역자의 미디어 사용 능력이 낮을 때보다 높은 만족도를 나타냈다.

		사례 수(명)			평균
		219			2.83
교육부서 담당 사역자의 미디어 능력 * 비대면 교회교육에 대한 자녀의 만족도	약간 못함	11			2.73
	보통 수준	57			2.44
	조금 잘함	93			3.06
	매우 잘함	58			2.84
ANOVA		제곱합	자유도	평균제곱	F	유의확률
	집단-간	13.973	3	4.658	4.114	0.007
	집단-내	243.433	215	1.132		
	전체	257.406	218			

		사례 수(명)			평균	
		219			2.46	
교육부서 담당 사역자의 미디어 능력 * 비대면 교회교육에 대한 부모의 만족도	약간 못함	11			2.18	
	보통 수준	57			2.16	
	조금 잘함	93			2.71	
	매우 잘함	58			2.40	
ANOVA		제곱합	자유도	평균제곱	F	유의확률
	집단-간	12.082	3	4.027	3.574	0.015
	집단-내	242.256	215	1.127		
	전체	254.338	218			

자녀들의 비대면 교회교육 만족도에 있어서 부모와 부서 담당자의 미디어 사용 능력이 중요한 요인임을 확인케 하는 이상의 결과들은 비전과 역량을 갖춘 미디어 전문사역자 양성이야말로 향후 교회교육이 중요하게 고려해야 할 시급한 과제임을 드러낸다. 코로나19로 인하여 거의 모든 교회교육 프로그램들이 갑작스럽게 비대면 교육으로 전환되면서 사역자의 미디어 역량을 고려하지 못한 채 비대면 프로그램 제작에만 치중되었던 시기가 있었고 지금도 그 과정을 완전히 지났다고 보기는 어렵다. 그러나 이제는 비대면 교육이 일시적인 현상이 아니라 지속되고 확장되는 필수적 교육환경으로 여겨지고 있음을 고려할 때 장기적인 안목으로 사역자의 미디어 역량 향상을 위한 적극적인 대안 마련이 요청되는 바이다.

5. 논의

코로나19로 촉발된 비대면 교육 경험은 향후 교회교육에 어떠한 영향을 미치게 될지 우려와 기대가 공존한다. 교회는 새로운 교육 패러다임의 전환을 이뤄낼 수 있을 것인가? 아니면 적극적인 변화를 모색하기보다 수동적인 태도를 고수할 것인가? 여전히 코로나 팬데믹은 진행 중이고 비대면 교회교육은 아직 첫걸음도 떼지 못한 시점이기에 무엇도 단정 지을 수 없겠으나 오늘날 사회 곳곳의 변화 추이를 살펴볼 때 지금이야말로 교회교육의 패러다임에 대해 진지하게 성찰하여야 할 시기라 하겠다.

본 연구는 부모와 자녀들의 비대면 교육 경험에 대해 귀를 기울이며 그 변화의 양상을 진단해 봄으로써 이후 교회교육의 방향성에 대해 숙고하고자 하였다. 급작스럽게 직면해야 했던 교회의 비대면 교육은 아직 준비되지 못한 상황이었음에도 어느덧 부모와 자녀들에게 새로운 기회의 공간으로 자리 잡은 양상을 확인할 수 있었다. 물론, 비대면 교육의 만족도 수준은 낮게 나타나고 있지만 그러함에도 새로운 환경을 비관하는 목소리보다 적극적인 참여 의지와 가능성에 대한 기대가 엿보였다. 다양한 전환의 양상들이 건강하게 자리 잡기 위해서는 반드시 교육적 접근과 대안이 지속해서 제시되어야 할 것이다.

1) 공간의 변화를 너머서 인식의 전환으로

모든 교회가 일제히 문을 닫고 온라인으로 마주해야 했던 그 날의 경험이 여전히 생생하다. 아무런 준비 없이 갑작스럽게 마주해야 했던 비대면 예배 및 교육환경은 낯설고 투박한 공간으로 여겨지기에 충분했다. 코로나 초기에만 해도 비대면 환경은 임시적 방편이 되리라 예상되었으나 코로나가 장기화하면서 큰 전환을 맞이하고 있다.

인류의 삶에 주목하는 학자들은 디지털 생태계가 초래하는 변화를 이해할 때 기술 자체에 관한 관심보다 그로 인해 파생되는 삶의 변화에 대해 강조한다.[18] 즉, 삶의 구조와 방식이 변함에 따라 그 안에서 인간의 경험이 재구성되는 과정에 관심을 두어야 한다는 것이다. 새로운 환경과 경험은 인간의 사고 및 생활 형성에 지대한 영향을 끼치기 마련인데 오늘날 중차대한 사건이 아닐 수 없는 코로나 팬데믹이 초래하고 있는 변화는 상상 그 이상이 아닐까.

때문에 비대면 교육은 단순히 새로운 경험의 차원이 아닌 이제껏 형성해 왔던 인식, 사고체계에 격렬한 전환을 이루게 할 변화로 논의되고 있다. 예컨대 학교, 교회, 영화관, 도서관, 무대 등 물리적 공간에 모여야 하는 이유에 대한 의문이 확산되고 있다. 지식과 정보의 흐름이 변화하고 시공간의 개념이 재구성되는 과정을 유연하게 받아들이기란 좀처럼 쉽지 않다. 따라서 비대면 환경을 이해함에 있어서 대면 환경보다 편리하다거나 혹은 문제가 많다거나 등의 단편적인 논의를 넘어서 그간 익숙했던 프레임을 탈피하고 새로운 패러다임을 구축해야 하는 일상의 총체적인 변화와 연관 지을 수 있는 안목이 요청되는 바이다.

---

18 Walter Ong, "Ecology and Some of its Future," Explorations in Media Ecology 1(1), (2002), 7.

교회는 비대면 교육환경을 모색함에 있어서 이처럼 미묘하게 얽혀있는 이해관계, 갈등, 저항, 위험, 가능성 등을 구분할 수 있어야 하겠다. 오늘날 기성 세대는 디지털 기기의 혜택을 충분히 누리며 살아온 세대임에도 여전히 컴퓨터는 삶의 보조적인 수단이었던 경향이 많다. 반면, 오늘날 다음 세대는 사뭇 다르다. 디지털 네이티브(Digital Natives)[19]라 불리는 이들에게 온라인/비대면의 공간은 결코 일상과 분리된 세계가 아니며, 코로나 팬데믹은 두 세계를 더욱 견고하게 연결시키고 있다. 코로나 신입생이라고 불리는 초등학생 자녀들에게는 비대면 교육환경이 대면 교육보다 일상이라 할 수 있지 않을까? 기성 세대의 관점으로 디지털 세대, 코로나 세대를 강요하려 한다면 어떤 변화를 기대할 수 있을까 질문해보게 된다.

2) 콘텐츠 개발을 너머 온오프라인을 연결하는 교회교육

코로나19 이후, 교회교육은 비대면 교육이라는 새로운 환경에 적절하게 대응해야 할 뿐 아니라, 그간 우려되어왔던 교회교육의 위기에 대처해야 하는 이중적 노력이 요청되고 있다. 신앙을 삶과 연결하지 못한 채 지식과 정보를 전달하는 수준으로 만족해온 교회교육은 변화를 위한 중요한 시기를 지나고 있음이 분명하다. 혹여나 코로나 시대 교회교육의 방향성을 모색함에 있어서 기독교 신앙, 교회교육, 비대면 환경에 대한 본질적인 성찰 없이 빠른 변화만을 추구하려 한다면 우리는 이전과 같은 과오를 반복하게 될 공산이 크다. 예컨대, 새로운 비대면 교육 체계를 구축하려는 교회의 태도가 다양한 콘텐츠 개발에만 머무르지 않아야 할 것이다. 콘텐츠의 질적 개선은 중요한 과제임은 분명하지만 그것만으로는 결코 기대하는 변화를 이룰 수 없음을 유념하고 장기적 비전에 대한 통찰과 실천적 안목의 형성을 도모함으로써 적절한 균형점을 찾아가야 할 것이다.

교회교육은 보다 면밀하게 자녀들이 비대면 교육을 통해 무엇을 경험하고 있는지 살피는 것에서부터 변화를 모색해야 할 것이다. 코로나19는 예배란 무엇이며 신앙생활이란 무엇인가에 대한 새로운 질문을 갖게 하였다. 여전히 답을 찾아가는 과정이지만 분명한 변화 가운데 하나는 교회 또는 가족 정도로 국한되었던 신앙생활이 장소의 한계를 넘어 일상 곳곳에서

---

19 디지털 네이티브라는 용어는 2001년 미래학자이자 교육자인 마크 프렌스키(Marc Prensky)가 발표한 논문(Digital Natives, Digital Immigrants)에서 처음 등장했다. 개인용 컴퓨터, 게임, 태블릿, 스마트폰으로 이루어진 디지털 세계에서 태어나고 성장한 첫 세대를 의미한다. 마크 프렌스키, 『디지털 네이티브 그들은 어떻게 배우는가』 정현선, 이원미 역 (서울: 사회평론아카데미, 2019), 6.

가능하다는 것을 경험하고 있다는 사실이다. 이러한 경험이 다시 한번 교회를 새롭게 하는 전환점이 될 수 있을지, 오히려 신앙을 파편화시키고 단절시키는 비극으로 남게 될지 중요한 갈림길을 앞둔 듯하다.

이는 비대면 교육을 조건 없이 긍정하고자 하는 태도가 아니며, 새로운 경험으로부터 얻을 수 있는 참신한 안목과 가치들을 발견하고, 대면•비대면 환경의 적절한 연계를 도모하는 등 다양한 교육적 시도를 기대하기 위함이다. 무엇보다 자녀들이 경험하고 있는 변화들에 관심을 기울임으로써 다양하게 파생되는 질문을 신앙과 연결하여 제시하는 것은 교회교육이 마땅히 감당해야 하는 중요한 역할이라 할 수 있다. 오랫동안 교회교육은 신앙과 삶이 분리된 지식 중심 교육으로 치우침으로써 여러 위기가 우려되었음을 유념할 때 온오프라인 어느 환경에서든 자녀들의 삶과 연결 짓기 위해 노력해야 할 것이다.

3) 장기적 비전과 지원

이상의 논의들이 교회 안에서 변화로 나타나기 위해서는 무엇보다 중장기적 비전을 세우고, 전문가 양성을 위한 적극적인 지원이 요청되는 바이다. 아직은 온라인 교회교육이 초래하고 있는 변화가 구체적으로 드러나지 않는 듯하지만, 혼란한 상황들이 어느 정도 안정을 찾게 되면 다양한 전환의 양상이 나타나게 될 것이라 예상되는 바이다. 언제나 연결된 세대(Always-On)[20]라 불리는 자녀 세대의 비대면 교육 경험은 온라인 생태계를 주로 게임과 엔터테인먼트의 공간으로 여기는 기성세대의 경험과는 사뭇 다르다. 이제 부모 세대는 비대면 생태계를 이해하면서 오히려 자녀 세대에게 배워야 할 것이 많다는 사실을 인정해야 하는 시대를 맞이하고 있다. 체계적인 노력과 지원이 없다면, 코로나 시대의 변화에 적절하게 대응하기란 불가능에 가깝다.

뉴노멀로 등장한 언택트 환경을 제대로 이해하고 새로운 기회를 찾기 위해 전 세계가 이곳으로 모여들고 있다. 끊임없이 연구하고 도전하며 언택트 세상을 두드리고 있다. 그렇다면 과연 교회는 어떠한 노력을 기울이고 있는가? 신학, 교육, 미디어 영역을 비롯하여 통전적인 안목을 지니고 교회의 본질적인 사역을 발전시켜 나갈 수 있는 전문 인력의 양성은 비대면

---

20 Luciano Floridi, Information: A Very Short Introduction (NY: Oxford University Press, 2010), 17.

환경에 적절히 대응하고 체계를 구축하기 위한 기초이자 대단히 중요한 과제가 될 것이다. 그 어느 때보다도 개인, 가족, 사회, 교회를 연결하고 기독교적 대안을 제시할 수 있는 교회의 역할이 절실한 때이다. 비대면 환경은 다양한 연결을 추구하는 기회의 장이 될 수 있는 반면, 형식적인 콘텐츠 개발이나 단편적인 변화에만 급급하다면 더 큰 단절을 초래할 위험 또한 상당하다. 뉴노멀 시대 교회교육의 변화를 도모하기 위한 중장기적 계획과 실천을 기대하는 바이다.

6. 참고문헌

프렌스키, 마크. 『디지털 네이티브 그들은 어떻게 배우는가』. 정현선, 이원미 역. 서울: 사회평론아카데미, 2019.

Floridi, Luciano. *Information: A Very Short Introduction*. NY: Oxford University Press, 2010.

Ong, Walter. "Ecology and Some of its Future," *Explorations in Media Ecology 1(1)*, (2002): 5-11.

6장.

연구결과 (교회학교 교사)

6장

연구 결과 (교회학교 교사)

교사 기본정보(11문항)

1. 선생님의 성별은 무엇입니까?

응답자 중 남성(46.7%)과 여성(53.3%)의 차이는 그렇게 크게 나타나지 않았다.

전체		사례 수(명)	비율(%)
		364	100.0
성별	남성	170	46.7
	여성	194	53.3

2. 선생님의 나이는 어떻게 되십니까?

응답한 선생님들의 나이는 40대(32.1%)가 가장 많았고, 30대(24.5%)와 50대(21.2%)도 큰 비중을 차지하였다.

전체		사례 수(명)	비율(%)
		364	100.0
연령	20대	63	17.3
	30대	89	24.5
	40대	117	32.1
	50대	77	21.2
	60대	18	4.9

3. 선생님이 섬기는 교회의 출석 성도 규모는 어떻게 되십니까?

응답한 선생님들이 섬기는 교회의 출석 성도 규모는 100~300명(32.4%)으로 가장 많았고, 300~500명과 500~1,000명도 20% 이상이었다.

전체		사례 수(명)	비율(%)
		364	100.0
교회 출석성도 규모	50명 이하	39	10.7
	50-100명	57	15.7
	100-300명	118	32.4
	300-500명	74	20.3
	500-1,000명	76	20.9

4. 선생님이 섬기는 부서는 어떻게 되십니까? (두 부서를 섬기실 때도 하나만 선택해 주시길 부탁드립니다)

전체		사례 수(명)	비율(%)
		364	100.0
섬기는 부서	영유아부	15	4.1
	유치부	64	17.6
	초등부	107	29.4
	중등부	74	20.3
	고등부	42	11.5
	대학청년부	53	14.6
	장애인부	9	2.5

5. 선생님이 섬기는 교육부서의 규모는 어떠합니까?

교육부서의 규모는 10~30명(38.5%)이 제일 많았고, 10~30명(26.4%)이 그다음으로 많았다. 그리고 30~50명이라고 응답한 비율도 24.2%나 되었다.

전체		사례 수(명)	비율(%)
		364	100.0
섬기는 교육부서 규모	10명 이내	96	26.4
	10-30명	140	38.5
	30-50명	88	24.2
	50-100명	27	7.4
	100명 이상	13	3.6

6. 선생님께서 예수님을 믿으신 지 얼마나 되셨습니까?

선생님들의 신앙 기간은 10~30년(51.1%)이 가장 많았고 30~50년 동안 신앙을 가지신 분들도 29.1%나 되었다.

전체		사례 수(명)	비율(%)
		364	100.0
교사의 신앙 기간	1-5년	19	5.2
	5-10년	39	10.7
	10-30년	186	51.1
	30-50년	106	29.1
	50년 이상	14	3.8

7. 선생님이 교사로 섬기기 시작하신 지 몇 년 정도 되셨습니까? (타 교회 사역 경험도 포함)

교사 사역의 경험은 의외로 1~5년(33.5%)이 제일 많았고 그다음으로는 5~10년(29.7%)이 많았는데, 앞서 신앙 기간이 30~50년이라 응답한 선생님들의 비율이 30%에 달했기에 의외의 결과였다.

전체		사례 수(명)	비율(%)
		364	100.0
교사의 사역 기간	1년 미만	18	4.9
	1-5년	122	33.5
	5-10년	108	29.7
	10-20년	75	20.6
	20-30년	26	7.1
	30-40년	26	3.6
	40년 이상	2	0.5

8. 선생님께서 평상시 미디어를 사용하는 시간은 얼마나 되십니까?

교사들의 평균 미디어 사용 시간은 1~3시간(52.7%)이 가장 많았고, 그다음으로는 3~5시간(23.1%)이었다. 또한 5시간 이상 사용하는 교사는 13.2%나 되었다.

전체		사례 수(명)	비율(%)
		364	100.0
미디어 사용 시간	1시간 이하	40	11.0
	1시간-3시간	192	52.7
	3시간-5시간	84	23.1
	5시간 이상	48	13.2

9. 선생님은 미디어를 읽고 쓰는 능력(컴퓨터, 스마트폰 등을 이용해서 필요한 정보를 찾고 활용하는 능력)이 어느 정도 수준이라고 생각하십니까?

교사들의 미디어 활용 능력을 5점 척도로 평가하도록 했을 때 조금 잘한다(39%)고 응답한 비율이 가장 높았고, 전체 평균도 3.78점 정도로 나타났다. '조금 잘함'과 '매우 잘함'을 합한 비율은 61.8%로 상당히 많은 교사가 자신들의 미디어 활용 능력을 꽤 높게 평가하고 있었다.

전체		사례 수(명)	비율(%)
		364	100.0
교사의 미디어 능력	매우 못함(1점)	4	1.1
	약간 못함(2점)	17	4.7
	보통 수준(3점)	118	32.4
	조금 잘함(4점)	142	39.0
	매우 잘함(5점)	83	22.8

10. 선생님이 섬기는 교육부서에 담당 사역자가 있습니까?

현재 교사들이 섬기는 교육부서에 담당 사역자가 있는지 물었을 때 84.3%는 있다고 응답했고, 자신의 부서에 담당 사역자가 없다고 응답한 교사도 15.7%나 되었다.

전체		사례 수(명)	비율(%)
		364	100.0
교육부서 담당사역자	있음	307	84.3
	없음	57	15.7

11. (10번에 '예'라고 대답하신 선생님들만 응답) 선생님이 속한 교육부서의 담당 사역자는 미디어를 읽고 쓰는 능력(컴퓨터, 스마트폰 등을 이용해서 필요한 정보를 찾고 활용하는 능력)이 어느 정도 수준이라고 생각하십니까?

교육부서에 담당 사역자가 있는 교회의 교사들에게 담당 사역자의 미디어 활용 능력을 5점 척도로 평가하도록 했을 때 조금 잘한다(37.1%)고 응답한 비율이 가장 높았고, 전체 평균도 3.92점 정도로 나타났다. 전체적으로 교사 자신의 미디어 활용 능력(3.78)보다는 담당 사역자의 미디어 활용 능력이 높다고 평가하고 있었다.

전체		사례 수(명)	비율(%)
		307	100.0
교육부서 담당사역자의 미디어 능력	매우 못함(1점)	1	0.3
	약간 못함(2점)	15	4.9
	보통 수준(3점)	84	27.4
	조금 잘함(4점)	114	37.1
	매우 잘함(5점)	93	30.3

코로나19로 인한 변화(6문항)

1. 코로나19 이후 예배는 어떻게 드리고 있습니까?

코로나19 이후 교육부서가 어떻게 예배하고 있는지 질문했을 때 온라인과 현장 예배를 병행하는 비율(61.5%)이 가장 높았고, 온라인으로만 예배하는 비율도 26.4%나 되었다. 즉 88%의 응답자들은 자신의 교회가 온라인으로 예배를 송출하고 있다고 응답했고, 현장 예배로만 예배하는 교육부서는 9.1%에 불과했다. 또한 코로나19 이후 부서 예배를 따로 드리지 못하고 있는 교회도 3%나 되는 것으로 나타났다.

전체		사례 수(명)	비율(%)
		364	100.0
코로나19 이후, 예배 형태	온라인 예배	96	26.4
	온라인 예배와 현장 예배 병행	224	61.5
	현장 예배	33	9.1
	부서 예배를 따로 드리지 못함	11	3.0

2. 코로나19 이후 교육부서의 예배 참석인원에는 어떤 변화가 있나요?

코로나19 이후 교육부서의 예배 참석인원은 '어느 정도 줄었다.'가 44.2%, '많이 줄었다.'가 39%로 83.2%의 교사들이 자신이 섬기는 교육부서가 예배 참석인원이 줄었다고 응답했다. 그동안 예배 참석인원이 줄었을 것이라고 예상만 했던 부분이 실제 데이터로 확인이 되었다.

전체		사례 수(명)	비율(%)
		364	100.0
코로나19 이후, 교육부서 참석인원의 변화	많이 줄었다	142	39.0
	어느 정도 줄었다	161	44.2
	큰 변화가 없다	50	13.7
	늘었다	6	1.6
	크게 늘었다	5	1.4

3. (온라인 예배를 드리는 교회만) 온라인 예배를 드릴 때 사용하는 매체는 어떠한 것

입니까? (복수 응답 가능)

온라인 예배를 드릴 때 사용하는 매체로는 유튜브(41.3%)의 응답이 가장 많았고, 줌(22.6%)과 교회 홈페이지(21.1%)도 많이 사용되었다. 흥미로운 점은 카카오톡 라이브(5.2%)나 네이버 밴드(6.1%) 같은 국내 회사들의 서비스가 적게 사용된다는 것이다. 특히 본 문항에서는 복수 응답이 가능하도록 했는데, 전체 응답자 중 62.8%가 유튜브로 온라인 예배를 중계하고 있다고 응답하였다.

전체		사례 수(명)	비율(%)
		540	100.0
온라인 예배 시, 사용하는 매체 (*복수응답)	교회 홈페이지	114	21.1
	유튜브	223	41.3
	줌(실시간 화상회의 플랫폼)	122	22.6
	카카오톡 라이브	28	5.2
	네이버 밴드	33	6.1
	SNS(페이스북, 인스타그램 등)	17	3.1
	기타	3	0.6

4. 코로나19 이후 비대면 교회학교 교육은 어떻게 진행되고 있습니까?

(1=전혀 하지 않음. 2=거의 하지 않음. 3=가끔 하고 있음. 4=꽤 자주 하고 있음. 5=매주(항상) 하고 있음)

코로나19 이후 비대면 교회학교 교육은 예배(3.76)가 가장 높은 비중을 차지하고 있었고, 그 외의 비대면 모임이나 프로그램은 그렇게 활발하게 진행되고 있지 않았다. '전혀 하지 않음'과 '거의 하지 않음'의 비율을 합해서 하지 않는 편으로 계산해 본다면, 비대면 심방은 48.3%, 비대면 소그룹 모임은 47.6%, 온라인 큐티는 49.7%, 비대면 성경학교/수련회는 54.4%, 비대면 제자훈련은 60.7%, 비대면 교제 모임은 48.6%, 그리고 다양한 비대면 프로그램은 44.5%의 교사들이 거의 하지 못하고 있다고 응답했다.

즉 거의 절반에 가까운(혹은 절반도 넘는) 교회들이 온라인 예배를 제외한 비대면 교육 프로그램을 제대로 운영하지 못하고 있는 것으로 나타났다.

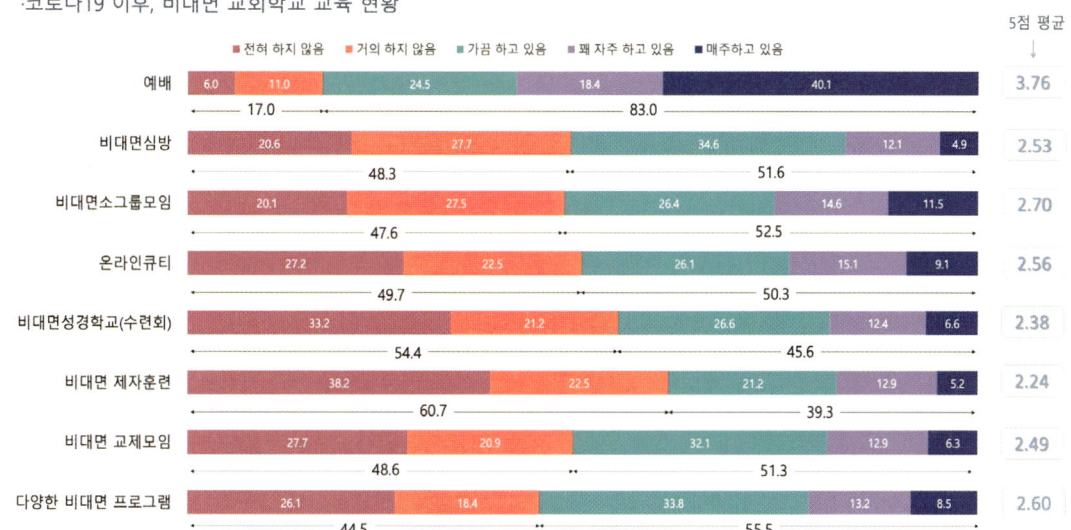

5. 코로나19 이후 비대면 교회학교 교육을 진행할 때 아래의 내용과 관련하여 얼마나 힘들었습니까?

(1=전혀 힘들지 않음. 2=거의 힘들지 않음. 3=가끔 힘들었다. 4=자주 힘들었다. 5=항상 힘들었다)

코로나19 이후 비대면 교회학교 교육을 진행할 때의 어려움을 질문했을 때 교회학교 교사들은 전문 인력의 부족(3.27), 장기적인 계획과 대안의 부재(3.22), 학생들의 저조한 반응과 참여(3.20), 영상 편집(3.13), 미디어 콘텐츠와 자료 부족(3.13)의 순으로 응답했다.

'가끔 힘들었다.'를 포함하여 힘들다고 응답한 비율은 컴퓨터나 스마트폰 사용하기는 40.3%, 카메라 마이크 조명 사용하기는 52.2%, 새로운 프로그램 익히기는 49.5%, 학생들의 저조한 반응과 참여는 79.7%, 영상 편집은 73.1%), 전문 인력의 부족은 77.1%, 미디어 콘텐츠와 자료의 부족은 74.1%, 교회의 지원과 인프라 부족은 62.1%, 참여하는 가정의 인프라 부족은 64.8%, 저작권 문제는 67.3%, 교단이나 노회 차원에서의 지원과 도움의 부족은 65.1%, 그리고 장기적인 계획과 대안의 부재는 77.4%로 나타났다.

· 코로나19 이후 비대면 교회학교 교육 어려운 점 (5점 평균 비교)

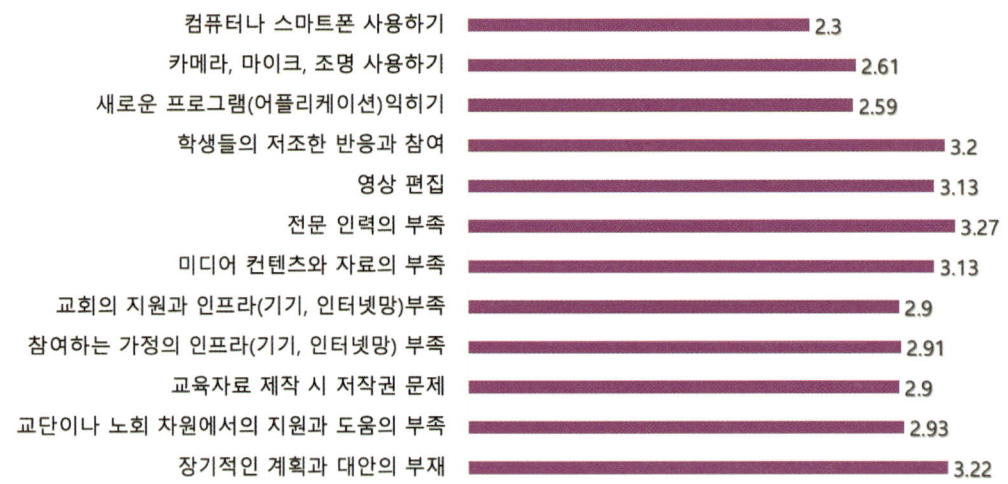

· 코로나19 이후, 비대면 교회학교 교육 어려운 점

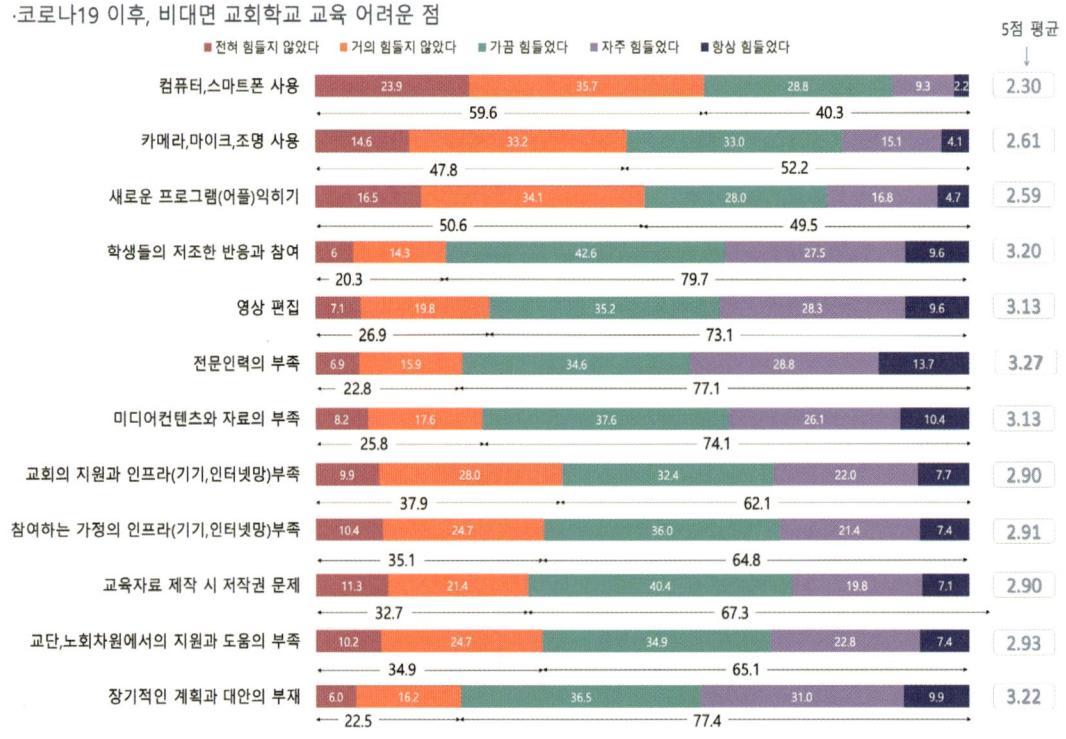

6. 코로나19 이후 진행된 비대면 교회교육의 결과 부서의 학생들의 신앙(신앙생활, 신앙 습관)에 어떤 변화가 있다고 생각하시나요?

코로나19 이후 진행된 비대면 교회교육의 결과, 부서 학생들의 신앙 변화 질문에 대해 약간 안 좋아졌다(50.8%)고 응답한 비율이 절반이나 되었고, 심각하게 안 좋아졌다고 응답한 비율도 15.9%나 되었다. 반면 좋아졌다(6.3%), 혹은 크게 좋아졌다(0.3%)고 응답한 비율은 굉장히 낮아 전체적으로 코로나19 이후 진행된 비대면 교회교육은 학생들의 신앙에 안 좋은 영향을 끼쳤다고 교사들은 평가했다(전체 평균 2.24).

· 코로나19 이후 학생들 신앙의 변화

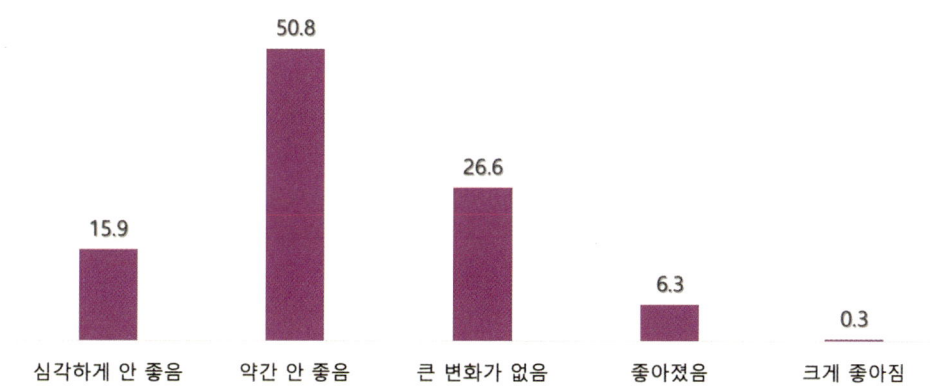

· 코로나19 이후, 학생들 신앙의 변화

비대면 교회교육의 만족도(4문항)

1. 비대면으로 진행되는 교회교육 프로그램들에 대한 학생들의 전반적인 반응은 어떠한가요?

비대면 교회교육 프로그램에 대한 학생들의 반응을 물었을 때 처음에는 잘 참여했지만, 지금은 관심이 식었다(46.2%)고 응답한 비율이 가장 높았고, 처음부터 관심이 없었고 참여도 저조했다고 응답한 비율도 12.1%나 되었다. 반면 대체로 잘 적응하여 참여하거나 비대면 프로그램에 더 잘 참여하는 학생은 전체의 24.7%에 불과한 것으로 나타나 비대면 교회교육 프로그램에 대한 학생들의 반응은 대체로 부정적이었다.

· 교회교육 프로그램에 대한 학생들의 전반적인 만족도

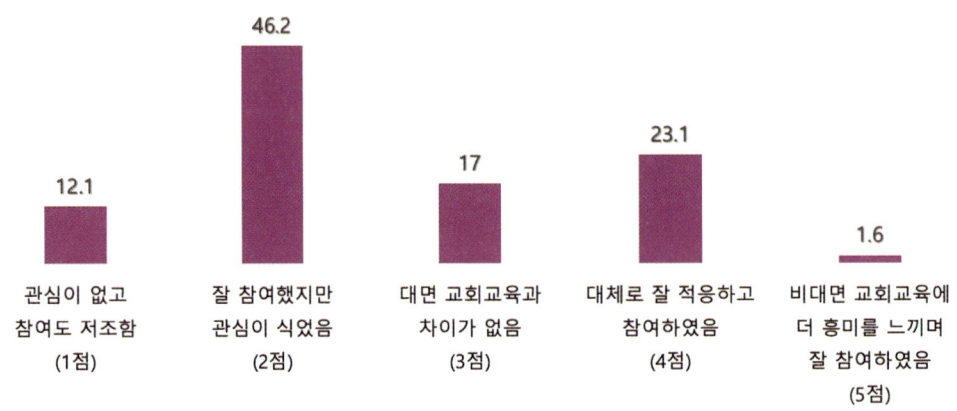

· 교회교육 프로그램에 대한 학생들의 전반적인 만족도

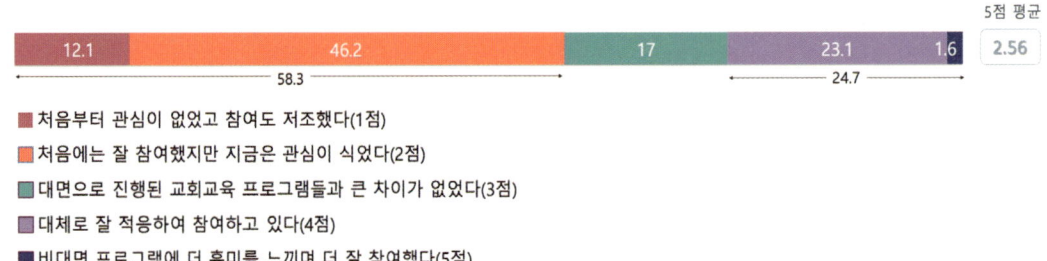

2. 비대면으로 진행한 교회교육 프로그램들에 대한 선생님 본인의 전체적인 만족도는 어떠한가요?

비대면 교회교육 프로그램에 대한 교사들의 만족도는 2.29점으로(5점 만점) 그렇게 높은 점수가 나오지 않았다. 특히 대단히 불만족하다는 응답(20.1%)과 조금 불만족하다는 응답(49.7%)을 합하면 무려 69.8%나 되는 교사들이 비대면 교회교육 프로그램에 만족하지 못하는 것으로 나타났다. 특히 바로 위의 질문인 학생들의 만족도 보다 교사들의 만족도가 훨씬 더 낮게 나타났다.

· 교회교육 프로그램에 대한 교사의 전반적인 만족도

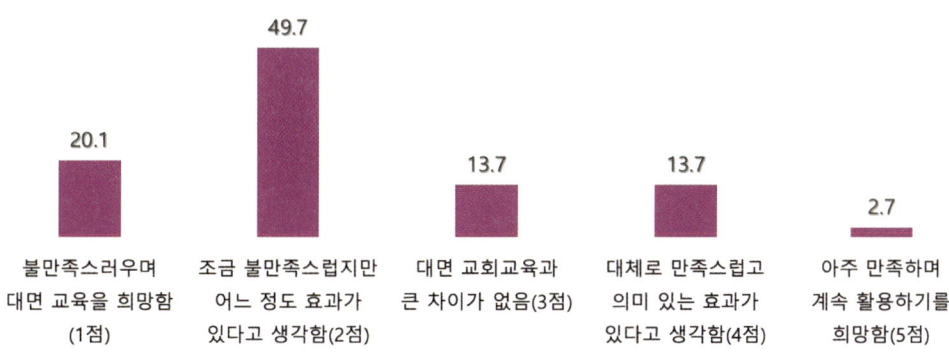

· 교회교육 프로그램에 대한 교사의 전체적인 만족도

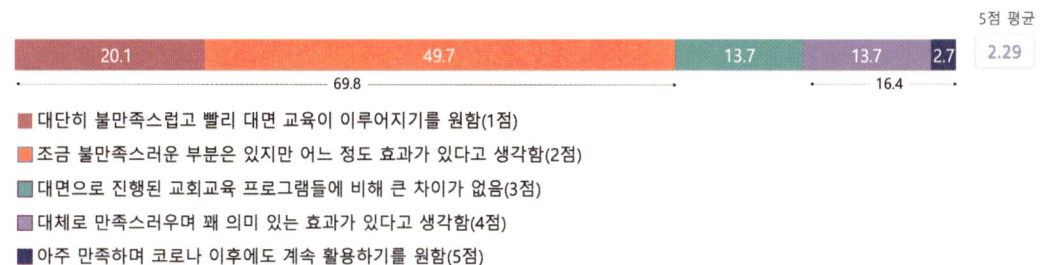

3. 다음은 비대면으로 진행된 교회교육 프로그램에 대한 선생님의 만족도를 알아보기 위한 질문입니다. 해당하는 항목을 표시해 주시기 바랍니다.

(1=전혀 그렇지 않다, 2=그렇지 않다, 3=보통이다, 4=그렇다, 5=매우 그렇다)

조금 더 구체적인 만족도 조사를 위해 9항목으로 나누어 질문했는데, '학생들이 예배의 끈을 놓치지 않는 데 도움이 되었다'(3.40)라는 응답이 가장 높은 만족도를 나타내었고, 그다음으로는 '교회교육의 새로운 가능성을 볼 수 있었다.'(3.37)과 '시간과 장소를 초월한 교회교육의 장이 되었다.'(3.34)의 순으로 높은 만족도를 기록했다. '매우 그렇다.'와 '그렇다.'를 합한 긍정적인 응답의 비율은 '학생들이 예배의 끈을 놓치지 않는 데 도움이 되었다.'라는 48.6%, '학생들의 예배 태도를 형성하고 훈련하는 데 도움이 되었다.'라는 30.5%, '학생들이 스스로 신앙을 지키는 습관을 키우게 되었다.'라는 33.7%, '학생들이 선생님과의 친밀감을 형성하는 데 도움이 되었다.'라는 30.8%, '학생들이 공동체 의식을 형성하는 데 도움이 되었다.'라는 29.7%, '학생들이 친구들과의 교제를 유지하는 데 도움이 되었다.'라는 28.3%, '신앙교육의 새롭고 실제적인 통로가 되었다.'라는 37.4%, '시간과 장소를 초월한 교회교육의 장이 되었다.'라는 47%, 그리고 '교회교육의 새로운 가능성을 볼 수 있었다.'라는 응답은 48.1%로 나타났다.

· 교회교육 프로그램에 대한 교사의 만족도(5점 평균 비교)

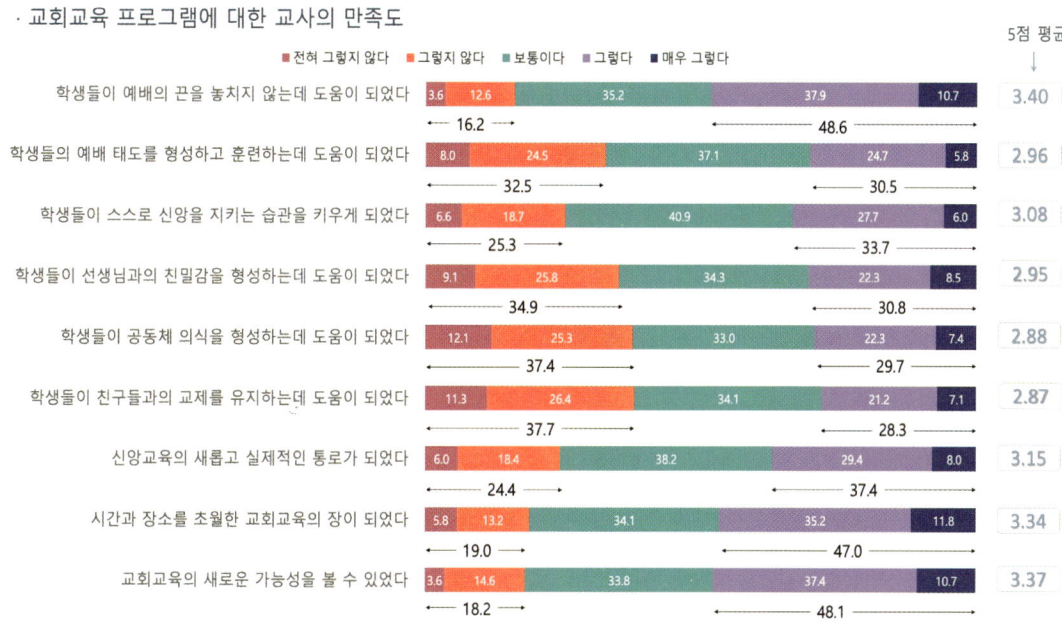

4. 비대면 교회교육이 진행되면서 학생들의 신앙 성장과 관련하여 가장 걱정되는 부분은 무엇입니까? (복수 응답 가능)

비대면으로 교회교육이 진행되면서 학생들의 신앙 성장에서 걱정되는 것이 무엇인가를 복수 응답이 가능하게 질문하였는데, 교사들이 지적한 가장 걱정되는 요소는 공동체 의식이 부족하게 된다(21.8%)였다. 그다음으로는 기도 및 영성 훈련이 부족하게 된다(19.4%)였고, 관계의 끈을 놓치게 된다는 지적(16.8%)과 예배 태도(14.1%), 그리고 신앙생활 자체에 무관심해질 수 있다(14.1%)는 지적도 있었다.

전체		사례 수(명)	비율(%)
		958	100.0
학생들의 신앙성장과 관련하여 가장 걱정되는 부분 (*복수 응답)	예배 태도가 안 좋아짐	135	14.1
	인성/성품 교육의 부족	50	5.2
	공동체 의식의 부족	209	21.8
	기도/영성 훈련의 부족	186	19.4
	관계의 끈을 놓치게 됨	161	16..8
	미디어 중독	78	14.1
	신앙생활 자체에 무관심해짐	135	14.1
	기타	4	0.4

코로나19 이후 전망(3문항)

1. 코로나19 이후 교회학교 교육이 어떻게 이루어질 것이라 예상하십니까?

코로나19 이후 교회교육에 대한 전망은 대면 교육을 위주로 하지만 비대면 교육을 병행하게 될 것이라는 예상이 가장 많았다(53%). 그다음으로는 예전처럼 대면 교육 위주로 운영될 것이라는 전망(25%)이 많았는데, 의외로 비대면 교육을 위주로 하면서 대면 교육을 병행하게 될 것(19.5%)이라는 전망도 꽤 높게 나타났다.

전체		사례 수(명)	비율(%)
		364	100.0
코로나19 이후, 교회학교 교육의 전망	예전처럼 대면 교육 위주로 운영됨	91	25.0
	대면 교육을 위주로 하지만 비대면 교육을 병행함	193	53.0
	비대면 교육을 위주로 하지만 대면 교육을 병행함	71	19.5
	비대면 교육만으로 운영함	9	2.5

2. 위의 예상과는 상관없이 선생님은 코로나19 이후에도 (어떠한 형식이든) 비대면 교회교육이 필요하다고 생각하십니까?

또한 위의 예상과는 상관없이 코로나19 이후에도 (어떠한 형식이든) 비대면 교회교육이 필요하다고 생각하느냐는 질문에 교사들의 83.5%가 필요하다고 대답하였다. 즉 바로 위의 질문인 비대면 교육에 대한 교사들의 전망보다도 오히려 그들이 생각하는 비대면 교육의 필요성이 더 높게 나타났는데, 이를 통해 교회학교 교사들은 비대면 교육을 적극적으로 활용하는 패러다임의 전환해야 한다고 생각하고 있음을 알 수 있었다.

전체		사례 수(명)	비율(%)
		364	100.0
코로나19 이후, 비대면 교육의 필요성	필요하다	304	83.5
	필요하지 않다	60	16.5

3. 코로나19 이후에도 비대면 교회교육이 필요하다면 가장 우선하여 필요한 지원은 무엇이라고 생각하십니까? (복수 응답 가능)

그렇다면 코로나19 이후 비대면 교회교육이 필요하다면 가장 우선하여 지원되어야 할 것은 무엇이라 생각하는지 물었을 때 교사들은 양질의 교육 미디어 콘텐츠가 가장 필요하다(21.6%)고 답을 하였다. 또한 교회의 지원과 관심(18.2%)과 미디어 활용 능력과 신학적 기초를 함께 갖추고 있는 사역자(18.2%)도 우선하여 지원되어야 할 것으로 지적하였다.

전체		사례 수(명)	비율(%)
		920	100.0
코로나19 이후 비대면 교회교육이 필요하다면 가장 필요한 지원 (*복수 응답)	교회의 지원과 관심	167	18.2
	영상/음향 장비 및 인터넷망 등의 지원	137	14.9
	미디어 활용 능력과 신학적 기초를 함께 갖추고 있는 사역자	167	18.2
	미디어 활용 능력이 탁월한 교사	116	12.6
	양질의 교육 미디어 콘텐츠	199	21.6
	교회학교 교사들의 미디어 활용 능력을 높이기 위한 교육 프로그램	128	13.9
	기타	6	0.7

〈교회학교 교사 설문 문항〉 교차분석

1. 교사의 미디어 능력 * 학생들의 비대면 교회교육 프로그램 만족도

				사례 수(명)		평균
				360		2.56
교사 미디어 능력 * 비대면 교회교육에 대한 학생들의 만족도	약간 못함			17		2.18
	보통 수준			118		2.48
	조금 잘함			142		2.56
	매우 잘함			83		2.73
ANOVA		제곱합	자유도	평균제곱	F	유의확률
	집단-간	5.734	3	1.911	1.833	0.141
	집단-내	371.155	356	1.043		
	전체	376.889	359			

교사의 미디어 능력에 따라 학생들의 비대면 교회교육 프로그램 만족도 평균이 유의미한 차이를 보이는지 검증하고자 일원 배치 분산분석(One-way ANOVA)을 실시하였다. 전체 응답자 중 '매우 못함'으로 응답한 교사들의 수(N=4)가 너무 적어 '매우 못함' 응답을 제하고 분석했는데, 그 결과 학생들의 만족도는 통계상 유의미한 차이를 나타내지 않았다(p=0.141). 그런데도 교사들의 미디어 능력에 따른 학생들의 만족도는 교사들의 미디어 사용 능력이 '약간 못함'일 경우 2.18, '보통 수준'일 경우 2.48, '조금 잘함'일 경우 2.56, 그리고 '매우 잘함'일 경우 2.73으로 나타나 교사들의 미디어 능력이 높아짐에 따라 만족도도 함께 상승하는 것으로 나타났다.

2. 교사의 미디어 능력 * 교사 본인의 비대면 교회교육 프로그램 만족도

			사례 수(명)		평균
			360		2.56
교사 미디어 능력 * 비대면 교회교육에 대한 교사의 만족도	약간 못함		17		1.88
	보통 수준		118		2.21
	조금 잘함		142		2.28
	매우 잘함		83		2.52
ANOVA		제곱합	자유도	평균제곱	F	유의확률
	집단-간	7.866	3	2.622	2.530	0.057
	집단-내	368.923	356	1.036		
	전체	376.789	359			

교사의 미디어 능력에 따라 교사 본인들의 비대면 교회교육 프로그램 만족도 평균이 유의미한 차이를 보이는지 검증하고자 일원 배치 분산분석(One-way ANOVA)을 실시하였다. 전체 응답자 중 '매우 못함'으로 응답한 교사들의 수(N=4)가 너무 적어, '매우 못함' 응답을 제하고 분석했는데, 그 결과 학생들의 만족도는 통계상 유의미한 차이를 나타내지 않았다(p=0.057). 그런데도 교사들의 미디어 능력에 따른 교사 본인들의 만족도는 교사들의 미디어 사용 능력이 '약간 못함'일 경우 1.88, '보통 수준'일 경우 2.21, '조금 잘함'일 경우 2.28, 그리고 '매우 잘함'일 경우 2.52로 나타나 교사들의 미디어 능력이 높아짐에 따라 만족도도 함께 상승하는 것으로 나타났다.

3. 교육부서 담당 사역자의 미디어 능력 * 학생들의 비대면 교회교육 프로그램 만족도

		사례 수(명)	평균
		306	2.58
교사부서 담당사역자의 미디어 능력 * 비대면 교회교육에 대한 학생의 만족도	약간 못함	15	1.80
	보통 수준	84	2.49
	조금 잘함	114	2.56
	매우 잘함	93	2.82

ANOVA		제곱합	자유도	평균제곱	F	유의확률
	집단-간	15.107	3	5.036	4.792	0.003
	집단-내	317.361	302	1.051		
	전체	332.458	305			

교육부서 담당사역자의 미디어 능력에 따라 학생들의 비대면 교회교육 프로그램 만족도 평균이 유의미한 차이를 보이는지 검증하고자 일원 배치 분산분석(One-way ANOVA)을 실시하였다. 전체 응답자 중 '매우 못함'으로 응답한 교사들의 수(N=1)가 너무 적어, '매우 못함' 응답을 제하고 분석했는데, 그 결과 학생들의 만족도는 통계상 유의미한 차이를 나타내었다(F=4.792, p=0.003). 즉 교사들의 미디어 활용 능력보다는 담당 사역자들의 미디어 활용 능력이 학생들의 만족도에 통계적으로 유의미한 차이를 가져왔다. 특히 담당 교역자들의 미디어 능력에 따른 학생들의 만족도는 교역자들의 미디어 사용 능력이 '약간 못함'일 경우 1.80, '보통 수준'일 경우 2.49, '조금 잘함'일 경우 2.56, 그리고 '매우 잘함'일 경우 2.82로 나타나 교역자들의 미디어 능력이 높아짐에 따라 만족도도 확실하게 상승하는 것으로 나타났다. 특히 Scheffe 사후분석을 통해 살펴본 결과 사역자의 미디어 능력에 있어 '약간못함'과 '매우잘함' 사이에는 통계적으로 유의미한 차이가 나타났다.

다중비교

종속변수: 학생만족도
Scheffe

(I)미디어사역자 능력	(J)미디어사역자 능력	평균차이(I-J)	표준화 오류	유의확률	95% 신뢰구간 하한	95% 신뢰구간 상한
약간 못함	보통 수준	-.688	.287	.128	-1.50	.12
	조금 잘함	-.761	.282	.065	-1.55	.03
	매우 잘함	-1.017*	.285	.006	-1.82	-.22
보통 수준	약간 못함	.688	.287	.128	-.12	1.50
	조금 잘함	-.073	.147	.970	-.49	.34
	매우 잘함	-.329	.154	.210	-.76	.10
조금 잘함	약간 못함	.761	.282	.065	-.03	1.55
	보통 수준	.073	.147	.970	-.34	.49
	매우 잘함	-.256	.143	.365	-.66	.15
매우 잘함	약간 못함	1.017*	.285	.006	.22	1.82
	보통 수준	.329	.154	.210	-.10	.76
	조금 잘함	.256	.143	.385	-.15	.66

*. 평균차이는 0.05 수준에서 유의합니다.

4. 교육부서 담당 사역자의 미디어 능력 * 교사 본인의 비대면 교회교육 프로그램 만족도

		사례 수(명)	평균
		306	2.30
교사부서 담당사역자의 미디어 능력 * 비대면 교회교육에 대한 교사의 만족도	약간 못함	15	1.80
	보통 수준	84	2.25
	조금 잘함	114	2.25
	매우 잘함	93	2.48
ANOVA	제곱합	자유도	평균제곱	F	유의확률
	집단-간	7.439	3	2.480	2.366	0.071
	집단-내	316.499	302	1.048		
	전체	323.938	305			

교육부서 담당사역자의 미디어 능력에 따라 교사들의 비대면 교회교육 프로그램 만족도 평균이 유의미한 차이를 보이는지 검증하고자 일원배치 분산분석(One-way ANOVA)을 실

시하였다. 전체 응답자 중 '매우 못함'으로 응답한 교사들의 수(N=1)가 너무 적어, '매우 못함' 응답을 제하고 분석했는데, 그 결과 학생들의 만족도는 통계상 유의미한 차이를 나타내지 않았다(p=0.071). 그런데 담당 교역자들의 미디어 능력에 따른 교사들의 만족도는 교역자들의 미디어 사용 능력이 '약간 못함'일 경우 1.80, '보통수준'일 경우 2.25, '조금 잘함'일 경우 2.25, 그리고 '매우 잘함'일 경우 2.48로 나타나 교역자들의 미디어 능력이 높아짐에 따라 만족도도 조금씩 상승하는 것으로 나타났다.

7장.

연구결과 (교역자)

7장.

연구결과 (교역자)

교역자 기본정보(11문항)

1. 교역자의 성별은 어떻게 되십니까?

응답한 교역자의 성비는 남성이 여성보다 약간 많게 나타났다. 담임목사들이 많이 응답했기 때문일 수도 있지만, 한국교회는 여전히 남성리더십 중심으로 운영되는 것으로 보인다.

전체		사례 수(명)	비율(%)
		303	100.0
성별	남성	195	64.4
	여성	108	35.6

2. 교역자의 나이는 어떻게 되십니까?

40대가 33.7%로 가장 많고, 그다음으로 50대(23.1%), 30대(18.8%), 20대(14.2%), 60대(10.2%) 순서이다. 응답한 교역자의 나이대가 생각보다 높은 것은 응답자 중에 담임목사가 많이 포함되었기 때문일 것이다.

전체		사례 수(명)	비율(%)
		303	100.0
연령	20대	43	14.2
	30대	57	18.8
	40대	102	33.7
	50대	70	23.1
	60대	31	10.2

3. 섬기는 교회의 출석 성도 규모는 어떻게 되십니까?

이번 연구하는 중·소형 교회를 주 대상으로 삼았기 때문에 응답자 대부분이 500명 이하의 교회에 출석하는 것으로 나타났다. 500-1,000명 사이의 출석 규모의 교회가 27.1%로 가장 많았고, 100-300명 사이라고 답한 교역자가 22.8%로 그다음으로 많았다. 그다음은 18.2%로 300-500명 사이, 50명 이하(16.8%), 그리고 50-100명(15.2%) 순서였다.

전체		사례 수(명)	비율(%)
		303	100.0
교회 출석성도 규모	50명 이하	51	16.8
	50-100명	46	15.2
	100-300명	69	22.8
	300-500명	55	18.2
	500-1,000명	82	27.1

4. 섬기는 부서는 어디십니까?

섬기고 있는 부서들은 골고루 분포된 것으로 보인다. 가장 많은 응답자는 초등부 교역자(17.8%)였고, 그다음이 담임목사(16.8%), 교구 및 행정목사가 15.2%, 대학청년부를 맡은 사역자가 13.5%, 중등부 사역자가 12.2%, 그리고 유치부(8.3%), 영유아부(5.0%) 순서였다.

전체		사례 수(명)	비율(%)
		303	100.0
섬기는 부서	영유아부	15	5.0
	유치부	25	8.3
	초등부	54	17.8
	중등부	37	12.2
	고등부	29	9.6
	대학청년부	41	13.5
	담임목사	51	16.8
	교구 및 행정목사	46	15.2
	장애인부	5	1.7

5. 섬기는 부서의 규모는 ?

섬기는 부서의 규모는 32.3%로 10-30명 사이가 가장 많았고, 30명에서 50명 사이가 23.4%, 10명 이내가 18.8%, 100명 이상이 15.2%, 그리고 50-100명 사이가 10.2%라고 답했다.

전체		사례 수(명)	비율(%)
		303	100.0
섬기는 부서의 규모	10명 이내	57	18.8
	10-30명	98	32.3
	30-50명	71	23.4
	50-100명	31	10.2
	100명 이상	46	15.2

6. 신앙의 연조는 몇 년 정도 됩니까?

신앙의 연조에 대한 질문에는 42.2%가 10년에서 30년 사이라고 답한 사람이 가장 많았다. 30년에서 50년 사이라고 답한 사람이 그 다음으로 많았고(37.6%), 50년 이상이라고 답한 사람이 7.9%, 5-10년 사이라고 답한 사람이 7.6%, 1년에서 5년 사이라고 답한 사역자도 4.6%

있었다.

전체		사례 수(명)	비율(%)
		303	100.0
신앙의 연조	1-5년	14	4.6
	5-10년	23	7.6
	10-30년	128	42.2
	30-50년	114	37.6
	50년 이상	24	7.9

7. 사역을 시작하신지 몇 년 정도 되십니까?

사역의 기간은 5-10년이라고 대답한 응답자가 26.7%로 가장 많았다. 그다음으로는 10-20년 동안 사역하고 있다는 응답자가 25.4%, 1-5년이라고 응답한 사람이 23.4%, 20-30년이 11.9%로 그 사람 다음, 1년 미만이 6.6%, 30년 이상이 5.9% 순서였다.

전체		사례 수(명)	비율(%)
		303	100.0
사역 기간	1년 미만	20	6.6
	1-5년	71	23.4
	5-10년	81	26.7
	10-20년	77	25.4
	20-30년	36	11.9
	30년 이상	18	5.9

8. 평상시 미디어를 사용하는 시간은 얼마나 되십니까?

미디어 사용에 관한 질문에는 51.2%의 응답자가 1시간에서 3시간 정도 사용한다고 했고, 그다음은 3-5시간(27.7%), 5시간 이상이 12.9%, 그리고 하루 한 시간 이하라고 응답한 사람들이 8.3%였다.

전체		사례 수(명)	비율(%)
		303	100.0
미디어 사용 시간	1시간 이하	25	8.3
	1시간-3시간	155	51.2
	3시간-5시간	84	27.7
	5시간 이상	39	12.9

9. 미디어를 읽고 쓰는 능력(컴퓨터, 스마트폰 등을 이용해서 필요한 정보를 찾고 활용하는 능력)이 어느 정도 수준이라고 생각하십니까?

미디어 활용 능력에 대해서는 스스로 조금 잘한다고 평가한 사람이 41.3%로 가장 많았고, 보통 수준이라고 응답한 사람이 38.0%, 매우 잘한다고 응답한 사람이 13.9%, 약간 못함 5.9%, 매우 못함이 1.0 %이었다. 보통 수준을 넘어 자신을 어느 정도 잘한다고 한 비율을 합쳤을 때 55.2%였다.

전체		사례 수(명)	비율(%)
		303	100.0
교역자의 미디어 능력	매우 못함(1점)	3	1.0
	약간 못함(2점)	18	5.9
	보통 수준(3점)	115	38.0
	조금 잘함(4점)	125	41.3
	매우 잘함(5점)	42	13.9

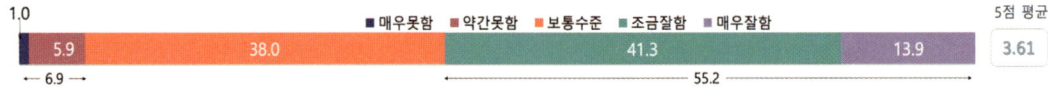

10. 섬기는 교회에 미디어 담당 사역자가 있습니까?

미디어 담당 사역자가 있느냐는 질문에는 56.4%가 그렇다고 대답했고, 43.6%는 담당 사역자가 없다고 응답했다.

전체		사례 수(명)	비율(%)
		364	100.0
미디어 담당사역자 여부	있음	171	56.4
	없음	132	43.6

11. (10번에 '예'라고 대답하신 교역자들만 응답) 교역자가 섬기는 교회의 미디어 담당 사역자는 미디어를 읽고 쓰는 능력(컴퓨터, 스마트폰 등을 이용해서 필요한 정보를 찾고 활용하는 능력)이 어느 정도 수준이라고 생각하십니까?

미디어 사역자의 미디어 활용 능력에 대한 평가는 평균 4.01 점으로 대체로 활용 능력 수준이 높다고 평가했다. 특히 본인의 미디어 활용 능력(3.61)보다 미디어 담당 사역자의 활용 능력이 훨씬 더 높게 평가하고 있었다.

전체		사례 수(명)	비율(%)
		133	100.0
교사의 미디어 능력	매우 못함(1점)	2	1.2
	약간 못함(2점)	7	4.1
	보통 수준(3점)	36	21.2
	조금 잘함(4점)	67	39.4
	매우 잘함(5점)	58	34.1

코로나19로 인한 변화(6문항)

1. 코로나19 이후 예배는 어떻게 드리고 있습니까?

코로나19 이후 어떻게 예배하고 있는지 질문했을 때 온라인과 현장 예배를 병행하는 비율(73.6%)이 가장 높았고, 온라인으로만 예배하는 비율도 15.8%나 되었다. 즉 약 89%의 응답자들은 자신의 교회가 온라인으로 예배를 송출하고 있다고 응답했고, 현장 예배로만 예배하는 교회는 7.9%에 불과했다. 또한 코로나19 이후 부서 예배를 따로 드리지 못하고 있는 교회도 2.6%나 되는 것으로 나타났다.

전체		사례 수(명)	비율(%)
		303	100.0
코로나19 이후, 예배 형태	온라인 예배	48	15.8
	온라인과 현장 예배 병행	223	73.6
	현장 예배	24	7.9
	부서 예배를 따로 드리지 못함	8	7.9

2. 코로나19 이후 예배 참석인원에는 어떤 변화가 있나요?

코로나19 이후 교육부서의 예배 참석인원은 '어느 정도 줄었다.'가 42.6%, '많이 줄었다.'가 35.3%로 77.9%의 교역자들이 자신이 섬기는 교육부서의 예배 참석인원이 줄었다고 응답했다.

전체		사례 수(명)	비율(%)
		303	100.0
코로나19 이후, 예배 참석 인원의 변화	많이 줄었다	107	35.3
	어느 정도 줄었다	129	42.6
	큰 변화가 없다	56	18.5
	늘었다	10	3.3
	크게 늘었다	1	0.3

3. (온라인 예배를 드리는 교회만) 온라인 예배를 드릴 때 사용하는 매체는 어떠한 것입니까? (복수 응답 가능)

온라인 예배를 드릴 때 사용하는 매체로는 유튜브(42.5%)가 가장 많이 사용되었고, 줌(19.4%)과 교회 홈페이지(19.4%)도 많이 사용되었다.

전체		사례 수(명)	비율(%)
		464	100.0
온라인 예배 시, 사용하는 매체 (*복수 응답)	교회 홈페이지	90	19.4
	유튜브	197	42.5
	줌(실시간 화상회의 플랫폼)	90	19.4
	카카오 라이브	23	5.0
	네이버 밴드	33	7.1
	SNS(페이스북, 인스타그램 등)	22	4.8
	기타	8	1.7

4. 코로나19 이후 비대면 교회학교 교육은 어떻게 진행되고 있습니까?

(1=전혀 하지 않음. 2=거의 하지 않음. 3=가끔 하고 있음. 4=꽤 자주 하고 있음. 5=매주(항상) 하고 있음)

코로나19 이후 비대면 교회학교 교육은 예배(3.87)가 가장 높은 비중을 차지하고 있었다 ('꽤 자주 하고 있음'과 '매주 하고 있음'을 합하면 86.7%). 그런데 그 외의 비대면 모임이나 프로그램은 대동소이하게 진행되고 있었다. '전혀 하지 않음'과 '거의 하지 않음'의 비율을 합해 보면 비대면 심방은 30.7%, 비대면 소그룹 모임은 36.6%, 온라인 큐티는 43.9%, 비대면 성경학교/수련회는 38.3%, 비대면 제자훈련은 48.2%, 비대면 교제 모임은 44.9%, 그리고 다양한 비대면 프로그램은 41.9%의 교사들이 제대로 하지 못하고 있다고 응답했다.

· 코로나19 이후, 비대면 교회학교 교육 현황 (5점 평균 비교)

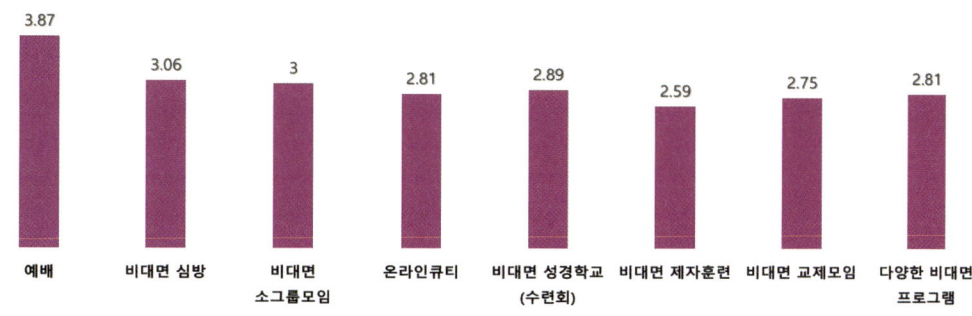

· 코로나19 이후 비대면 교회학교 교육 현황

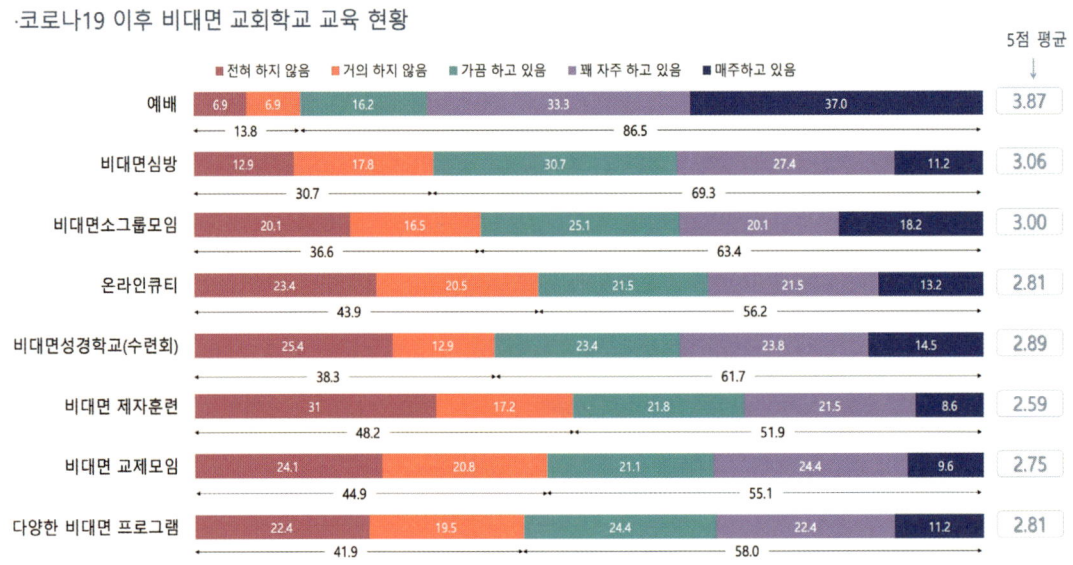

5. 코로나19 이후 비대면 교회학교 교육을 진행할 때 아래의 내용과 관련하여 얼마나 힘들었습니까?

(1=전혀 힘들지 않음. 2=거의 힘들지 않음. 3=가끔 힘들었다. 4=자주 힘들었다. 5=항상 힘들었다)

코로나19 이후 비대면 교회학교 교육을 진행할 때의 어려움을 질문했을 때 교회학교 교사들은 전문 인력의 부족(3.64), 장기적인 계획과 대안의 부재(3.59), 미디어 콘텐츠와 자료의 부족(3.54), 교단과 노회 차원에서의 지원과 도움의 부족(3.42), 영상 편집(3.30)의 순으로 응답했다.

· 코로나19 이후 비대면 교회학교 교육 어려운 점 (5점 평균 비교)

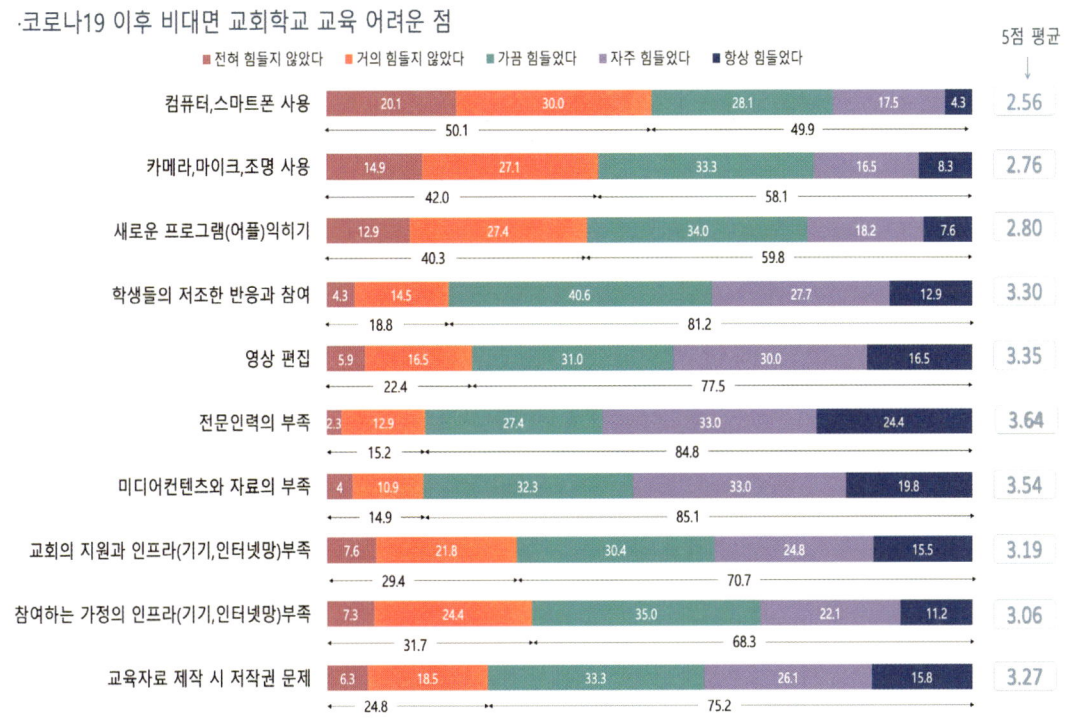

· 코로나19 이후 비대면 교회학교 교육 어려운 점

6. 코로나19 이후 진행된 비대면 교회교육의 결과 부서의 학생들의 신앙(신앙생활, 신앙 습관)에 어떤 변화가 있다고 생각하시나요?

코로나19 이후 진행된 비대면 교회교육의 결과 부서 학생들이 신앙에 어떤 변화가 있었는지 질문했을 때 '약간 안 좋아졌다.'라고 응답한 비율이 44.6%나 되었고, 심각하게 안 좋아졌다고 응답한 비율도 19.8%나 되었다. 반면 좋아졌다(5.6%), 혹은 크게 좋아졌다(0.7%)라고 응답한 비율은 굉장히 낮아 전체적으로 코로나19 이후 진행된 비대면 교회교육은 학생들의 신앙에 안 좋은 영향을 끼쳤다고 교역자들은 평가했다(전체 평균 2.23).

· 코로나19 이후 학생들 신앙의 변화

비대면 교회교육의 만족도(4문항)

1. 비대면으로 진행되는 교회교육 프로그램들에 대한 학생들의 전반적인 반응은 어떠한가요?

교역자들이 생각하는 비대면 교육 프로그램에 대한 학생들의 만족도는 5점 만점 중 2.49로 크게 만족하지 못하고 있다고 생각하는 것으로 나타났다.

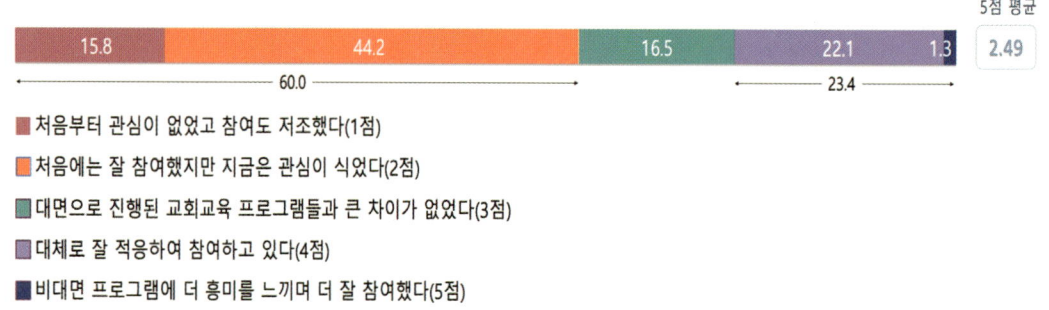

2. 비대면으로 진행한 교회교육 프로그램들에 대한 사역자 본인의 전체적인 만족도는 어떠한가요?

사역자 본인들도 대체로 비대면 교육 프로그램에 대해 크게 만족하지 못하고 있는 것으로 나타났다(만족도가 5점 만점에 2.15점).

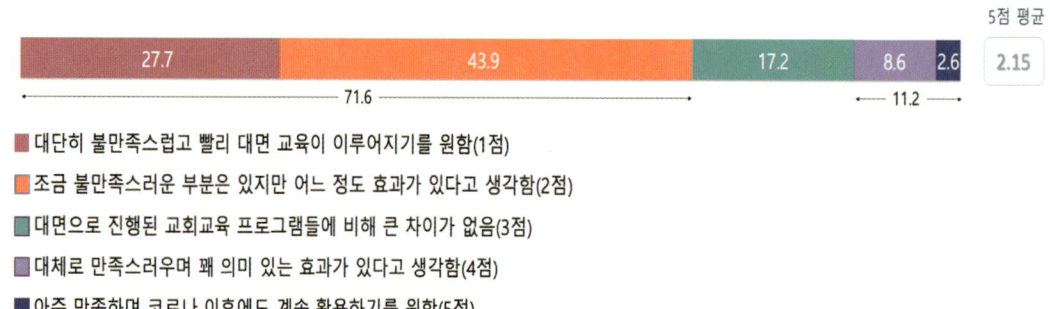

3. 다음은 비대면으로 진행된 교회교육 프로그램에 대한 사역자의 만족도를 알아보기 위한 질문입니다. 해당하는 항목을 표시해 주시기 바랍니다.

(1=전혀 그렇지 않다, 2=그렇지 않다, 3=보통이다, 4=그렇다, 5=매우 그렇다)

전체적인 비대면 교회교육 프로그램에 대한 각 영역에 대한 만족도는 그다지 높지 않았다. (5점 만점에 3.43이 가장 높은 점수). 학생들이 예배의 끈을 놓치지 않는 데 도움이 되었다는 항목에 대한 만족도가 제일 높은 만족도를 기록했고(3.43), 시간과 장소를 초월한 교회교육의 장이 되었다는 항목에 대한 만족도는 3.21점으로 그다음으로 높은 점수를 기록했다. 신앙교육의 새롭고 실제적인 통로가 되었다는 항목에 대한 만족도가 그다음으로 높았다(3.04). 그 사람 다음 항목들에 대한 만족도는 그다지 높지 않았다. 학생들이 스스로 신앙을 지키는 습관을 키우게 되었다는 것에 대한 만족도는 2.98점, 학생들의 예배 태도를 형성하고 훈련하는 데 도움이 되었다는 질문에 대한 만족도는 2.95점, 학생들이 선생님과 친밀감을 형성하는 데 도움이 되었다는 항목에 대한 만족도는 2.77점, 학생들이 친구들과의 교제를 유지하는 데 도움이 되었다는 항목에 대한 만족도 점수는 2.72점, 학생들이 공동체 의식을 형성하는 데 도움이 되었다는 항목에 대한 만족도는 2.71점을 기록했다.

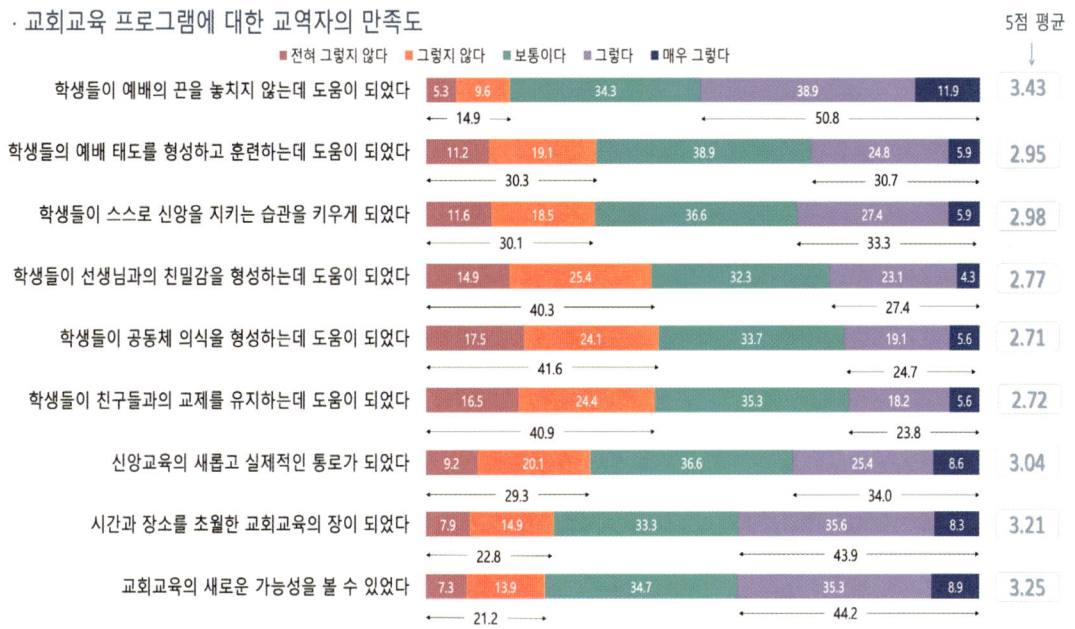

4. 비대면 교회교육이 진행되면서 학생들의 신앙 성장과 관련하여 가장 걱정되는 부분은 무엇입니까? (복수 응답 가능)

비대면 교회교육이 진행되면서 학생들의 신앙 성장과 관련한 교역자들의 가장 큰 걱정은 공동체 의식의 부족이라고 응답했다(22.5%). 그다음으로 걱정되는 부분은 영적인 부분으로 기도 및 영성 훈련의 부족(17.6%)이라고 생각했으며, 관계의 끈을 놓치게 된다는 점을 걱정한 응답도 15.9% 있었다. 그다음으로는 온라인으로 교회교육이 계속되면 예배 태도가 안 좋아질 것이라는 응답이 14.5%, 신앙생활 자체에 무관심해질 것이라고 걱정하는 응답이 14.4% 나왔다. 큰 점수를 기록하지는 않았지만, 비대면 교회교육이 진행되면서 미디어 중독으로 이어질 수도 있다고 걱정하는 응답도 8.0% 나왔다.

전체		사례 수(명)	비율(%)
		864	100.0
학생들의 신앙성장과 관련하여 가장 걱정되는 부분 (*복수 응답)	예배 태도가 안 좋아짐	125	14.5
	인성/성품 교육의 부족	59	6.8
	공동체 의식의 부족	194	22.5
	기도/영성 훈련의 부족	152	17.6
	미디어 중독	69	8.0
	신앙생활 자체에 무관심해짐	124	14.4
	기타	4	0.5

코로나19 이후 전망

1. 코로나19 이후 교회학교 교육이 어떻게 이루어질 것이라 예상하십니까?

코로나19 이후의 전망에 관한 질문에는 응답자의 67%가 대면 교육을 위주로 하며 비대면 교육을 병행할 것으로 예측했다. 어떻게 보면 교회교육에 대한 교역자들의 관점에는 큰 변화가 없다고 볼 수 있다. 예전처럼 대면 교육 위주로 운영될 것이라고 예상한 응답자도 15.2%나 됐다. 교육환경은 변했지만, 교육에 대한 패러다임은 여전히 변하지 않은 것이다. 반면 비대면 교육을 위주로 변할 것으로 예측한 응답은 16.8%로 그다지 크지 않았다. 비대면 교육만으로 전환될 것으로 생각한 응답자는 1%에 그쳤다.

전체		사례 수(명)	비율(%)
		303	100.0
코로나19 이후, 교회학교 교육의 전망	예전처럼 대면 교육 위주로 운영됨	46	15.2
	대면 교육을 위주로 하지만 비대면 교육을 병행함	203	67.0
	비대면 교육을 위주로 하지만 대면 교육을 병행함	51	16.8
	비대면 교육만으로 운영함	3	1.0

2. 위의 예상과는 상관없이 선생님은 코로나19 이후에도 (어떠한 형식이든) 비대면 교회교육이 필요하다고 생각하십니까?

코로나19 이후에도 비대면 교회교육이 필요하다고 생각하느냐는 질문에는 90.4%의 응답자가 그렇다고 대답했다.

전체		사례 수(명)	비율(%)
		303	100.0
코로나19 이후, 비대면 교육의 필요성	필요하다	274	90.4
	필요하지 않다	29	9.6

3. 코로나19 이후에도 비대면 교회교육이 필요하다면 가장 우선하여 필요한 지원은 무엇이라고 생각하십니까? (복수 응답 가능)

비대면 교회교육을 위해 필요한 지원에 관한 질문에는 미디어 활용 능력과 신학적 기초를 함께 갖추고 있는 사역자가 필요하다는 응답이 19.1%, 양질의 교육 미디어 콘텐츠가 필요하다는 응답이 18.8%, 교회의 지원과 관심이 필요하다는 응답이 18.2%, 영상/음향 장비 및 인터넷망 등의 지원이 필요하다는 응답이 17.2%, 교회학교 교사들의 미디어 활용 능력을 높이기 위한 교육 프로그램이 필요하다는 응답이 13.4%로 나타났다.

전체		사례 수(명)	비율(%)
		831	100.0
코로나19 이후 비대면 교회교육이 필요하다면 가장 필요한 지원 (*복수 응답)	교회의 지원과 관심	151	18.2
	영상/음향 장비 및 인터넷망 등의 지원	143	17.2
	미디어 활용 능력과 신학적 기초를 함께 갖추고 있는 사역자	159	19.1
	미디어 활용 능력이 탁월한 교사	109	13.1
	양질의 교육 미디어 콘텐츠	156	18.8
	교회학교 교사들의 미디어 활용 능력을 높이기 위한 교육 프로그램	111	13.4
	기타	2	0.2

<교회학교 교역자 설문 문항> 교차, 아노바분석

1. 교역자 미디어 능력 * 학생들의 비대면 교회교육 프로그램 만족도

		사례 수(명)			평균
		300			2.49
교사 미디어 능력 * 비대면 교회교육에 대한 학생들의 만족도	약간 못함	18			2.61
	보통 수준	115			2.37
	조금 잘함	125			2.62
	매우 잘함	42			2.40
ANOVA		제곱합	자유도	평균제곱	F	유의확률
	집단-간	4.344	3	1.448	1.337	0.262
	집단-내	320.626	296	1.083		
	전체	324.970	299			

교역자의 미디어 능력에 따라 학생들의 비대면 교회교육 프로그램 만족도 평균이 유의미한 차이를 보이는지 검증하고자 일원 배치 분산분석(One-way ANOVA)을 실시하였다. 전체 응답자 중 '매우 못함'으로 응답한 교역자들의 수(N=3)가 너무 적어, '매우 못함' 응답을 제하고 분석했는데, 그 결과 학생들의 만족도는 통계상 유의미한 차이를 나타내지 않았다 (p=0.262).

2. 교역자 미디어 능력 * 교역자 본인의 비대면 교회교육 프로그램 만족도

		사례 수(명)			평균	
		300			2.15	
교사 미디어 능력 * 비대면 교회교육에 대한 교역자의 만족도	약간 못함	18			2.00	
	보통 수준	115			2.02	
	조금 잘함	125			2.22	
	매우 잘함	42			2.36	
ANOVA		제곱합	자유도	평균제곱	F	유의확률
	집단-간	4.914	3	1.638	1.620	0.185
	집단-내	299.366	296	1.011		
	전체	304.250	299			

교역자의 미디어 능력에 따라 교사 본인들의 비대면 교회교육 프로그램 만족도 평균이 유의미한 차이를 보이는지 검증하고자 일원 배치 분산분석(One-way ANOVA)을 실시하였다. 전체 응답자 중 '매우 못함'으로 응답한 교사들의 수(N=3)가 너무 적어, '매우 못함' 응답을 제하고 분석했는데, 그 결과 학생들의 만족도는 통계상 유의미한 차이를 나타내지 않았다 (p=0.185). 그런데도 교역자들의 미디어 능력에 따른 교사 본인들의 만족도는 교역자들의 미디어 사용 능력이 '약간 못함'일 경우 2.00, '보통 수준'일 경우 2.02, '조금 잘함'일 경우 2.22, 그리고 '매우 잘함'일 경우 2.36으로 나타나 교역자들의 미디어 능력이 높아짐에 따라 만족도도 함께 상승하는 것으로 나타났다.

3. 담당 사역자의 미디어 능력 * 학생들의 비대면 교회교육 프로그램 만족도

		사례 수(명)			평균
		168			2.71
교사 미디어 능력 * 비대면 교회교육에 대한 학생들의 만족도	약간 못함	7			2.57
	보통 수준	36			2.53
	조금 잘함	67			2.75
	매우 잘함	58			2.81
ANOVA		제곱합	자유도	평균제곱	F	유의확률
	집단-간	1.999	3	0.666	0.657	0.580
	집단-내	166.287	164	1.014		
	전체	168.286	167			

교육부서 담당 사역자의 미디어 능력에 따라 학생들의 비대면 교회교육 프로그램 만족도 평균이 유의미한 차이를 보이는지 검증하고자 일원 배치 분산분석(One-way ANOVA)을 실시하였다. 전체 응답자 중 '매우 못함'으로 응답한 교역자들의 수(N=2)가 너무 적어, '매우 못함' 응답을 제하고 분석했는데, 그 결과 학생들의 만족도는 통계상 유의미한 차이를 나타내지 않았다(p=0.580). 그래도 담당 사역자들의 미디어 능력에 따른 학생들의 만족도는 교역자들의 미디어 사용 능력이 '조금 잘함'일 경우 2.75, 그리고 '매우 잘함'일 경우 2.81로 나타나 교역자들의 미디어 능력이 높으면 만족도도 약간 높게 나타났다.

4. 담당 사역자의 미디어 능력 * 교역자 본인의 비대면 교회교육 프로그램 만족도

		사례 수(명)			평균
		168			2.39
교사 미디어 능력 * 비대면 교회교육에 대한 교역자의 만족도	약간 못함	7			2.43
	보통 수준	36			2.22
	조금 잘함	67			2.49
	매우 잘함	58			2.38
ANOVA		제곱합	자유도	평균제곱	F	유의확률
	집단-간	1.733	3	0.578	0.577	0.631
	집단-내	164.338	164	1.002		
	전체	166.071	167			

교육부서 담당 사역자의 미디어 능력에 따라 교역자 본인들의 비대면 교회교육 프로그램 만족도 평균이 유의미한 차이를 보이는지 검증하고자 일원 배치 분산분석(One-way ANOVA)을 실시하였다. 전체 응답자 중 '매우 못함'으로 응답한 교역자들의 수(N=2)가 너무 적어, '매우 못함' 응답을 제하고 분석했는데, 그 결과 교역자 본인의 만족도는 통계상 유의미한 차이를 나타내지 않았다(p=0.631).

8장.

연구결과 (부모)

8장

연구 결과 (부모)

부모님 기본정보(12문항)

1. 자녀와의 관계는 어떻게 되십니까?

아버지(53.2%)와 어머니(46.8%)가 비슷한 비중으로 참여하였다.

전체		사례 수(명)	비율(%)
		333	100.0
자녀와의 관계	아버지	177	53.2
	어머니	156	46.8

2. 부모님 나이는 어떻게 되십니까?

부모님 나이는 40대(39.6%)가 가장 많았고, 50대(24.3%), 30대(20.4%)도 높은 비중을 나타내었다.

전체		사례 수(명)	비율(%)
		333	100.0
나이	20대	19	5.7
	30대	68	20.4
	40대	132	39.6
	50대	81	24.3
	60대 이상	33	9.9

3. (자녀 기준) 함께 거주하는 가족 구성원은 어떻게 되십니까? (복수 응답 가능)

가족 구성으로는 아버지(32.3%), 어머니(34.1%), 형제/자매(21.1%)가 높은 비중을 나타내었다.

전체		사례 수(명)	비율(%)
		779	100.0
가족 구성원 (*복수 응답)	아버지	252	32.3
	어머니	266	34.1
	형제/자매	165	21.2
	할아버지/할머니	17	2.2
	친인척	61	7.8
	기타	61	7.8

4. 부모님의 경제 활동은 어떻게 되십니까?

맞벌이 가정(58.3%)과 외벌이 가정(41.7%)이 비슷한 비중을 나타내었다.

전체		사례 수(명)	비율(%)
		326	100.0
부모의 경제 활동	외벌이	136	41.7
	어머니	190	58.3

5. 자녀의 수는 어떻게 되십니까?

자녀의 수는 2명(49.8%)과 외동(42.0%)이 비슷하게 높은 비중을 나타내었다.

전체		사례 수(명)	비율(%)
		333	100.0
자녀의 수	외동	140	42.0
	2명	166	49.8
	3명 이상	27	8.1

6. 자녀의 연령은 어떻게 되십니까? (복수 응답 가능)

초등부(25.2%)와 대학청년부(21.3%) 자녀를 둔 부모가 비교적 높은 비중을 보였다.

전체		사례 수(명)	비율(%)
		460	100.0
자녀의 나이 (*복수 응답)	영유아부	54	11.7
	유치부	65	14.1
	초등부	116	25.2
	중등부	71	15.4
	고등부	56	12.2
	대학청년부	98	21.3

7. 부모님이 섬기는 교회의 출석 성도 규모는 어떻게 되십니까?

교회의 규모는 100~300명(31.8%)이 가장 높은 비중을 보였고, 300~500명(21.9%)과 500~1,000명(21.6%)도 비교적 높은 비중을 나타내었다.

전체		사례 수(명)	비율(%)
		336	100.0
교회 출석 성도 규모	50명 이하	36	10.8
	50-100명	46	13.8
	100-300명	106	31.8
	300-500명	73	21.9
	500-1,000명	71	21.6

8. 부모님의 교회 직분은 어떻게 되십니까?

부모님의 교회 직분으로는 일반성도(45.6%)와 서리 집사(32.7%)의 비중이 높게 나타났다.

전체		사례 수(명)	비율(%)
		333	100.0
교회 직분	일반 성도	152	45.6
	서리 집사	109	32.7
	안수 집사, 권사, 장로	48	14.4
	목회자	24	7.2

9. 부모님께서 평상시 미디어를 사용하는 시간은 얼마나 되십니까?

부모님의 평균 미디어 사용 시간은 1~3시간(58.0%)이 가장 많았고, 3~5시간(22.8%)이 다음으로 높은 비중을 보였다.

전체		사례 수(명)	비율(%)
		333	100.0
미디어 사용 시간	1시간 이하	33	9.9
	1시간~3시간	193	58.0
	3시간~5시간	76	22.8
	5시간 이상	31	9.3

10. 부모님은 미디어를 읽고 쓰는 능력(컴퓨터, 스마트폰 등을 이용해서 필요한 정보를 찾고 활용하는 능력)이 어느 정도 수준이라고 생각하십니까?

부모님의 미디어 활용 능력을 5점 척도로 평가하도록 했을 때 조금 잘한다(36.0%), 보통이다(30.9%)라고 응답한 비율이 높았고, 전체 평균은 3.73점 정도로 비교적 높게 나타났다.

전체		사례 수(명)	비율(%)
		333	100.0
부모의 미디어 능력	매우 못함(1점)	6	1.8
	약간 못함(2점)	24	7.2
	보통 수준(3점)	103	30.9
	조금 잘함(4점)	120	36.0
	매우 잘함(5점)	80	24.0

11. 자녀가 소속된 교육부서에 담당 사역자가 있습니까?

자녀가 소속된 교육부서에 담당 사역자가 있는 경우가 62.5%로 높게 나타났으나, 담당 사역자가 없는 경우도 32.1%나 되었다.

전체		사례 수(명)	비율(%)
		333	100.0
교육부서 담당 사역자의 여부	있음	208	62.5
	없음	107	32.1
	기타(자녀가 속한 부서에 따라 다름)	18	5.4

12. (11번에 '예' 혹은 '기타'라고 대답하신 부모님들만 응답) 자녀가 속한 교회 교육부서의 담당 사역자는 미디어를 읽고 쓰는 능력(컴퓨터, 스마트폰 등을 이용해서 필요한 정보를 찾고 활용하는 능력)이 어느 정도 수준이라고 생각하십니까?

자녀의 교육부서에 담당 사역자가 있는 부모들에게 담당 사역자의 미디어 활용 능력을 5점 척도로 평가하도록 했을 때 조금 잘 한다(42.3%)고 응답한 비율이 가장 높았고, 다음으로, 매우 잘한다(26.4%), 보통이다(25.9%)라고 응답한 비중이 비슷하게 나타났다. 전체 평균은 3.89점 정도로 높게 나타났다.

전체		사례 수(명)	비율(%)
		113	100.0
담당 사역자의 미디어 능력	매우 못함(1점)	1	0.5
	약간 못함(2점)	11	5.0
	보통 수준(3점)	57	25.9
	조금 잘함(4점)	93	42.3
	매우 잘함(5점)	58	26.4

코로나19로 인한 변화(6문항)

1. 코로나19 이후 자녀는 주로 예배는 어떻게 드리고 있습니까?

코로나19 이후 자녀의 예배 참여의 경우, 온라인 예배(43.5%)가 가장 비중이 높았고, 온라인과 현장 예배 병행(35.1%), 부서 예배를 따로 드리지 못함(11.4%), 현장 예배(9.9%) 순으로 나타났다. 78.6%의 자녀들이 온라인을 통해 예배를 경험하고 있음을 나타낸다.

전체		사례 수(명)	비율(%)
		333	100.0
코로나19 이후 예배 형태	온라인 예배	145	43.5
	온라인과 현장 예배 병행	117	35.1
	현장 예배	33	9.9
	부서 예배를 따로 드리지 못함	38	11.4

2. 코로나19 이후 자녀들의 비대면 교회학교 교육(프로그램) 참여는 어떻습니까?

(1=전혀 참여하지 않음. 2=거의 참여하지 않음. 3=가끔 참여. 4=자주 참여. 5=매주(항상) 참여)

코로나19 이후 비대면 자녀들의 교회학교 교육 참여는 온라인 예배(3.41)가 가장 높은 비중을 나타내었고, 그 외의 비대면 모임이나 프로그램은 대동소이한 참여 수준을 보였다. '전혀 참여하지 않음'과 '거의 참여하지 않음'의 비율을 합해서 참여하지 않는 편으로 계산해 본다면 온라인 예배는 22.8%지만, 비대면 소그룹 모임은 47.4%, 비대면 제자훈련은 58.8%, 비대면 친교 모임은 51%, 다양한 비대면 프로그램은 48%, 비대면 성경학교/수련회는 55.8%의 자녀들이 거의 참여하지 못하고 있다고 응답했다.

·코로나 19 이후 비대면 교회학교 교육 참여

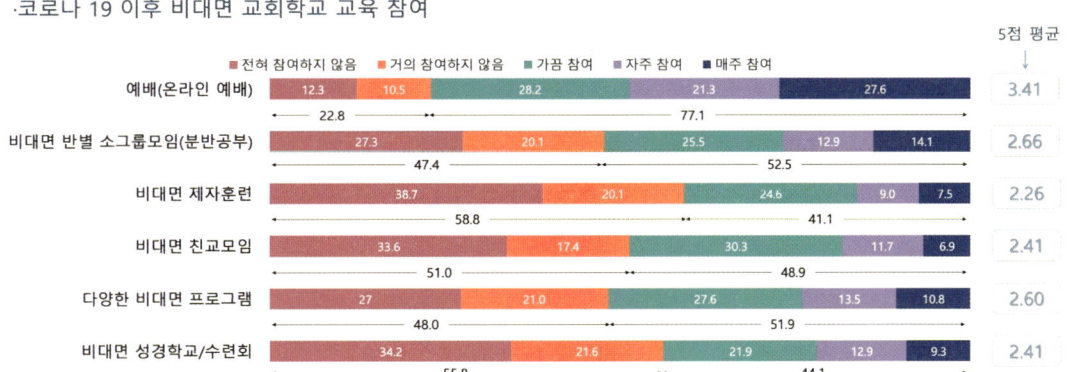

3. 코로나19 이후 자녀들의 "생활 습관"(공부 습관, 수면 시간, 운동량, 가족 간의 대화 등)은 코로나 이전과 비교하여 어떻습니까?

코로나19 이후 자녀들의 생활 습관의 변화에 대하여 대체로 안 좋아졌다(46.5%), 훨씬 더 안 좋아졌다(7.5%)고 부정적으로 응답한 비율이 절반이 넘었고(부정적 비율 54.0%), 대체로 좋아졌다(8.4%), 훨씬 더 좋아졌다(1.8%)고 긍정적으로 응답한 비율은 매우 낮았다.

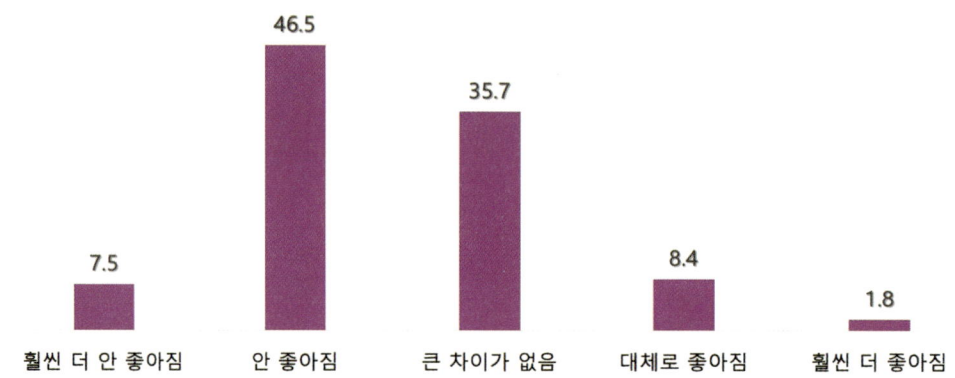

· 코로나19 이후 자녀들의 생활 습관 변화

4. 코로나19 이후 자녀들의 "신앙생활"(예배 생활, 개인 경건 생활, 교회학교 선생님과 친구들과의 관계, 신앙의 실천 등)은 코로나19 이전과 비교하여 어떻습니까?

코로나19 이후 자녀들의 신앙생활 변화에 대하여 대체로 안 좋아졌다(45.9%), 훨씬 더 안 좋아졌다(10.8%)고 부정적으로 응답한 비율이 절반이 넘었고(부정적 비율 56.7%), 대체로 좋아졌다(7.5%), 훨씬 더 좋아졌다(1.5%)고 긍정적으로 응답한 비율은 매우 낮았다.

· 코로나19 이후 자녀들의 신앙 생활 변화

5. 자녀들이 자주 사용하는 미디어 콘텐츠는? (복수 응답 가능)

자녀들의 미디어 콘텐츠 사용 빈도의 경우, 근소한 차이를 두고 게임/엔터테인먼트(22.5%), 친구들과 소통(20.6%), 개인학습(19.3%), 학교 교육 참여(18.3%) 순으로 나타났고, 비교적 큰 편차를 두고 교회 교육 참여(11.5%), 신앙/경건 생활(7.4%), 기타(0.4%) 순으로 나타났다.

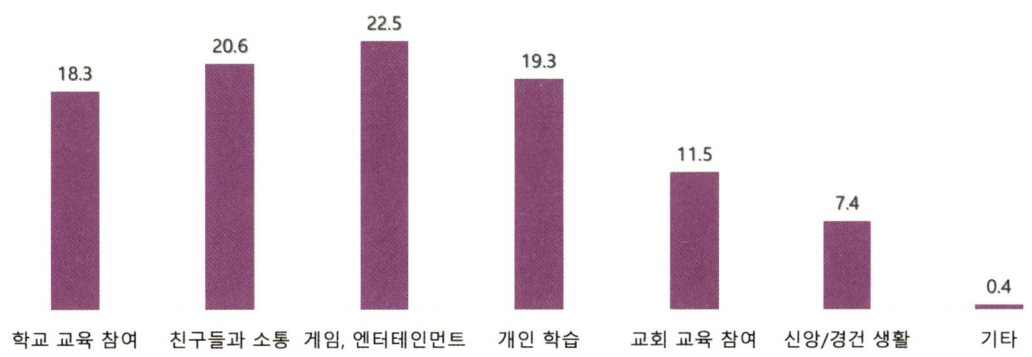

· 자녀들이 자주 사용하는 미디어 컨텐츠(N=965 *복수응답, 단위: %)

6. 자녀들의 "학교" 비대면 교육과 "교회" 비대면 교육의 참여에 차이가 있나요?

자녀들의 "학교" 비대면 교육과 "교회" 비대면 교육의 참여 정도의 경우, 학교 교육 참여가 더 높다(42.9%)는 응답이 가장 높았고, 학교 교육과 교회 교육 모두 높다(27.3%), 학교 교육과 교회 교육 모두 낮다(15.0%), 교회 교육 참여가 더 높다(14.7%) 순으로 나타났다. 교회 교육에 참여가 높다는 응답의 비중을 살펴보면, '교회 교육에 참여가 더 높다,' '학교 교육과 교회 교육 모두 참여가 높다'의 응답도 42%로 나타났다.

전체		사례 수(명)	비율(%)
		333	100.0
코로나19 이후 예배 형태	온라인 예배	145	43.5
	온라인과 현장 예배 병행	117	35.1
	현장 예배	33	9.9
	부서 예배를 따로 드리지 못함	38	11.4

비대면 교회교육 만족도(5문항)

1. 비대면으로 진행되는 교회교육 프로그램들에 대한 자녀들의 전반적인 반응은 어떠한가요?

비대면 교회 교육 프로그램에 대한 자녀들의 전반적인 만족도는 대체로 보통 이상 수준으로 나타났다(전체 평균 2.67). 처음에는 잘 참여했지만, 지금은 관심이 식었다(38.7%)고 응답한 비율이 가장 높았으나, 다음으로 대체로 잘 적응하여 참여하고 있다(28.2%)는 응답이 높았고 비대면으로 진행된 교회 교육 프로그램들과 큰 차이가 없었다(17.4%)는 응답도 어느 정도 비중을 나타내었다. 이러한 결과는 비대면이라는 상황 자체가 교회 교육의 참여를 어렵게 한다는 단편적인 접근보다, 질 좋은 비대면 교육이 제공된다면 오히려 참여를 높일 수 있는 계기가 될 가능성을 나타낸다고 하겠다. 다만, 앞선 통계들에서 온라인 주일 예배 외에 다른 비대면 프로그램들에 참여가 낮았던 결과를 고려해 볼 때, 자녀들의 만족도는 주일 예배 참여에 치중된 결과라는 한계가 있다고 하겠다.

· 교회교육 프로그램에 대한 학생들의 전반적인 만족도

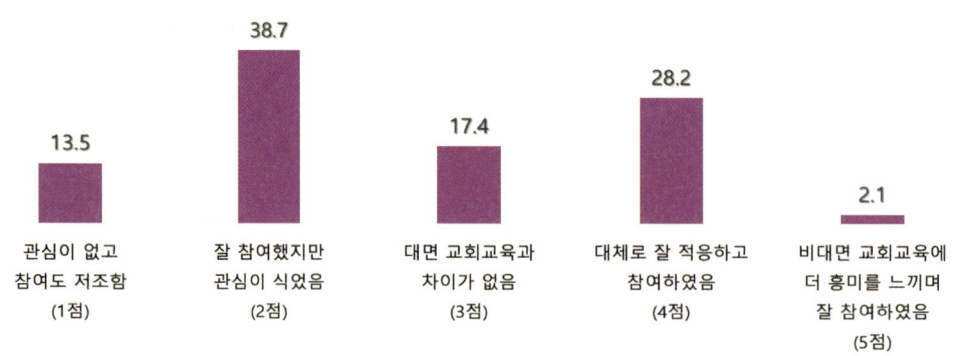

2. 비대면으로 진행한 교회교육 프로그램들에 대한 부모님의 전체적인 만족도는 어떠한가요?

비대면 교회 교육 프로그램에 대한 부모의 전체적인 만족도는 보통 이하의 수준으로 나타났다(전체 평균 2.42). 조금 불만족스러운 부분은 있지만 어느 정도 효과가 있다고 응답한 비율이 절반 정도(44.1%)로 가장 높은 비중을 보였고, 다음으로 대면으로 진행된 교회 교육 프로그램들에 비해 큰 차이가 없다(18.6%), 대단히 불만족하고 빨리 대면 교육이 이루어지기를 원한다(17.7%), 대체로 만족하며 꽤 의미 있는 효과가 있다고 생각한다(17.4%)는 응답이 비슷한 수준으로 나타났다.

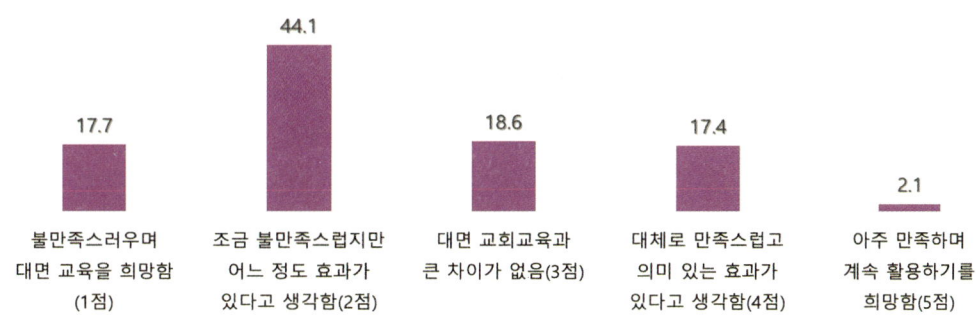

· 교회교육 프로그램에 대한 부모의 전체적인 만족도

3. 자녀들의 비대면 교회교육에 대한 부모님의 더욱 구체적인 만족도를 알아보기 위한 질문입니다. 해당하는 항목을 표시해 주시기 바랍니다.

(1=전혀 그렇지 않다, 2=그렇지 않다, 3=보통이다, 4=그렇다, 5=매우 그렇다)

자녀들의 비대면 교육에 대한 부모의 구체적인 만족도를 살펴보기 위해 9문항을 구성하였다. 각각의 만족도는 모두 보통 이상의 수준으로 나타났는데, 앞의 2번 부모의 전체적인 만족도 결과(2.42)보다 다소 높은 수준이다. 구체적인 만족도의 경우 어떤 요인으로 인해 비교적 긍정적인 응답을 나타내었는지 질문을 갖게 된다. 결과를 보면 자녀들의 예배 끈을 놓치지 않는 데 도움이 되었다(3.44)는 만족도 수준이 가장 높게 나타났고, 교회 교육의 새로운 가능성(3.40), 시간과 장소를 초월한 교육의 장(3.38), 신앙교육의 새롭고 실제적인 통로(3.27)에 대한 만족도가 비슷한 수준에서 높게 나타났다. 비대면 교회 교육에 대한 긍정적인 기대를 살펴볼 수 있다. 다음으로, 관계 형성 및 훈련을 반영하는 신앙 습관 키우기(3.19), 예배 태도의 형성 및 훈련(3.12), 공동체 의식 형성(3.03), 친구들과 교제(3.01)에 대한 만족도는 비교적 낮게 나타나고 있다.

· 교회교육 프로그램에 대한 부모의 만족도(5점 평균 비교)

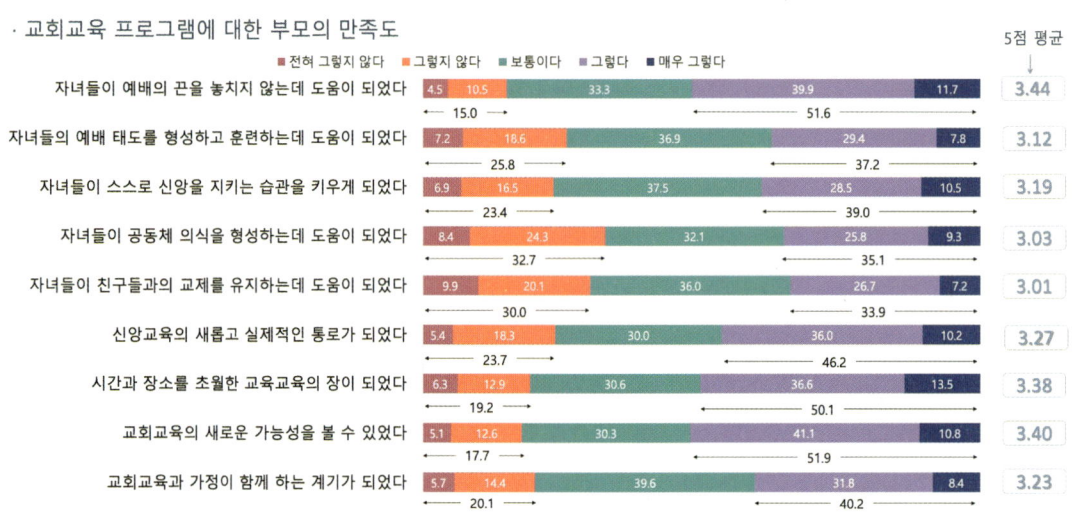

· 교회교육 프로그램에 대한 부모의 만족도

4. 비대면으로 진행된 자녀들의 예배와 교회 교육을 돕기 위해 부모님이 직면했던 어려움은 무엇인가요?

(1=전혀 그렇지 않다, 2=그렇지 않다, 3=보통이다, 4=그렇다, 5=매우 그렇다)

자녀들의 비대면 예배와 교육을 돕기 위해 부모로서 직면했던 어려움을 살펴보기 위해 '소통,' '미디어 활용,' '프로그램 콘텐츠 수준'에 대한 설문을 구성하였다. 전반적으로 미디어 활용에 있어서 비교적 낮은 어려움을 보였고, 소통적인 부분에서 비교적 높은 어려움을 나타내었다. 즉, 가정의 인프라 부족(2.71), 프로그램 사용 안내 부족(2.81), 미디어 기기 활용이 서툶(2.83)이 비교적 낮은 수준으로, 자녀의 교회학교 교역자와 소통(3.07), 자녀의 담임교사와 소통(3.09), 자녀들과 소통(3.18)이 비교적 높은 수준으로 나타났다. 비대면 프로그램의 콘텐츠의 질이 떨어짐(3.02)으로 인한 어려움은 소통과 미디어 활용의 중간 수준으로 나타났다.

· 자녀들의 비대면 예배와 교회교육을 돕는데 직면한 어려움(5점 평균 비교)

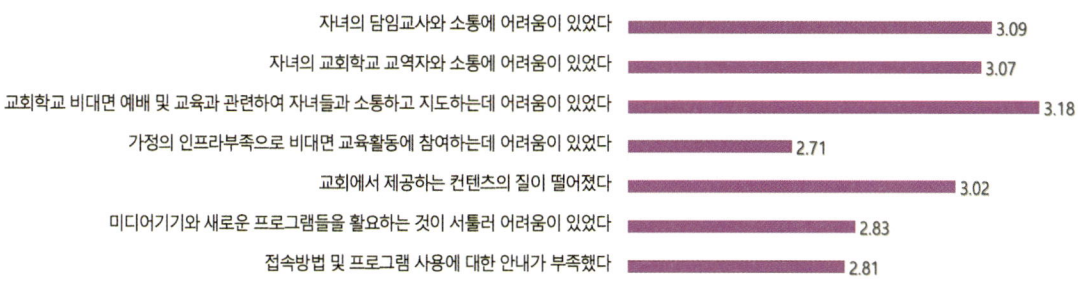

· 자녀들의 비대면 예배와 교회교육을 돕는데 직면한 어려움

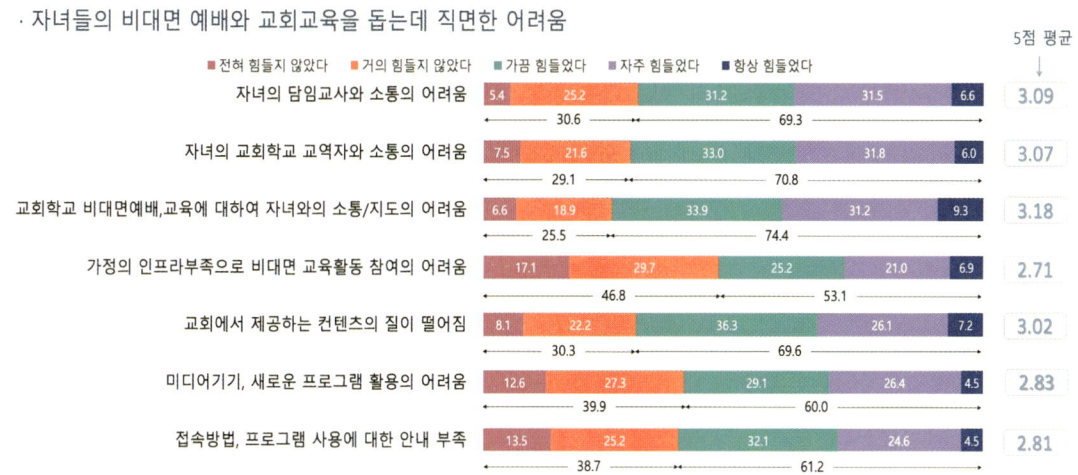

5. 비대면 교회교육이 진행되면서 자녀들의 신앙 성장과 관련하여 가장 걱정되는 부분은 무엇입니까? (복수 응답 가능)

자녀들의 신앙 성장과 관련하여 '공동체,' '훈련,' '관계'에 대한 우려가 크게 나타났다. 통계 결과로는 '공동체 의식이 부족하게 됨(23.8%),' '기도 및 영성 훈련의 부족(17.7%),' '관계의 끈을 놓치게 됨(14.7%),' '예배 태도가 안 좋아짐(14.0%),' '신앙생활 자체에 무관심해짐(11.4%),' '미디어 중독(10.1%),' '인품/성품 교육의 부족(7.9%),' '기타(0.4%)' 순으로 나타났다.

전체		사례 수(명)	비율(%)
		781	100.0
자녀들의 신앙성장과 관련하여 가장 걱정되는 부분 (*복수 응답)	예배 태도가 안 좋아짐	109	14.0
	인성/성품 교육의 부족	62	7.9
	공동체 의식의 부족	186	23.8
	기도/영성 훈련의 부족	138	17.7
	관계의 끈을 놓치게 됨	115	14.7
	미디어 중독	79	10.1
	신앙생활 자체에 무관심해짐	89	11.4
	기타	3	0.4

코로나 이후 전망(3문항)

1. 코로나19 이후 교회학교 교육이 어떻게 이루어질 것이라 예상하십니까?

코로나19 이후, 교회학교 교육 전망의 경우 대면 교육을 위주로 하지만 비대면 교육을 병행한다(56.8%)는 응답이 절반 이상으로 상당히 높게 나타났다. 더불어 비록 근소한 차이이기는 하지만 비대면 교육을 위주로 하면서 대면 교육을 병행한다(21.0%)는 응답이 예전처럼 대면 교육 위주로 운영될 것이다(19.5%)보다 높게 나타난 것이 인상적이다. 이러한 결과는 비대면 교육이 더 이상 대면 교육을 보완하기 위한 대체 수단이 아니라 오히려 대면 교육이 비대면 교육을 돕는 형태로 전환될 가능성을 드러낸다.

전체		사례 수(명)	비율(%)
		333	100.0
코로나19 이후, 교회학교 교육의 전망	예전처럼 대면 교육 위주로 운영됨	65	19.5
	대면 교육을 위주로 하지만 비대면 교육을 병행함	189	56.8
	비대면 교육을 위주로 하지만 대면 교육을 병행함	70	21.0
	비대면 교육만으로 운영함	9	2.7

2. 위의 예상과는 상관없이 부모님은 코로나19 이후에도 (어떠한 형식이든) 비대면 교회 교육이 필요하다고 생각하십니까?

코로나19 이후, 비대면 교회교육의 필요성은 필요하다(85.0%)는 응답이 필요하지 않다(15.0%)에 비해 월등히 높게 나타났다.

전체		사례 수(명)	비율(%)
		333	100.0
코로나19 이후, 비대면 교육의 필요성	필요하다	283	85.0
	필요하지 않다	50	15.0

3. 코로나19 이후에도 비대면 교회교육이 필요하다면 가장 우선하여 필요한 지원은 무엇이라고 생각하십니까? (복수 응답 가능)

코로나19 이후, 비대면 교회교육을 위해 가장 필요한 지원의 경우, 우선하여 교회의 역할에 기대가 높게 나타났다. '양질의 교육 미디어 콘텐츠(23.5%),' '미디어 활용 능력과 신학적 기초를 함께 갖추고 있는 사역자(18.5%),' '교회학교 교사들의 미디어 활용 능력을 높이기 위한 교육(17.5%),' '교회의 지원과 관심(16.1%),' 순으로 응답하였는데, 각 항목은 콘텐츠, 사역자, 교사, 교회의 지원에 대한 기대를 나타낸다. 다음으로 '교회와 가정과의 소통(15.9%),' '부모를 위한 미디어 교육(8.3%),' '기타(0.1%)' 순으로 응답하였는데, 가정과 부모의 역할에 대한 지원은 상대적으로 우선순위에서 밀려나 있다고 하겠다.

전체		사례 수(명)	비율(%)
		816	100.0
코로나19 이후 비대면 교회교육이 필요하다면 가장 필요한 지원 (*복수 응답)	교회의 지원과 관심	131	16.1
	미디어 활용 능력과 신학적 기초를 함께 갖추고 있는 사역자	151	18.5
	양질의 교육 미디어 콘텐츠	192	23.5
	교회학교 교사들의 미디어 활용 능력을 높이기 위한 교육 프로그램	143	17.5
	교회와 가정과의 소통	130	15.9
	부모들을 위한 미디어 교육	68	8.3
	기타	1	0.1

〈부모 설문 문항〉 교차분석

1. 부모의 미디어 능력 * 부모의 비대면 교회교육 프로그램 만족도

		사례 수(명)	평균
		327	2.42
부모 미디어 능력 * 비대면 교회 교육에 대한 부모들의 만족도	약간 못함	24	2.25
	보통 수준	103	2.21
	조금 잘함	120	2.55
	매우 잘함	80	2.54
ANOVA		제곱합	자유도	평균제곱	F	유의확률
	집단-간	8.214	3	2.738	2.591	0.053
	집단-내	341.388	323	1.057		
	전체	349.602	326			

부모의 미디어 능력에 따라 부모의 비대면 교회교육 프로그램 만족도 평균이 유의미한 차이를 보이는지 검증하고자 일원 배치 분산분석(One-way ANOVA)을 실시하였다. 전체 응답자 중 '매우 못함'으로 응답한 부모의 수(N=6)가 너무 적어, '매우 못함' 응답을 제하고 분석했는데, 그 결과 부모의 만족도는 통계상 유의미한 차이를 나타내지 않았다(p=0.053). 그런데도, 부모의 미디어 능력 수준이 '조금 잘함(2.55)', '매우 잘함(2.54)'일 경우 부모 만족도의 평균(2.42)보다 높은 만족도를 나타냈고, '약간 못함(2.25),' '보통 수준(2.21)'의 경우 평균보다 낮은 만족도를 나타냈는데, 이는 부모의 미디어 능력이 높아짐에 따라 부모의 만족도가 높은 것 같다.

2. 부모의 미디어 능력 * 자녀의 비대면 교회교육 프로그램 만족도

		사례 수(명)	평균
		327	2.68
부모 미디어 능력 * 비대면 교회 교육에 대한 자녀의 만족도	약간 못함	24	2.63
	보통 수준	103	2.45
	조금 잘함	120	2.71
	매우 잘함	80	2.96
ANOVA		제곱합	자유도	평균제곱	F	유의확률
	집단-간	12.163	3	4.054	3.494	0.016
	집단-내	374.760	323	1.160		
	전체	386.924	326			

부모의 미디어 능력에 따라 자녀의 비대면 교회교육 프로그램 만족도 평균이 유의미한 차이를 보이는지 검증하고자 일원배치 분산분석(One-way ANOVA)을 실시하였다. 전체 응답자 중 '매우 못함'으로 응답한 부모들의 수(N=6)가 너무 적어, '매우 못함' 응답을 제하고 분석했는데, 그 결과 자녀의 만족도는 통계상 유의미한 차이를 확인하였다(p=0.016). 즉, 부모의 미디어 능력 수준이 '조금 잘함(2.71)', '매우 잘함(2.96)'일 경우 자녀 만족도의 평균(2.68)보다 높은 만족도를 나타냈고, '약간 못함(2.63),' '보통 수준(2.45)'의 경우 평균보다 낮은 만족도를 나타냈는데, 이는 부모의 미디어 능력이 높아짐에 따라 자녀의 만족도가 높은 그것 같다.

3. 교육부서 담당자의 미디어 능력 * 부모의 비대면 교회교육 프로그램 만족도

		사례 수(명)	평균
		219	2.46
교육부서 담당 사역자의 미디어 능력 * 비대면 교회 교육에 대한 부모의 만족도	약간 못함	11	2.18
	보통 수준	57	2.16
	조금 잘함	93	2.71
	매우 잘함	58	2.40

ANOVA		제곱합	자유도	평균제곱	F	유의확률
	집단-간	12.082	3	4.027	3.574	0.015
	집단-내	242.256	215	1.127		
	전체	254.338	218			

　교육부서담당자의 미디어 능력에 따라 부모의 비대면 교회교육 프로그램 만족도 평균이 유의미한 차이를 보이는지 검증하고자 일원 배치 분산분석(One-way ANOVA)을 실시하였다. 전체 응답자 중 '매우 못함'으로 응답한 부모들의 수(N=1)가 너무 적어, '매우 못함' 응답을 제하고 분석했는데, 그 결과 부모의 만족도는 통계상 유의미한 차이를 확인하였다(p=0.015). 즉, 교육부서 담당자의 미디어 능력 수준이 '조금 잘함(2.71)', '매우 잘함(2.40)'일 경우, '약간 못함(2.18),' '보통 수준(2.16)'보다 부모의 만족도가 높게 나타났는데, 이는 교육부서 담당자의 미디어 능력이 높아짐에 따라 부모의 만족도가 높은 그것 같다.

4. 교육부서 담당자의 미디어 능력 * 자녀의 비대면 교회교육 프로그램 만족도

		사례 수(명)			평균
		219			2.83
교육부서 담당 사역자의 미디어 능력 * 비대면 교회 교육에 대한 자녀의 만족도	약간 못함	11			2.73
	보통 수준	57			2.44
	조금 잘함	93			3.06
	매우 잘함	58			2.84
ANOVA		제곱합	자유도	평균제곱	F	유의확률
	집단-간	13.973	3	4.658	4.114	0.007
	집단-내	243.433	215	1.132		
	전체	257.406	218			

교육부서 담당자의 미디어 능력에 따라 자녀의 비대면 교회교육 프로그램 만족도 평균이 유의미한 차이를 보이는지 검증하고자 일원 배치 분산분석(One-way ANOVA)을 실시하였다. 전체 응답자 중 '매우 못함'으로 응답한 부모의 수(N=1)가 너무 적어, '매우 못함' 응답을 제하고 분석했는데, 그 결과 자녀의 만족도는 통계상 유의미한 차이를 확인하였다(p=0.007). 즉, 교육부서 담당자의 미디어 능력 수준이 '조금 잘함(3.06)', '매우 잘함(2.84)'일 경우 자녀 만족도의 평균(2.83)보다 높은 만족도를 나타냈고, '약간 못함(2.73),' '보통 수준(2.44)'의 경우 평균보다 낮은 만족도를 나타냈는데, 이는 교육부서 담당자의 미디어 능력이 높아짐에 따라 자녀의 만족도가 높은 그것 같다.

5. 부모의 맞벌이 유무 * 부모의 비대면 교회교육 프로그램 만족도

		사례 수(명)	평균
		326	2.40
맞벌이 유무 * 비대면 교회 교육에 대한 부모의 만족도	외벌이	136	2.23
	맞벌이	190	2.52
ANOVA		제곱합	자유도	평균제곱	F	유의확률
	집단-간	6.810	1	6.810	6.659	0.010
	집단-내	331.350	324	1.023		
	전체	338.160	325			

부모의 맞벌이 유무에 따라 부모의 비대면 교회교육 프로그램 만족도 평균이 유의미한 차이를 보이는지 검증하고자 일원 배치 분산분석(One-way ANOVA)을 실시하였다. 그 결과 부모의 만족도는 통계상 유의미한 차이를 확인하였는데($p=0.01$), 맞벌이 부모(2.52)가 외벌이 부모(2.23)보다 높은 부모 만족도를 나타내었다.

6. 부모의 맞벌이 유무 * 자녀의 비대면 교회교육 프로그램 만족도

		사례 수(명)	평균
		326	2.65
맞벌이 유무 * 비대면 교회 교육에 대한 자녀의 만족도	외벌이	136	2.57
	맞벌이	190	2.72
ANOVA		제곱합	자유도	평균제곱	F	유의확률
	집단-간	1.774	1	1.774	1.521	0.218
	집단-내	378.057	324	1.167		
	전체	379.831	325			

부모의 맞벌이 유무에 따라 자녀의 비대면 교회교육 프로그램 만족도 평균이 유의미한 차

이를 보이는지 검증하고자 일원 배치 분산분석(One-way ANOVA)을 실시하였다. 그 결과 자녀의 만족도는 통계상 유의미한 차이를 나타내지 않았다(p=0.218). 그런데도, 맞벌이 부모(2.72)가 외벌이 부모(2.57)보다 높은 자녀 만족도를 나타내었다.

7. 부모의 직분 * 부모의 비대면 교회교육 프로그램 만족도

		사례 수(명)	평균
		333	2.42
부모의 직분 * 비대면 교회 교육에 대한 부모의 만족도	일반 성도	152	2.43
	서리 집사	109	2.51
	안수 집사, 권사, 장로	48	2.23
	목회자	24	2.29

ANOVA		제곱합	자유도	평균제곱	F	유의확률
	집단-간	3.132	3	1.044	0.970	0.407
	집단-내	354.009	329	1.076		
	전체	357.141	332			

부모의 직분에 따라 부모의 비대면 교회교육 프로그램 만족도 평균이 유의미한 차이를 보이는지 검증하고자 일원 배치 분산분석(One-way ANOVA)을 실시하였다. 그 결과 부모의 만족도는 통계상 유의미한 차이를 나타내지 않았다(p=0.407). 그런데도, 일반성도(2.43), 서리집사(2.51)의 경우, 부모 만족도의 평균(2.42)보다 높은 만족도를 나타내었고, 안수집사, 권사, 장로(2.23), 목회자(2.29)의 경우, 평균보다 낮은 만족도를 나타내었다.

8. 부모의 직분 * 자녀의 비대면 교회교육 프로그램 만족도

		사례 수(명)			평균
		333			2.67
부모의 직분 * 비대면 교회 교육에 대한 자녀의 만족도	일반 성도	152			2.43
	서리 집사	109			2.93
	안수 집사, 권사, 장로	48			2.67
	목회자	24			2.96
ANOVA		제곱합	자유도	평균제곱	F	유의확률
	집단-간	17.620	3	5.873	5.134	0.002
	집단-내	376.380	329	1.144		
	전체	394.000	332			

부모의 직분에 따라 자녀의 비대면 교회교육 프로그램 만족도 평균이 유의미한 차이를 보이는지 검증하고자 일원 배치 분산분석(One-way ANOVA)을 실시하였다. 그 결과 자녀의 만족도는 통계상 유의미한 차이를 나타내었다(p=0.002). 즉, 일반 성도(2.43)의 경우 유일하게 자녀 만족도의 평균(2.67)보다 낮은 만족도를 나타내었고, 목회자(2.96), 서리 집사(2.93), 안수집사, 권사, 장로(2.67)의 경우 평균 이상의 만족도를 나타내었다. 다만, 목회자 부모의 자녀 만족도가 다른 부모 집단의 자녀 만족도에 비해 비교적 높게 나타난 것은 목회자 가정에서 예배 참여는 대부분 필수적이라는 점이 반영된 결과일 수 있다는 추측이 가능하다.

9장.

연구결과 (전체 설문 문항)

9장

연구 결과 (전체 설문 문항)

이수인

본 연구에서 연구자들은 교역자, 교사, 부모의 세 그룹으로 나누어 각각 설문 조사를 시행했다. 그런데 조금 더 큰 그림을 그리기 위해 몇 개의 문항들은 공통 문항으로 만들어 세 그룹 모두 응답하기로 했다. 전체 응답자 수는 1,000명이고, 아래의 내용이 그 결과이다.

[기본정보] 문항 비교

8. 평상시 미디어를 사용하는 시간은 얼마나 되십니까? (전체)

평소 하루에 미디어를 얼마나 사용하는지 물었을 때 1~3시간(54.0%)이라 대답한 사람들이 제일 많았다. 그다음으로는 3~5시간(24.4%) 사용한다는 응답과, 5시간 이상(11.8%) 사용한다는 응답이 많았다.

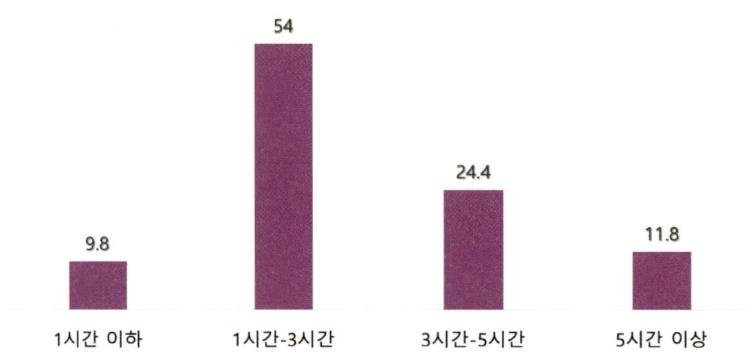

· 미디어 사용시간 (N=1,000 교역자·교사·부모, 단위: %)

9. 미디어를 읽고 쓰는 능력(컴퓨터, 스마트폰 등을 이용해서 필요한 정보를 찾고 활용하는 능력)이 어느 정도 수준이라고 생각하십니까? (전체)

자신의 미디어 리터러시 능력을 질문했을 때 응답자들은 '조금 잘함'(38.7%)이라고 가장 많이 응답하였다. 그다음으로 많은 응답은 '보통 수준'(33.6%)이었고, '매우 잘함'도 20.5%나 되었다. 즉 대체로 보통 이상 수준이라고 자신을 진단한 사람이 92.8%였다(Likert 5점 척도로 계산했을 때 전체적인 평균값은 3.71).

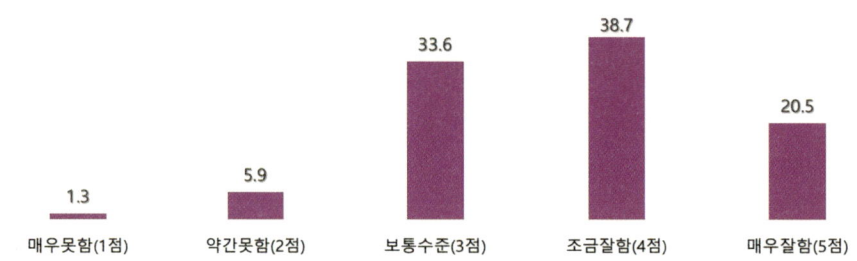

· 본인의 미디어 능력(N=1,000 교역자·교사·부모, 단위:%)

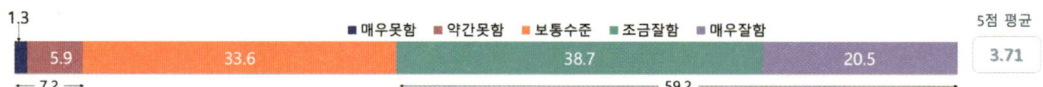

· 본인의 미디어 능력(N=1,000 교역자·교사·부모, 단위: %)

10. 선생님이 섬기는/자녀가 소속된 교육부서에 담당 사역자가 있습니까?(교사/부모)

자신이 섬기는 부서나 자녀가 소속된 부서에 담당 사역자가 있는지를 물었을 때 응답자 중 73.9%는 담당 사역자가 있다고 응답했고, 23.5%는 없다고 응답했다. 거의 1/4에 달하는 교회가 교회 내에서 미디어 사역을 전담하는 사역자가 없이 그동안 비대면 교회교육을 해 왔음을 알 수 있었다.

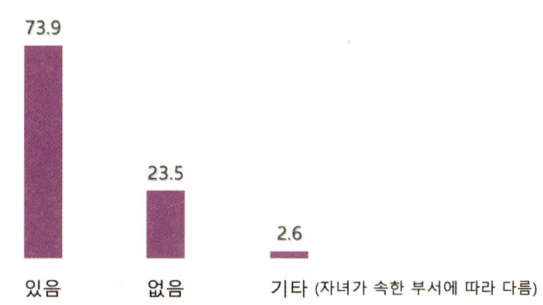

· 교육부서 내 담당 사역자의 여부 (N=697 교사·부모, 단위: %)

11. (10번에 '예'라고 대답하신 선생님/부모님들만 응답) 선생님이 속한 교육부서의 담당 사역자는 미디어를 읽고 쓰는 능력(컴퓨터, 스마트폰 등을 이용해서 필요한 정보를 찾고 활용하는 능력)이 어느 정도 수준이라고 생각하십니까?(교사/부모)

이전 문항에서 교회 내에 미디어 담당 사역자가 있다고 응답한 사람들에게, 그 미디어 담당 사역자의 미디어 리터러시 능력이 얼마나 되는지 질문했다. 응답자 중 39.3%가 '조금 잘함'이라고 응답했고, '매우 잘함'이라는 응답도 28.7%나 되었다. 평균으로 계산해 봐도(5점 척도) 담당 사역자의 능력은 3.91로 어느 정도 잘하는 수준으로 평가하고 있었다.

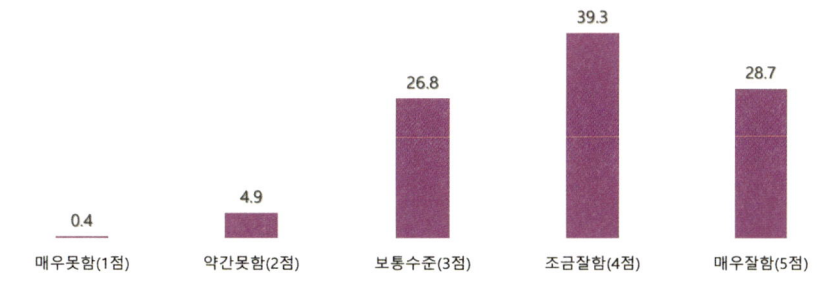

· 교육부서 담당 사역자의 미디어 능력 (N=697 교사·부모, 단위:%)

[코로나19로 인한 변화] 문항 비교

1. 코로나19 이후 예배는 어떻게 드리고 있습니까? (전체)

코로나19 이후 예배를 어떻게 드리고 있는지 확인해 보니 전체 응답자(N=1000) 중 56.4%가 온라인과 현장 예배를 병행하고 있었다. 그리고 온라인 예배로만 드리는 교회도 28.9%로 나타나 어떤 형식으로든 온라인 예배를 하는 교회가 85.3%나 되었다. 반면 현장 예배로만 예배를 드리고 있는 교회는 9.0%로 나타났고, 여러 가지 사정 때문에 부서 예배를 따로 드리지 못하고 있는 교회도 5.7%나 되었다.

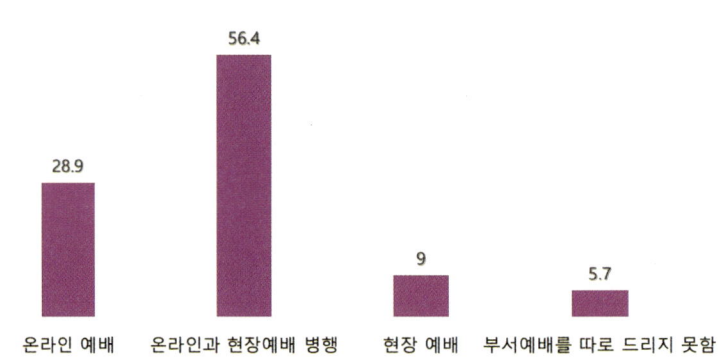

· 코로나 19 이후 예배의 형태(N=1,000 교역자·교사·부모, 단위: %)

2. 코로나19 이후 예배 참석인원에는 어떤 변화가 있나요? (교역자/교사)

그렇다면 코로나19 이후 예배 참석인원에는 어떤 변화가 있었을까? 이번 문항은 교역자와 교사들만 응답했는데(N=667), 가장 많은 응답은 예배 참석인원이 '어느 정도 줄었다.'(43.5%)라는 것이었다. 그리고 그다음으로는 '많이 줄었다.'(37.3%)로 나타나 전체적으로 예배 참석인원이 줄어든 비율은 80.8%였다. 즉 전체 교회의 80% 정도가 코로나19 이후 예배 참석인원이 줄어든 것으로 나타났다. 그리고 어느 정도든 늘어난 비율은 3.3%밖에 되지 않아 실제로 코로나19가 교회학교 예배 참석인원에 아주 부정적인 영향을 미쳤음을 알 수 있었다.

· 코로나 19 이후, 예배 참석 인원의 변화(N=667, 교역자·교사, 단위: %)

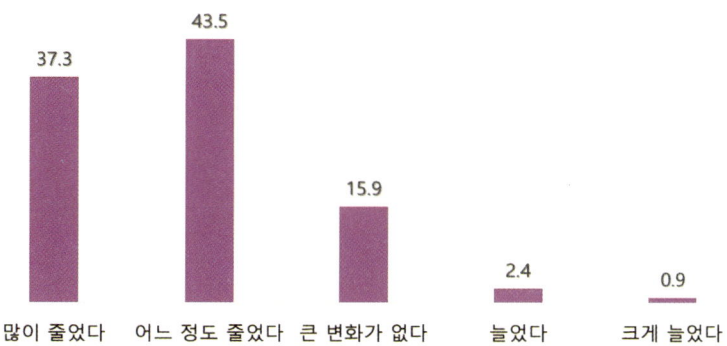

3. (온라인 예배를 드리는 교회만) 온라인 예배를 드릴 때 사용하는 매체는 어떠한 것입니까? (교역자/교사만 복수 응답)

다음으로는 온라인 예배를 드리는 교회들이 어떤 매체를 사용하는지 확인해 보았는데, 응답 결과 유튜브(41.9%), 줌(21.1%), 교회 홈페이지(20.3%), 네이버 밴드(6.6%), 카카오톡 라이브(5.1%) 순으로 나타났다.

· 온라인 예배 시, 사용하는 매체(N=1,003 교역자·교사 *복수응답, 단위: %)

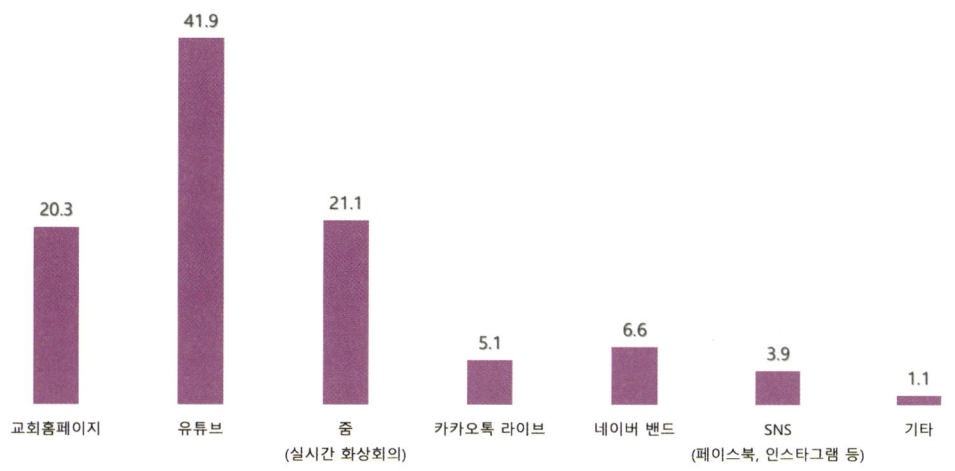

4. 코로나19 이후 비대면 교회학교 교육은 어떻게 진행되고 있습니까? (교역자/교사)

(1=전혀 하지 않음. 2=거의 하지 않음. 3=가끔 하고 있음. 4=꽤 자주 하고 있음. 5=매주(항상) 하고 있음)

코로나19 이후 비대면 교회학교 교육을 어떻게 진행하고 있는지 확인하기 위해 8가지 카테고리로 나누어 각각의 예배와 프로그램을 어떻게 진행하고 있는지 질문하고 Likert 5점 척도로 응답하게 하였다. 그 결과 가장 많이 응답한 항목은 '예배(온라인 예배)'(3.81)였다. 그 다음으로 높은 항목은 '비대면 소그룹 모임(온라인 분반 공부/성경 공부)'(2.84)이었는데, 가장 높은 응답을 기록한 '예배' 항목과는 거의 1점 정도의 차이가 나타났다. 그 외의 항목들은 대체로 2.6~2.7점을 기록했는데, 전체적으로 봤을 때 '예배(온라인 예배)'에 집중하고 다른 비대면 교회교육 프로그램은 그렇게 많이 진행하지 못했음을 알 수 있다.

· 코로나 19 이후 비대면 교회학교 교육 현황 (5점 평균 비교)

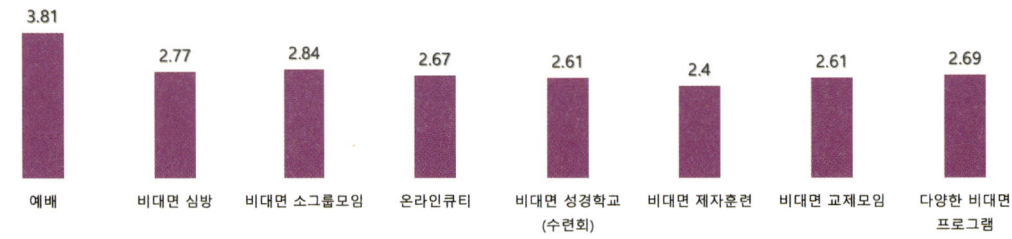

· 코로나 19 이후 비대면 교회학교 교육 현황 (N=667 교역자·교사, 단위: %)

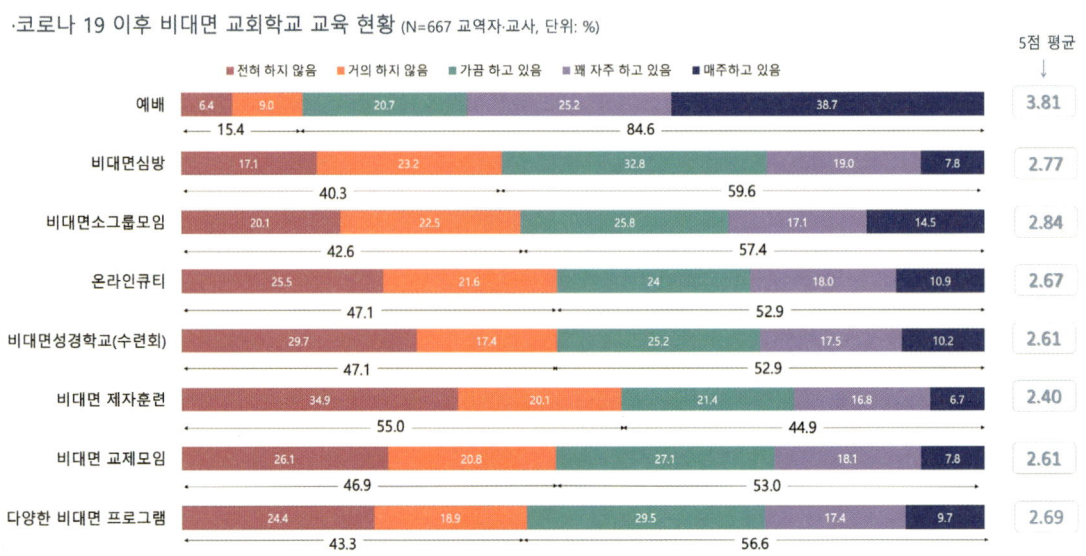

우선 온라인 예배의 경우 '매주(항상)하고 있음'이 가장 많은 응답(38.7%)을 기록해 그래도 예배의 끈을 놓치지 않기 위해 노력하고 있음을 알 수 있었다.

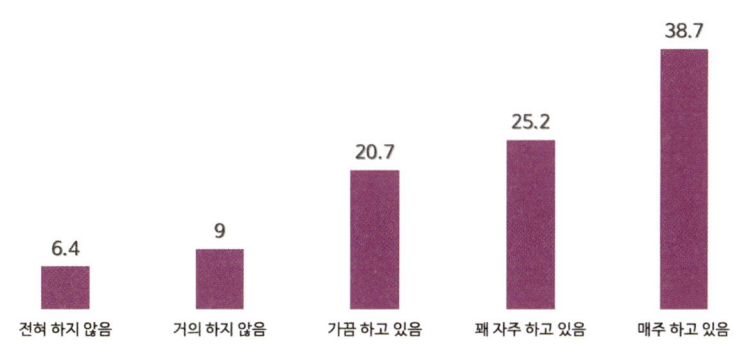

· 코로나 19 이후, 비대면 교회학교 교육 어려운 점 (N=667, 교역자·교사, 단위: %)
[예배(온라인 예배)]

비대면 심방 같은 경우 '가끔 하고 있음'(32.8%)이 가장 많았다. 그런데 '전혀 하지 않음'과 '거의 하지 않음'이 40.3%나 되어, '꽤 자주 하고 있음'과 '매주(항상) 하고 있음'을 합친 수치(26.8%)보다 훨씬 높았다.

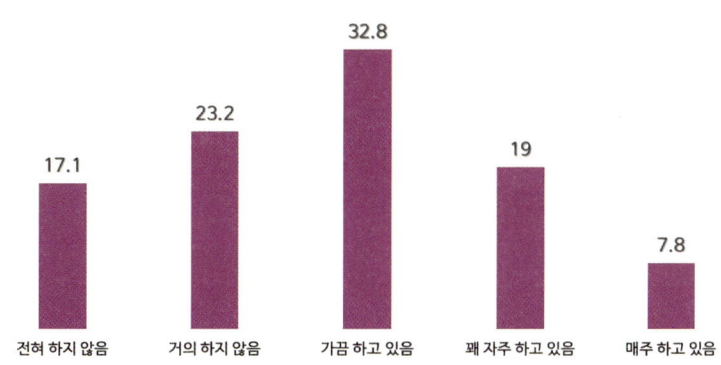

· 코로나 19 이후, 비대면 교회학교 교육 어려운 점 (N=667, 교역자·교사, 단위: %)
[비대면 심방]

비대면 소그룹 모임(온라인 분반 공부/성경 공부) 역시 '가끔 하고 있음'(25.8%)이 가장 많았다. 그런데 '전혀 하지 않음'과 '거의 하지 않음'이 42.6%나 되어, '꽤 자주 하고 있음'과 '매주(항상) 하고 있음'을 합친 수치(31.6%)보다 높게 나타났다.

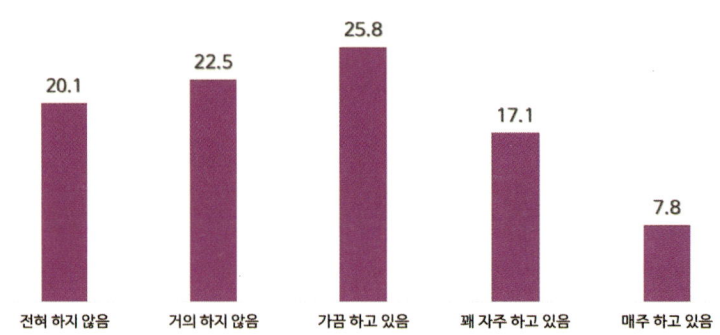

· 코로나 19 이후, 비대면 교회학교 교육 어려운 점 (N=667, 교역자·교사, 단위: %)
[비대면 소그룹 모임(온라인 분반공부/성경공부)]

온라인으로 함께 큐티를 하거나 큐티 나눔 모임을 하는지 물었을 때 응답자들은 '전혀 하지 않음'(25.5%)을 가장 많이 선택했다. 그리고 '거의 하지 않음'이 21.6%나 되어, '꽤 자주 하고 있음'과 '매주(항상) 하고 있음'을 선택한 응답자들(28.9%)보다 '전혀 하지 않음'과 '거의 하지 않음'을 선택한 응답자들(47.1%) 훨씬 많았다.

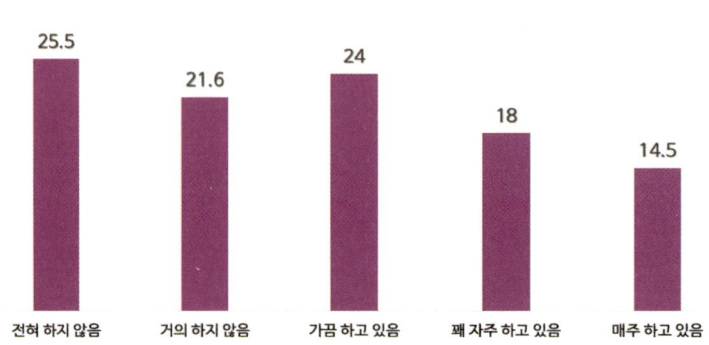

· 코로나 19 이후, 비대면 교회학교 교육 어려운 점 (N=667, 교역자·교사, 단위: %)
[온라인 큐티]

성경학교나 수련회는 이번 코로나19 때문에 직격탄을 맞지 않았겠냐고 예측한 항목이었다. 그런데 의외로 비대면으로 전환하여 성경학교와 수련회를 진행한 교회들이 꽤 되었다. '가끔 하고 있다.'라는 응답(25.2%)을 포함해 '꽤 자주 하고 있음'과 '매주(항상) 하고 있음'을 합한 응답은 52.9%로 나타났다. 물론 47.1%는 '전혀 하지 않음'과 '거의 하지 않음'을 선택하여, 아무래도 코로나19 때문에 정상적인 수련회나 성경학교를 하기 어렵다 보니 비대면으로도 제대로 진행되지 못한 교회들이 많았음을 알 수 있었다.

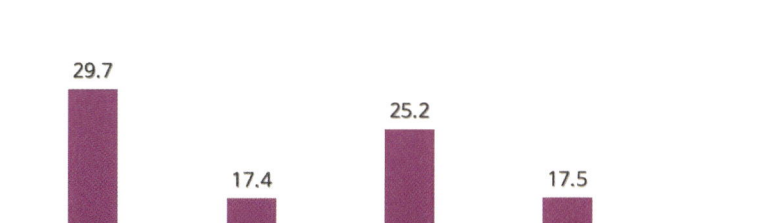

· 코로나 19 이후, 비대면 교회학교 교육 어려운 점 (N=667, 교역자·교사, 단위: %)
[비대면 성경학교/수련회]

온라인을 통해 제자훈련을 하는 비대면 제자훈련 프로그램을 진행하고 있는지 물었을 때 34.9%가 전혀 하지 않는다고 응답했고, 거의 하지 않는다고 응답한 사람도 20.1%나 되었다.

반면에 '꽤 자주 하고 있음'과 '매주(항상)하고 있음'이라고 응답한 비율은 23.5%에 불과해, 아무래도 깊이 있는 훈련과 교제가 필요한 제자훈련의 특성상 온라인으로 진행되는 비대면 제자훈련을 시도하는 교회는 많지 않았다.

· 코로나 19 이후, 비대면 교회학교 교육 어려운 점(N=667, 교역자·교사, 단위: %)
[비대면 제자훈련]

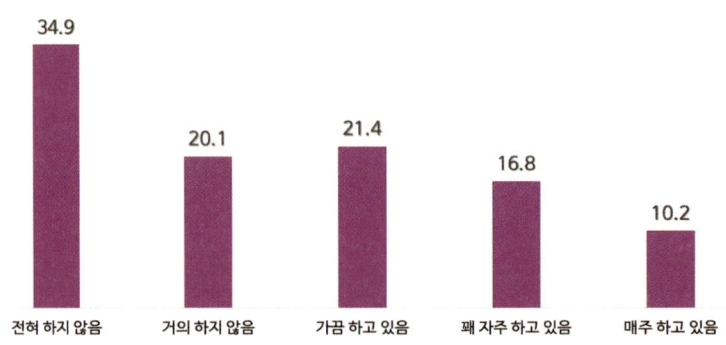

비대면 교제 모임을 하고 있는지 물었을 때 가장 많은 응답자가 가끔 하고 있다(27.1%)고 응답했다. 그런데 '전혀 하지 않음'과 '거의 하지 않음'이 46.9%나 되어 '꽤 자주 하고 있음'과 '매주(항상) 하고 있음'을 합친 수치(25.9%)보다 높게 나타났다.

· 코로나 19 이후, 비대면 교회학교 교육 어려운 점(N=667, 교역자·교사, 단위: %)
[비대면 교제 모임]

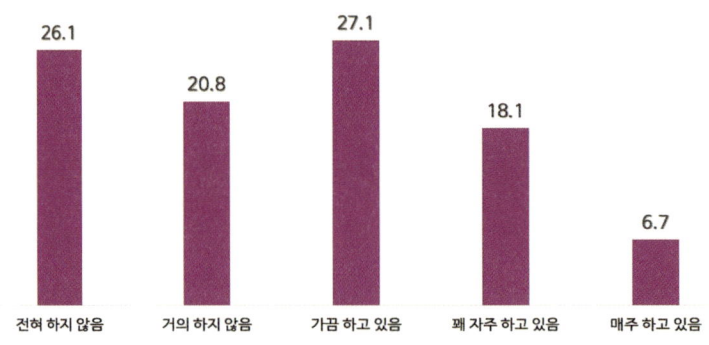

다양한 비대면 프로그램(성경 퀴즈, 성경 필사, 성경 암송 등)의 경우 가끔 하고 있다(29.5%)라는 응답이 가장 많았다. 아무래도 정기 프로그램보다는 특별 프로그램으로 진행할 수 있는 프로그램의 특성상 한 달에 1번, 혹은 분기별로 1번 이렇게 진행하는 것이 아닌가 생

각하였다. 그런데 이번 문항에서도 '전혀 하지 않음'과 '거의 하지 않음'이 43.3%나 되어, '꽤 자주 하고 있음'과 '매주(항상) 하고 있음'을 합친 수치(27.1%)보다 높게 나타났다.

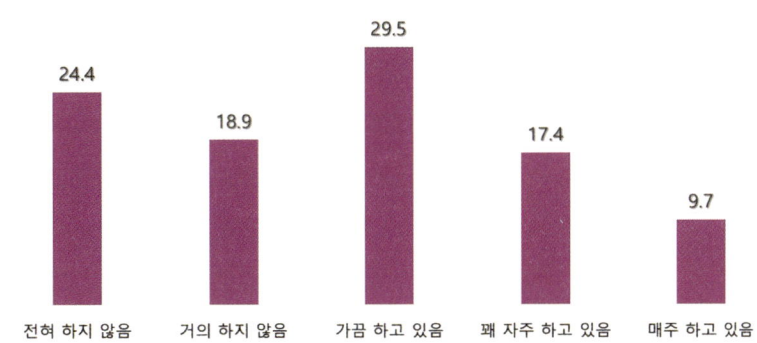

· 코로나 19 이후, 비대면 교회학교 교육현황(N=667, 교역자·교사, 단위: %)
[다양한 비대면 프로그램(성경퀴즈, 성경필사, 성경암송 등)]

5. 코로나19 이후 비대면 교회학교 교육을 진행할 때 아래의 내용과 관련하여 얼마나 힘들었습니까? (교역자/교사만)

(1=전혀 힘들지 않음. 2=거의 힘들지 않음. 3=가끔 힘들었다. 4=자주 힘들었다. 5=항상 힘들었다)

· 코로나19 이후 비대면 교회학교 교육 어려운 점 (5점 평균 비교)

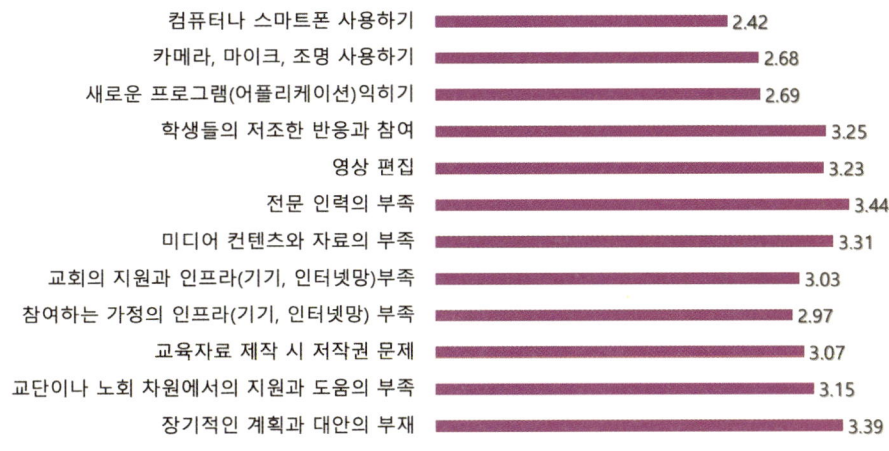

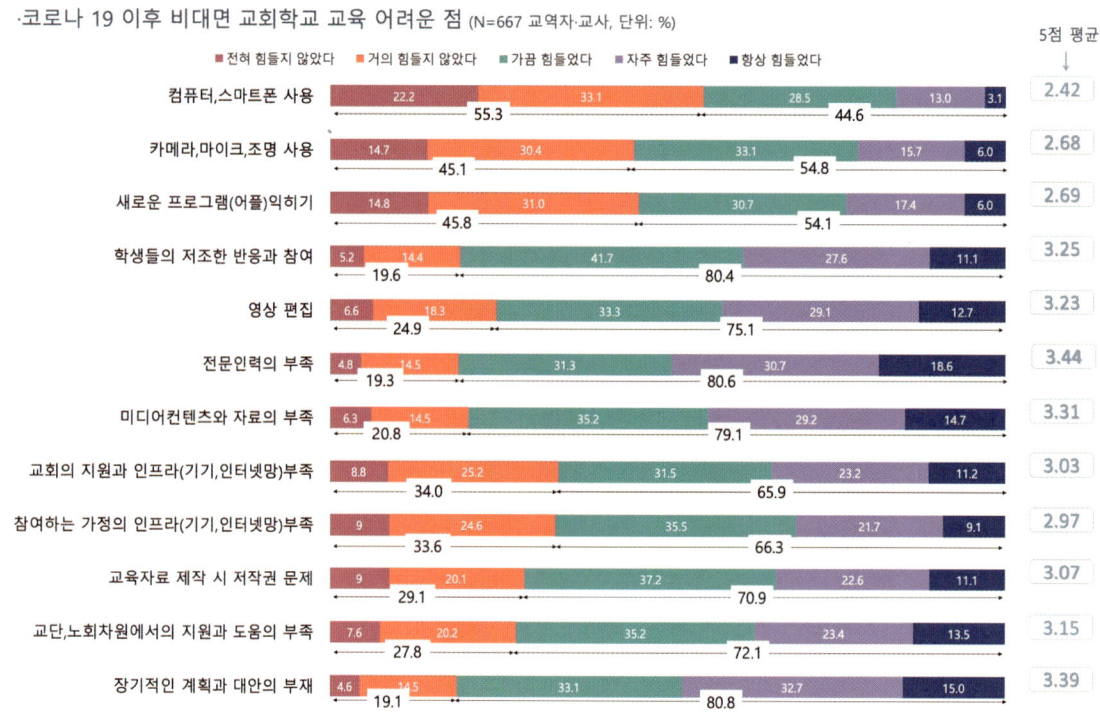

교역자와 교사들에게 코로나19 이후 비대면 교회교육을 진행할 때 어떤 어려운 점이 있었는지 질문하기 위해 총 12항목으로 나누어 각각의 항목에 어려움을 느꼈는지 Likert 5점 척도로 응답하게 하였다. 그 결과 가장 아주 어려웠다고 응답한 항목은 '전문 인력의 부족'(3.44)이었고, 그다음으로는 '장기적인 계획과 대안의 부재'(3.39)였다. 아마 갑자기 시작된 코로나 팬데믹의 영향으로 아무 준비 없이, 그리고 어떠한 장기적인 계획이나 대안 없이 비대면 교회교육을 시행하게 되었기 때문에 이런 어려움들이 가장 크다고 응답한 것이 아닌가 여겨진다. 그다음으로는 '미디어 콘텐츠와 자료의 부족'(3.31)과 '학생들의 저조한 반응과 참여'(3.25)가 어려웠다고 응답하였다. 항목별 응답한 결과는 아래와 같다.

컴퓨터나 스마트폰을 사용하는 것은 '거의 힘들지 않음'(33.1%)이 가장 많은 응답을 차지했고, 그다음으로는 '가끔 힘들었다'(28.5%)였다. 그래도 컴퓨터와 스마트폰은 평소에 사용을 많이 해서 그런지 몰라도 거의 힘들지 않거나 전혀 힘들지 않았다고 응답한 비율이 55.3%나 되었고, 전체 평균도 가장 낮았다(2.42).

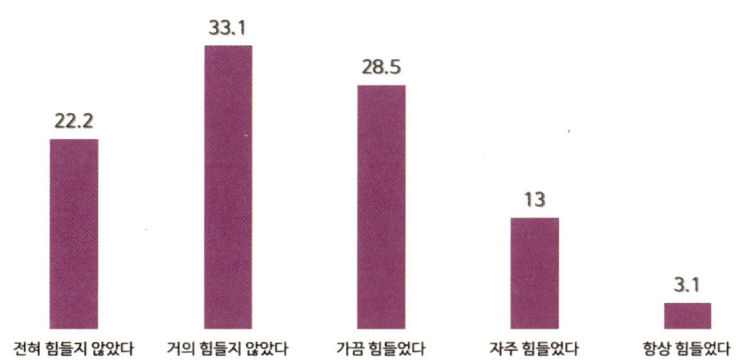

카메라와 조명 사용에 대한 어려움을 질문하자 가끔 힘들다고 응답한 비율이 33.1%였고 그다음으로는 '거의 힘들지 않음'(30.4%)이었다. 그래도 어느 정도든 힘들다고 응답한 비율이 54.8%로 절반 이상이 어느 정도 어려움을 느꼈다고 응답했다.

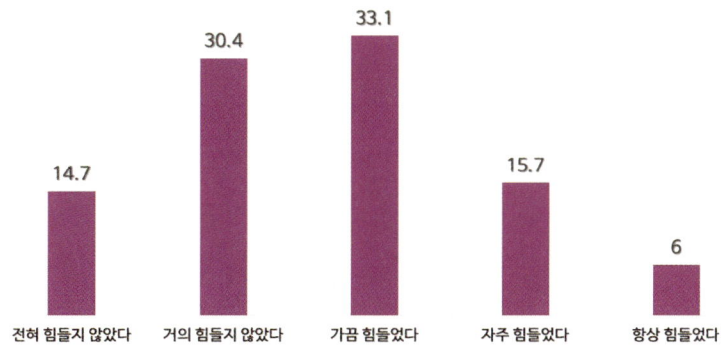

이번 코로나19 이후 많은 교회 사역자들과 교사들이 비대면 교회교육을 위해 새로운 프로그램(어플리케이션)을 익혀야 했는데 그때 느꼈던 어려움을 질문하자, 거의 힘들지 않았다고 응답한 비율이 31.0%로 가장 높게 나타났다. 그러나 가끔 힘들다는 응답(30.7%)도 상당히

높은 편이었고, 절반이 넘는 54.1%의 응답자가 어려움을 느꼈다고 대답했다.

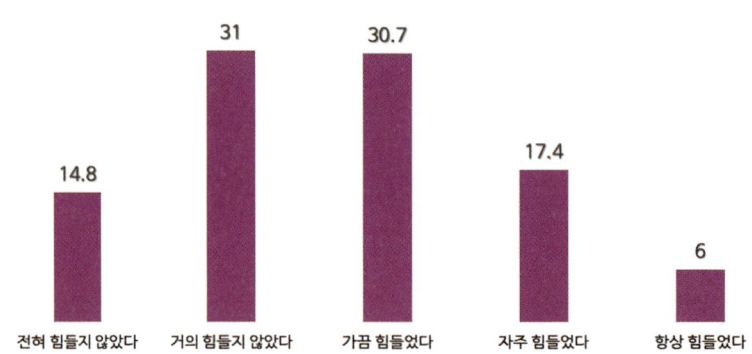

· 코로나 19 이후, 비대면 교회학교 교육 어려운 점(N=667, 교역자·교사, 단위: %)
[새로운 프로그램(어플리케이션) 익히기]

'학생들의 저조한 반응과 참여'는 교역자들과 교사들이 느꼈던 가장 큰 어려움 중 하나였다. 그 결과가 세부 응답에 그대로 반영이 되어 있었다. '가끔 힘들었다'라고 응답한 비율이 41.7%로 가장 많은 응답을 차지했고, '가끔 힘들었다'와 '자주 힘들었다'(27.6%), 그리고 '항상 힘들었다'(11.1%)를 합한 수치는 80.4%나 되어 대부분 교사와 교역자들이 온라인에서 학생들의 소극적인 반응과 참여 때문에 힘들어했음을 알 수 있었다.

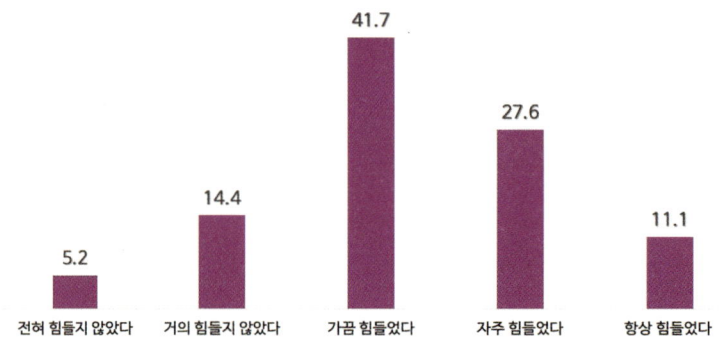

· 코로나 19 이후, 비대면 교회학교 교육 어려운 점(N=667, 교역자·교사, 단위: %)
[학생들의 저조한 반응과 참여]

'영상 편집'도 교역자들과 교사들이 느꼈던 어려움 중 하나였다. 예배 영상을 비롯한 교육을 위한 다양한 영상을 편집하는 것은 비대면 상황에서 진행된 교회교육을 위해 거의 필수적인 사역이 되었다. 이에 대한 어려움을 질문했을 때 '가끔 힘들었다.'(33.3%)가 가장 많은 응답 수를 기록했고, '자주 힘들었다.'(29.1%)와 '항상 힘들었다.'(12.7%)까지 포함하면 75.1%, 즉 3/4이나 되는 교사와 교역자들이 영상을 편집하는 데 어려움을 겪은 것으로 나타났다.

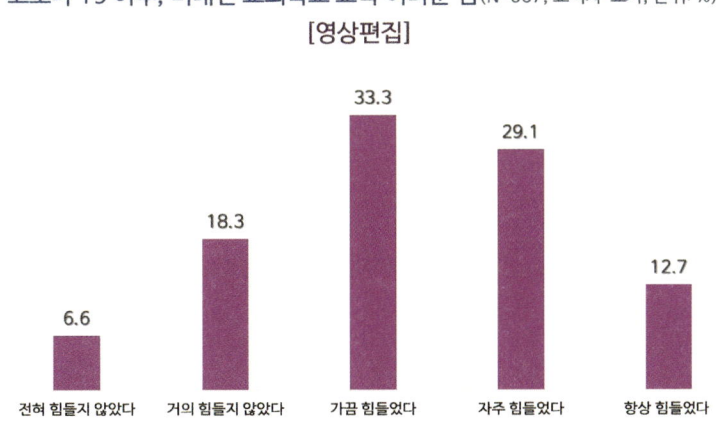

· 코로나 19 이후, 비대면 교회학교 교육 어려운 점(N=667, 교역자·교사, 단위: %)
[영상편집]

비대면 교회교육을 진행할 때 가장 큰 어려움을 겪었던 것이 바로 '전문 인력의 부족'(3.44)이었다. '가끔 힘들었다.'(31.3%)와 '자주 힘들었다.'(30.7%)가 나란히 가장 많은 응답으로 기록되었고, '항상 힘들었다.'라고 응답한 사람도 18.6%나 되었다. 즉 정도의 문제일 뿐이지 무려 80.6%의 응답자들은 온라인 교회교육을 담당할 전문 인력의 부족으로 큰 어려움을 겪었던 것으로 나타났다.

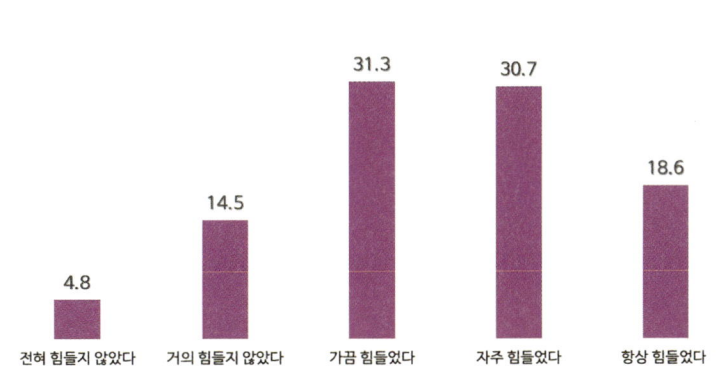

· 코로나 19 이후, 비대면 교회학교 교육 어려운 점(N=667, 교역자·교사, 단위: %)
[전문 인력의 부족]

또한 미디어 콘텐츠와 자료의 부족도 교역자들과 교사들이 느낀 큰 어려움 중의 하나였다 (3.31). 가장 많은 사람(35.2%)이 '가끔 힘들었다'라고 이야기했고, '자주 힘들었다.'라고 응답한 비율도 29.2%나 되었다. 좋은 미디어 교육의 자료를 찾고 사용하는 데 있어 단 20.8%의 교역자들과 교사들만 그렇게 힘들지 않았다고 고백했을 뿐, 나머지 80%에 가까운 응답은 정도의 문제일 뿐 다 어려움을 느꼈다.

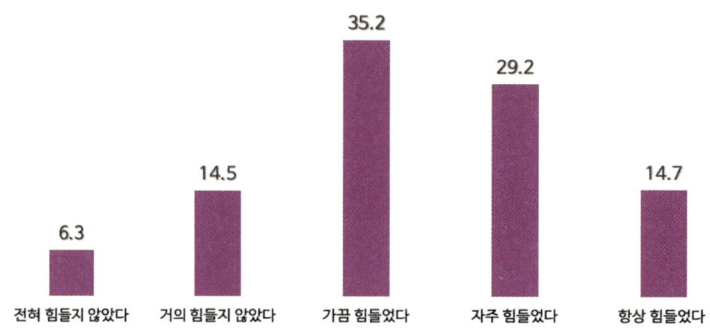

· 코로나19 이후, 비대면 교회학교 교육 어려운 점(N=667, 교역자·교사, 단위: %)
[미디어 콘텐츠와 자료의 부족]

특히 이번 연구는 출석 성도가 1,000명이 되지 않는 중·소형 교회를 대상으로 하는 연구였다. 그래서 연구자들은 교회의 지원과 인프라(기기나 인터넷망 등)의 부족으로 인해 교역자들과 교사들이 어려움을 겪을 수 있다고 생각했다. 여기에 대한 응답을 살펴보니 '가끔 힘들었다.'라고 응답한 비율이 31.5%로 가장 높았고, 그다음으로는 '거의 힘들지 않음'(25.2%)이었다. 34.0%의 응답은 전혀 힘들지 않거나 거의 힘들지 않았다는 응답이었는데, 다른 문항과 비교해 볼 때 교회의 지원과 인프라 같은 하드웨어의 문제보다는 전문 인력이나 자료의 부족 등 소프트웨어의 문제를 더욱 심각하게 느낀 것으로 나타났다.

• **코로나 19 이후, 비대면 교회학교 교육 어려운 점** (N=667, 교역자·교사, 단위: %)
[교회의 지원과 인프라(기기, 인터넷망) 부족]

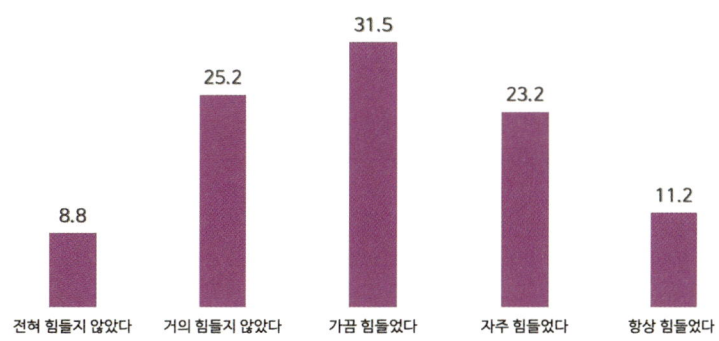

또한 비대면 교회교육에 참여하는 가정에도 인프라(기기, 인터넷망)의 부족으로 어려움을 느낄 수 있을 것이라 예상했다. 결과를 보니 교회의 인프라 부족(3.03) 보다 그 어려움의 수준은 더 낮은 것(2.97)으로 나타났다. 역시 이번 항목에서도 '가끔 힘들었다'(35.5%)가 가장 많은 응답을 기록했고, '거의 힘들지 않음'이 24.6%의 응답을 차지했다.

• **코로나 19 이후, 비대면 교회학교 교육 어려운 점** (N=667, 교역자·교사, 단위: %)
[참여하는 가정의 인프라(기기, 인터넷망) 부족]

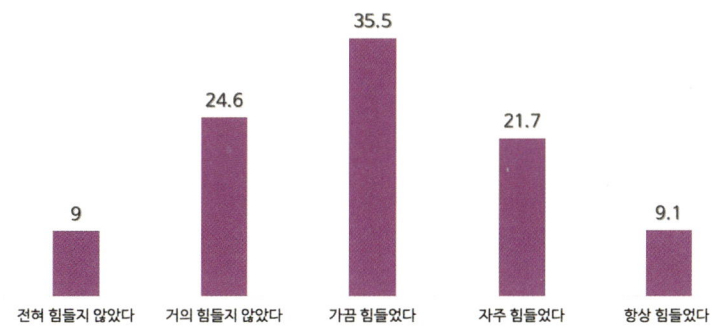

비대면 교회교육을 위한 교육 자료를 제작할 때 또 한 가지 주의할 점은 바로 저작권이다. 아무래도 인터넷이라는 공간에 오픈되거나, 여러 사람에게 열람하도록 하는 비대면 교

회교육의 특성상 이 저작권 문제는 꽤 예민한 주제가 될 수 있다. 응답을 분석해 보니 '가끔 힘들었다.'라고 응답한 비율(37.2%)이 가장 높았고 어떤 모양으로든 어려움을 느낀 비율이 70.9%나 되었다.

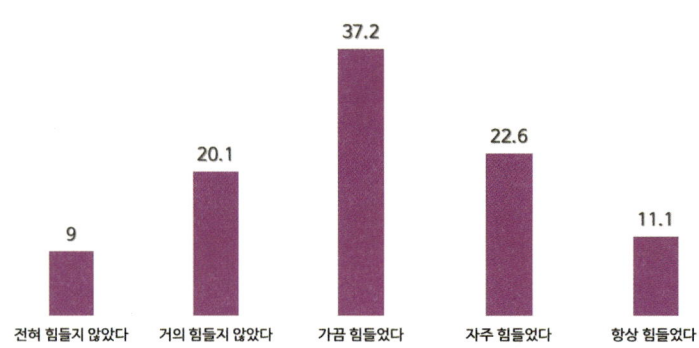

· 코로나 19 이후, 비대면 교회학교 교육 어려운 점(N=667, 교역자·교사, 단위: %)
[교육자료 제작 시 저작권 문제]

이번 코로나 팬데믹으로 인한 어려움은 개교회가 감당하기 쉽지 않은 정말 큰 위기였다. 특히 교회 출석 성도가 1,000명이 되지 않는 중·소형 교회의 상황에서는 더욱더 쉽지 않을 수 있기 때문에 과연 교단과 노회 차원에서 얼마나 도움과 지원이 있었는지 궁금했다. 그런데 교단이나 노회 차원에서의 지원과 도움이 부족하지 않았는지 질문했을 때 35.2%의 응답자들은 '가끔 힘들었다.'라고 응답했고, '자주 힘들었다.'라고 응답한 사람들(23.4%)과 '항상 힘들었다.'라고 응답한 사람들(13.5%)이나 되었다(전체 합해서 72.1%).

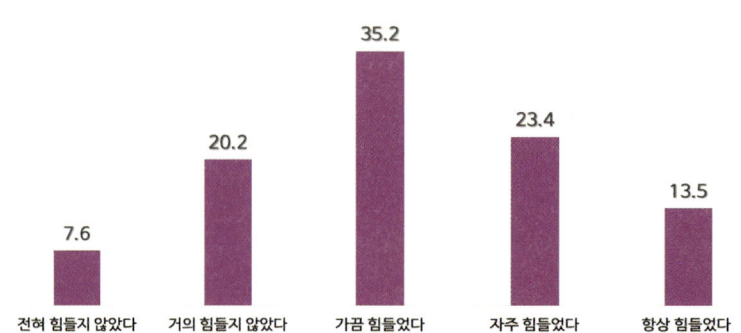

· 코로나 19 이후, 비대면 교회학교 교육 어려운 점(N=667, 교역자·교사, 단위: %)
[교단이나 노회 차원에서의 지원과 도움의 부족]

마지막 항목으로 장기적인 계획과 대안이 없었던 것이 어렵지 않았냐고 질문했는데 응답자들은 이 항목이 12가지 항목 중 두 번째로 높은(3.39) 어려움이라고 응답하였다. 자세한 응답의 비율을 살펴보니 '가끔 힘들었다.'가 33.1%로 가장 높고, 그다음이 '자주 힘들었다.'로 32.7%를 차지했다. '항상 힘들었다.'(15.0%)를 포함하게 되면 무려 80.8%가 힘들다고 응답했는데 그동안 장기적인 계획과 대안도 없이 수많은 교역자와 교사가 얼마나 수고했을지 느껴져 마음이 편치 않았다.

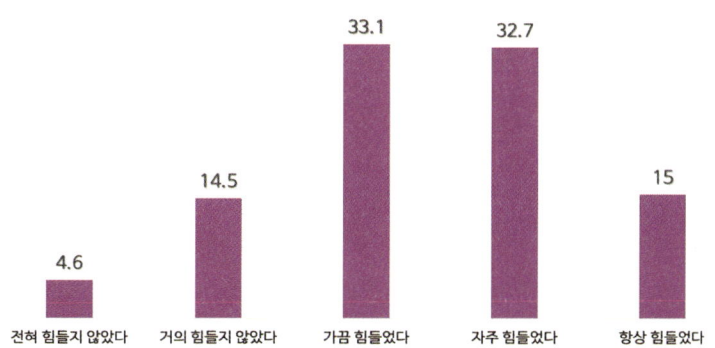

· 코로나 19 이후, 비대면 교회학교 교육 어려운 점 (N=667, 교역자·교사, 단위: %)
[장기적인 계획과 대안의 부재]

6. 코로나19 이후 진행된 비대면 교회교육의 결과 부서의 학생들의 신앙(신앙생활, 신앙 습관)에 어떤 변화가 있다고 생각하시나요? (교역자/교사)

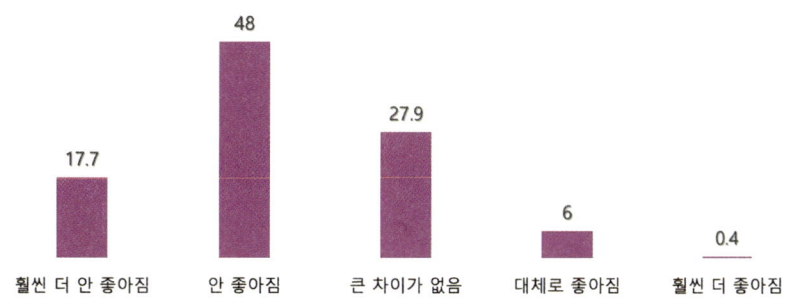

· 코로나19 이후 학생들 신앙의 변화 (N=667 교역자·교사, 단위:%)

· 코로나19 이후 학생들 신앙의 변화 (N=667 교역자·교사, 단위: %)

교역자들과 교사들에게 코로나19 이후 어쩔 수 없이 비대면으로 진행하게 된 교회교육의 결과가 어떤지 물었을 때 부정적인 반응이 많이 나타났다. 학생들의 신앙이 '약간 안 좋아졌다.'라고 응답한 비율이 48.0%나 되었고, '심각하게 안 좋아졌다.'가 17.7%였다(합쳐서 65.7%). 반면 학생들의 신앙이 '좋아졌다.'라거나 '크게 좋아졌다.'라고 응답한 비율은 6.4% 밖에 되지 않았다.

[비대면 교회교육의 만족도] 문항 비교

1. 비대면으로 진행되는 교회교육 프로그램들에 대한 학생들의 전반적인 반응은 어떠한가요? (전체)

· 교회교육 프로그램에 대한 학생들의 전반적인 만족도 (N=1,000 교역자·교사·부모, 단위:%)

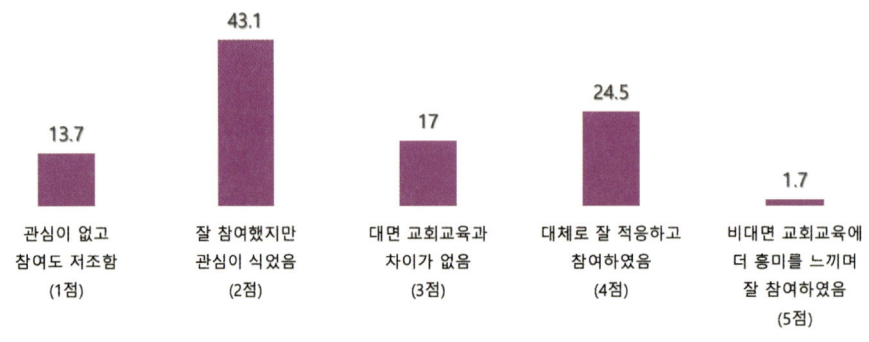

· 교회교육 프로그램에 대한 학생들의 전반적인 만족도 (N=1,000 교역자·교사·부모, 단위: %)

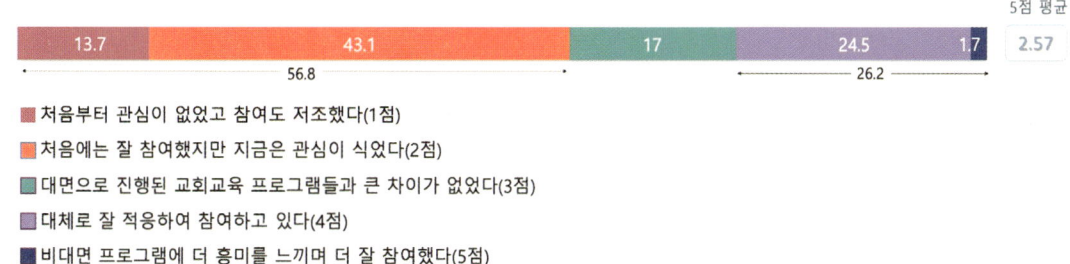

비대면으로 진행되고 있는 교회교육 프로그램들에 대해 학생들이 처음에는 잘 참여했지만, 지금은 관심이 식고 참여율도 떨어지는 편(43.1%)이라고 응답한 비율이 가장 높았고, 처음부터 아예 관심도 없고 참여도 저조했다고 응답한 비율도 13.7%나 되었다(합해서 56.8%).

2. 비대면으로 진행한 교회교육 프로그램들에 대한 본인(교역자/교사/부모)의 전체적인 만족도는 어떠한가요? (전체)

· 교회교육 프로그램에 대해 응답자의 전반적인 만족도 (N=1,000 교역자·교사·부모, 단위:%)

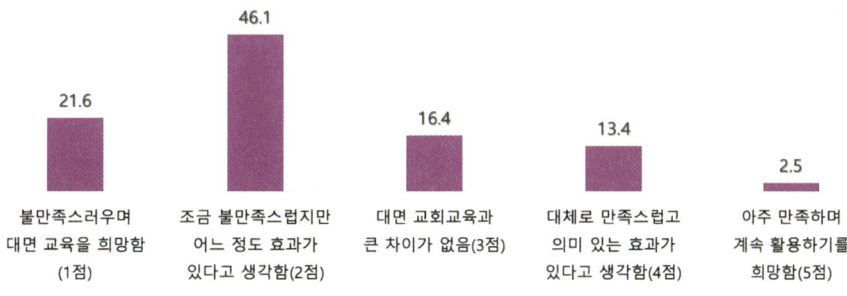

· 교회교육 프로그램에 대해 응답자의 전반적인 만족도 (N=1,000 교역자·교사·부모, 단위: %)

■ 대단히 불만족스럽고 빨리 대면 교육이 이루어지기를 원함(1점)
■ 조금 불만족스러운 부분은 있지만 어느 정도 효과가 있다고 생각함(2점)
■ 대면으로 진행된 교회교육 프로그램들에 비해 큰 차이가 없다(3점)
■ 대체로 만족스러우며 꽤 의미 있는 효과가 있다고 생각함(4점)
■ 아주 만족하며 코로나 이후에도 계속 활용하기를 원함(5점)

비대면으로 진행한 교회교육 프로그램에 대한 만족도는 2.29로 꽤 낮게 나왔다. 조금 불만족한 비율(46.1%)이 가장 높았고 그다음으로는 대단히 불만족하다는 응답(21.6%)이었다. 합해서 67.7%의 응답자들이 비대면 교회교육 프로그램에 불만족한 것으로 나타났고, 만족한다고 응답한 비율은 15.9%밖에 되지 않았다.

3. 다음은 비대면으로 진행된 교회교육 프로그램에 대한 사역자와 교사들의 만족도를 알아보기 위한 질문입니다. 해당하는 항목을 표시해 주시기 바랍니다.

(1=전혀 그렇지 않다, 2=그렇지 않다, 3=보통이다, 4=그렇다, 5=매우 그렇다). (교역자/교사)

교역자와 교사들에게 코로나19 이후 비대면 교회교육 프로그램에 대한 사역자들과 교사들의 만족도를 알아보기 위해 총 9항목으로 나누어 각각의 항목에 어려움을 느꼈는지 Likert 5점 척도로 응답하게 하였다. 그 결과 가장 크게 만족하는 것으로 응답한 항목은 '학생들이 예배의 끈을 놓치지 않는 데 도움이 되었다.'(3.41)라는 것이었다. 그다음으로는 '교회교육의 새로운 가능성을 볼 수 있었다.'(3.31)와 '시간과 장소를 초월한 교회교육의 장이 되었다.'(3.28)가 높은 응답률을 기록했다. 반면 '학생들이 공동체 의식을 형성하는 데 도움이 되었다.' 와 '학생들이 친구들과의 교제를 유지하는 데 도움이 되었다.'라는 응답은 같은 응답률(2.80)로 가장 낮은 만족도를 기록했는데, 아무래도 비대면 교회교육 프로그램을 통해서는 학생들이 신앙 공동체를 형성해 나가고, 친밀한 관계를 유지하는 데 있어 어려움을 겪는다고 평가한 응답과 연결이 되는 것으로 보인다.

· 교회교육 프로그램에 대한 교역자, 교사의 만족도(5점 평균 비교)

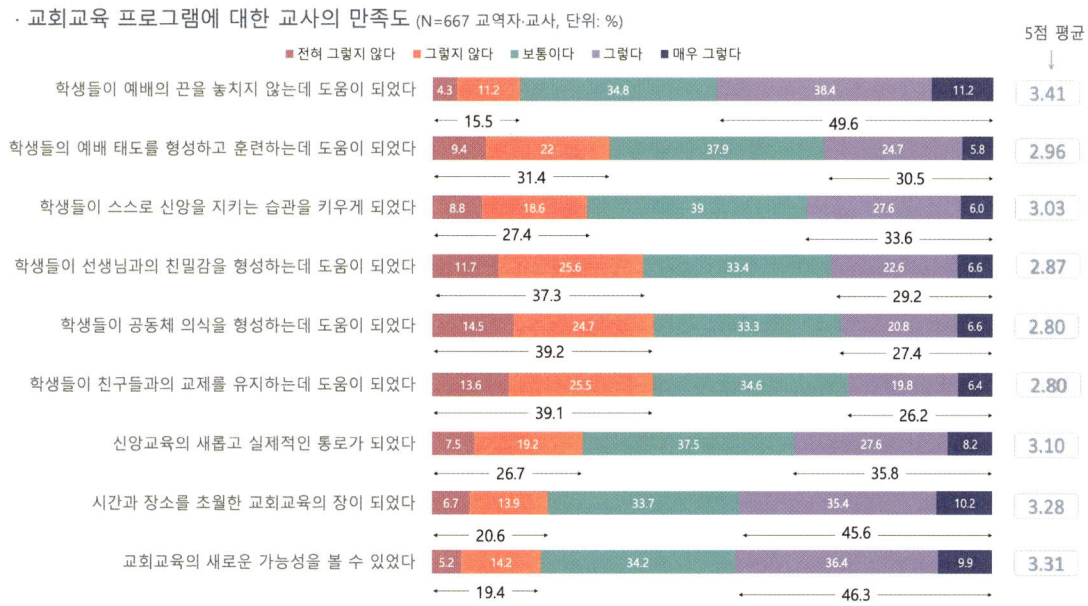

· 교회교육 프로그램에 대한 교사의 만족도 (N=667 교역자·교사, 단위: %)

교사들과 교역자들이 비대면 교회교육 프로그램에 있어 가장 높은 만족도(3.41)를 기록한 것이 바로 학생들이 그래도 계속 예배의 끈을 놓치지 않게 되었다는 항목이었다. 이 항목에 대해 '그렇다.'(38.4%)라고 응답한 비율이 가장 높았으며, '매우 그렇다.'라고 응답한 비율도 11.2%나 되었다. 즉 거의 절반에 가까운 49.6%의 응답자가 긍정적인 응답을 한 것이다. 그런데 위의 통계에서도 계속 살펴보았듯이 예배 외의 다른 비대면 교회교육 프로그램이나 소그룹 모임은 거의 잘되지 않은 것들이 많았는데, 예배라도 잘 드렸으니 되었다고 생각하는 관점과 예배 외에 다른 것은 거의 손도 대지 못했다고 생각하는 관점 이 두 가지 관점 중 어느 쪽을 택해도 이상해 보이지 않는다.

· 교회교육 프로그램에 대한 교역자, 교사의 만족도(N=667, 교역자·교사, 단위: %)
[학생들이 예배의 끈을 놓치지 않는데 도움이 되었다]

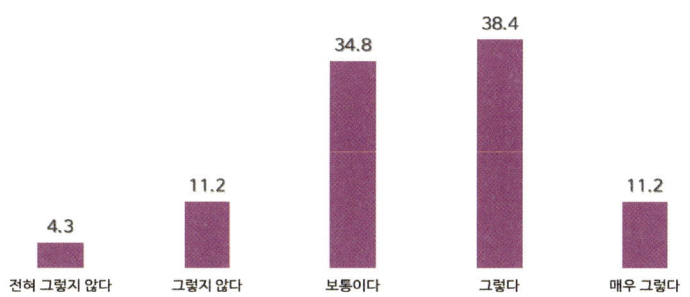

또한 비대면 교회교육 프로그램들이 학생들이 예배 태도를 형성하고 훈련하는 데 도움이 되었는지를 물었을 때, '보통이다.'는 응답이 가장 많았고(37.9%), '그렇다.'라고 하는 응답이 24.7%로 두 번째로 높게 나타났다.

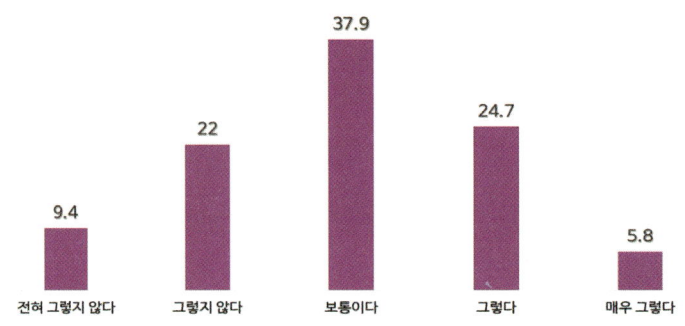

· 교회교육 프로그램에 대한 교역자, 교사의 만족도(N=667, 교역자·교사, 단위: %)
[학생들의 예배 태도를 형성하고 훈련하는데 도움이 되었다]

그렇다면 이러한 비대면 교회교육 프로그램들이 학생들이 스스로 신앙을 지키는 습관을 키우도록 했을까? 가장 많은 응답은 역시 '보통이다.'(39.0%)이었고, 그다음으로는 '그렇다.'(27.6%)가 차지했다. 그래도 그렇지 않다고 응답한 비율(27.4%)보다는 그렇다고 응답한 비율(33.6%)이 살짝 높게 나타났다.

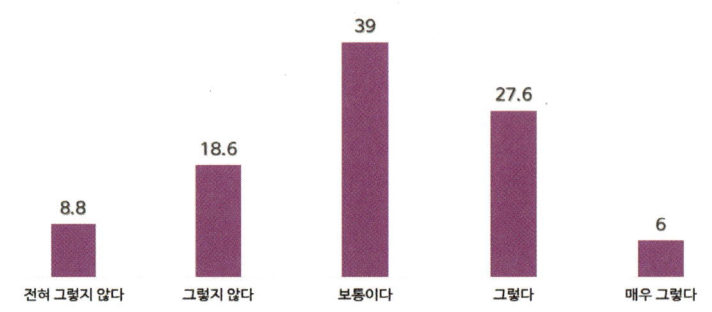

· 교회교육 프로그램에 대한 교역자, 교사의 만족도(N=667, 교역자·교사, 단위: %)
[학생들이 스스로 신앙을 지키는 습관을 키우게 되었다]

반면에 비대면 교회교육 프로그램이 학생들에게 선생님과 친밀함을 형성하는 데 도움이 되었는가 하는 질문에 대해서는 '그렇다.'와 '매우 그렇다.'를 합친 긍정적인 응답(29.2%)보다는 '전혀 그렇지 않다.'와 '그렇지 않다.'를 합친 부정적인 응답이 높게 나타났다(37.3%). 역시 이번 질문에서도 '보통이다.'(33.4%)가 가장 많은 응답을 기록했다.

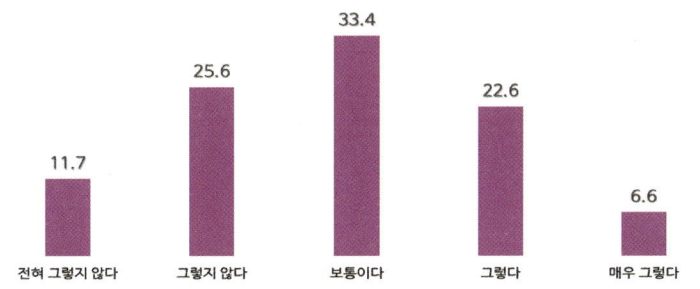

· 교회교육 프로그램에 대한 교역자, 교사의 만족도 (N=667, 교역자·교사, 단위: %)
[학생들이 선생님과 친밀감을 형성하는데 도움이 되었다]

비대면 교회교육 프로그램이 학생들 상호 간의 공동체 의식을 형성하는 데 도움이 되었느냐는 질문에 대한 응답을 보니 부정적인 응답이 더욱 많아졌다(39.3%). 반면에 '그렇다.'와 '매우 그렇다.'라고 응답한 긍정적인 응답의 비율은 27.4%밖에 되지 않았다.

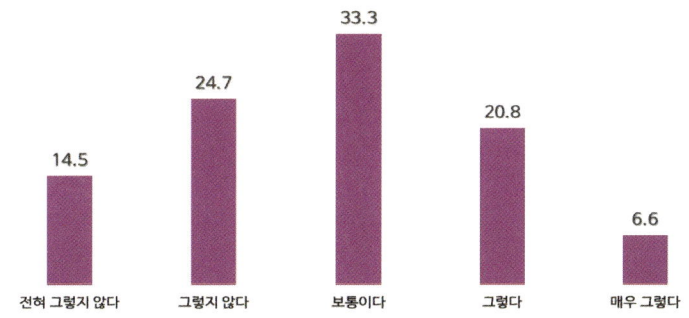

· 교회교육 프로그램에 대한 교역자, 교사의 만족도 (N=667, 교역자·교사, 단위: %)
[학생들이 공동체 의식을 형성하는데 도움이 되었다]

학생들이 친구들과의 교제를 유지하는 데 도움이 되었는가에 대한 응답도 공동체 의식에 대한 응답과 비슷하게 나타났다. '전혀 그렇지 않다.'와 '그렇지 않다.'를 합친 부정적인 응답이 39.1%를 차지했고, '그렇다.'와 '매우 그렇다.'를 합친 비율은 26.2%밖에 되지 않았다.

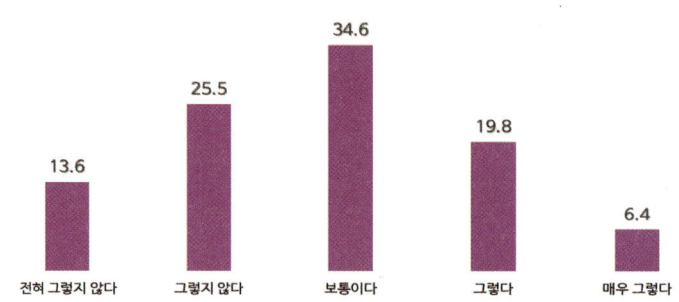

· 교회교육 프로그램에 대한 교역자, 교사의 만족도(N=667, 교역자·교사, 단위: %)
[학생들이 친구들과의 교제를 유지하는데 도움이 되었다]

비대면 교회교육이 신앙교육의 새롭고 실제적인 통로가 되었는가에 관한 질문에 대해 35.8%는 긍정적으로 응답했다. 그러나 '보통이다.'라고 응답한 비율이 이보다 높은 37.5%였고, 부정적인 응답도 26.7%나 되었다.

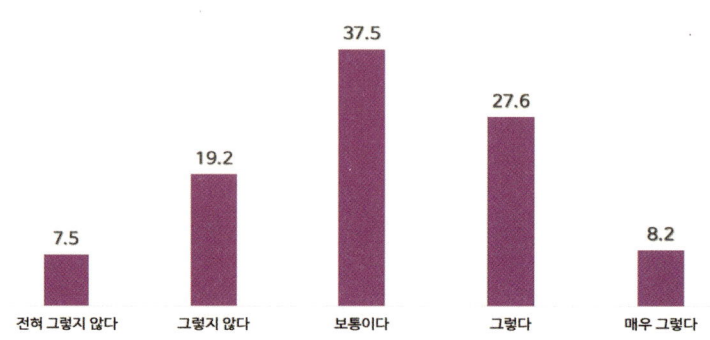

· 교회교육 프로그램에 대한 교역자, 교사의 만족도(N=667, 교역자·교사, 단위: %)
[신앙교육의 새롭고 실제적인 통로가 되었다]

비대면 교회교육이 시간과 장소를 초월한 교회교육의 장이 되었는지 물었을 때는 45.6%가 긍정적으로 응답해 총 9개 항목 중 세 번째로 높은 긍정적인 응답률을 기록했다. 그러나 동시에 20.7%의 교역자나 교사들은 그렇지 않다고 응답했는데 이렇게 응답한 원인에 대해 더 깊은 분석과 연구가 필요해 보인다.

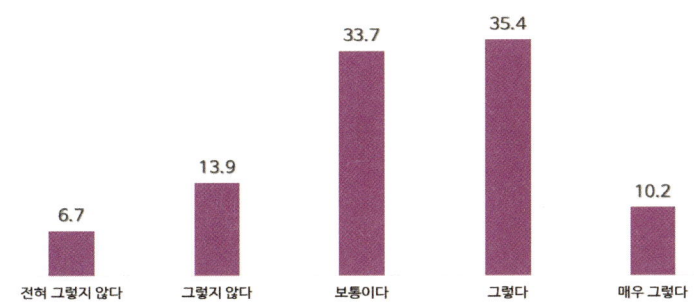

만족도 조사에서 두 번째로 높은 만족도(3.31)를 기록한 것이 바로 교회교육의 새로운 가능성을 볼 수 있었다는 항목이었다. 실제로 46.3%의 응답자가 이 항목에 대해 긍정적으로 응답하였고, 19.5%만이 부정적으로 응답하였다.

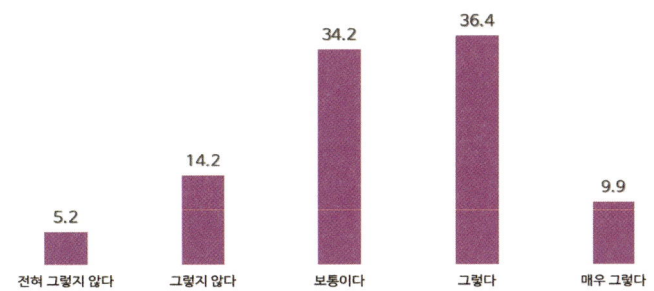

4. 비대면 교회교육이 진행되면서 학생들의 신앙 성장과 관련하여 가장 걱정되는 부분은 무엇입니까? (교역자/교사)

코로나19 이후 비대면 교회교육이 진행되면서 학생들의 신앙 성장과 관련하여 무엇이 가장 걱정되는지 교역자와 교사 그룹에 물어보았다(복수 응답 가능). 그 결과 '공동체 의식의 부족'이 염려된다는 응답이 가장 높았고(22.1%), '기도 및 영성 훈련의 부족'이 염려된다는 응답도 18.6%로 두 번째로 높았다. 그다음으로는 '관계의 끈을 놓치게 됨'(16.4%), '예배 태도가 안 좋아짐'(14.3%) 그리고 '신앙생활 자체에 무관심해짐'(14.2%)이 염려된다고 응답했다. 반면에 '미디어 중독'에 대한 염려는 8.1%에 불과해 이제는 미디어를 부정적으로만 보기보다는 신앙생활을 해 나가는데 있어 필수적인 요소로 보면서, 다만 비대면 미디어 자체가 가지는 한계 때문에 영적 훈련이 부족해지는 것에 더 포커스를 맞추고 있었다.

· 비대면 교회교육이 진행되면서 학생들의 신앙성장과 관련하여 가장 걱정되는 부분 (N=1,822 교역자·교사 *복수응답, 단위: %)

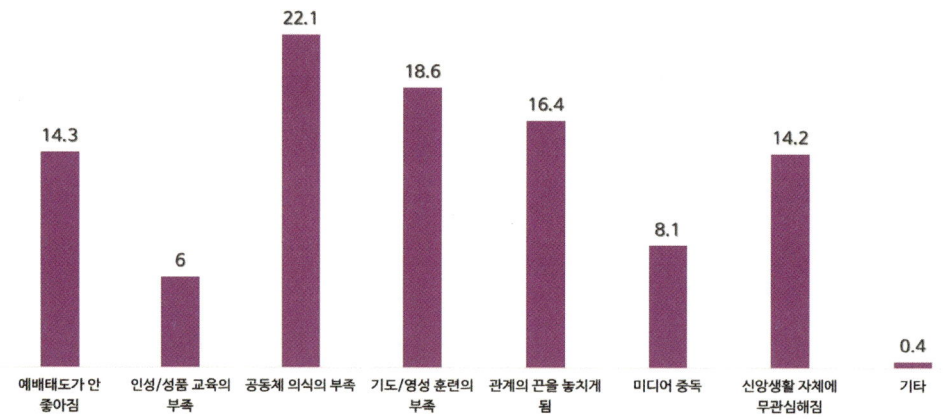

[코로나19 이후 전망] 문항 비교

1. 코로나19 이후 교회학교 교육이 어떻게 이루어질 것이라 예상하십니까? (전체)

코로나19 이후 교회학교 교육의 예상을 교역자와 교사, 부모 모두에게 질문했다. 그 결과 대면 교육을 위주로 하지만 동시에 비대면 교육을 병행하게 될 것으로 생각한 예상이 가장 많았다(58.5%). 그리고 비대면 교육을 위주로 하면서 대면 교육을 병행할 것이라 예상한 예상도 상당히 높게(19.2%) 나와 비대면 교육으로만 운영될 것이라는 예상까지 합해 어떤 형식으로든 비대면 교회교육이 있으리라고 예상한 응답이 79.8%였고, 예전처럼 대면 교육 위주로 돌아가게 될 것이라는 예상은 20.2%에 불과했다.

· **코로나19 이후, 교회학교 교육의 전망**(N=1,000 교역자·교사·부모, 단위: %)

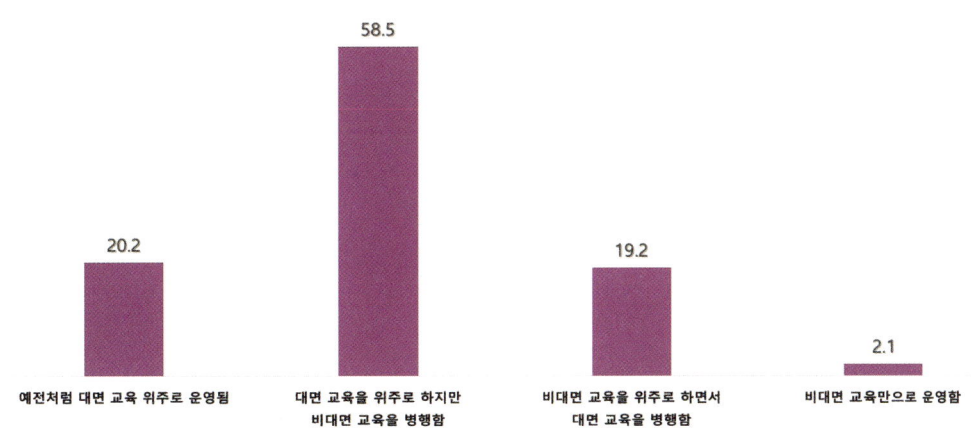

2. 위의 예상과는 상관없이 코로나19 이후에도 (어떠한 형식이든) 비대면 교회교육이 필요하다고 생각하십니까? (전체)

또한 위의 예상과는 상관없이 응답자 본인이 어떤 형식이든 코로나19 이후에도 비대면 교회교육이 필요하다고 생각하는가에 관한 질문에 86.1%가 필요하다고 응답해 위 질문에서 비대면 교회교육이 있을 것이라는 예상한 응답(79.8%)보다 비대면 교회교육이 필요하다는 응답이 높게 나타났다.

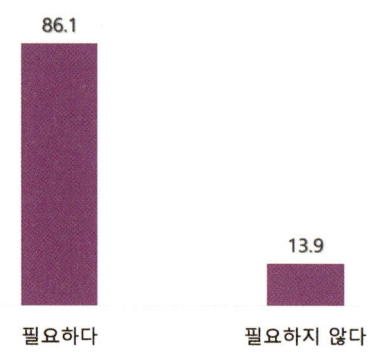

· 코로나19 이후, 비대면 교육의 필요성 (N=1,000 교역자·교사·부모, 단위: %)

3. 코로나19 이후에도 비대면 교회교육이 필요하다면 가장 우선하여 필요한 지원은 무엇이라고 생각하십니까? (복수 응답 가능) (교역자/교사)

코로나19 이후에도 비대면 교회교육이 필요하다면 가장 우선하여 지원되어야 할 것이 무엇이라 생각하는지 교역자와 교사 그룹에 물어보았다(복수 응답 가능). 그 결과 '양질의 교육 미디어 콘텐츠'가 필요하다는 응답이 가장 높았고(20.3%), '미디어 활용 능력과 신학적 기초를 함께 갖추고 있는 사역자'가 필요하다는 응답도 18.6%로 두 번째로 높았다. 그다음으로는 '교회의 지원과 관심'(18.2%), '영상/음향 장비 및 인터넷망 등의 지원'(16.0%), 그리고 '미디어 활용 능력이 탁월한 교사'(12.8%)가 필요하다고 응답했다.

· 코로나19 이후, 비대면 교회교육이 필요하다면 가장 우선적으로 필요한 지원 (N=1,751 교역자·교사 *복수응답, 단위: %)

부록

I. 설문 문항

교회학교 교사 설문 문항

안녕하세요!

아세아연합신학대학교의 ACTS교육연구소에서는 코로나19 팬데믹 이후 비대면 상황에서 진행되고 있는 교회교육의 현황과 그 어려움을 분석하고, 시대적 상황에 맞는 대안을 찾기 위하여 "코로나19 이후 중·소형 교회의 비대면 교회교육 현황 연구"라는 연구를 수행하게 되었습니다.

설문지에 응답하시는 내용은 코로나19 상황은 물론, 이후 한국 교회교육의 방향을 모색하고 대안을 수립하는 데 있어서 귀하게 사용될 것입니다. 부디 성실하고 정확하게 응답하여 주시기를 부탁드립니다. 단 본 연구는 1,000명 이하의 중·소형 교회가 그 연구의 대상입니다. 혹시라도 본인이 섬기시는 교회가 출석 성도 1,000명이 넘는 교회라면 죄송하지만, 다음에 참여해 주시기 바랍니다.

설문은 총 8개의 영역으로 이루어져 있으며 약 10-15분 정도 소요될 것으로 예상됩니다. 선생님의 설문 참여는 자발적으로 이루어지며, 참여 여부로 인한 어떠한 불이익도 발생하지 않음을 알려드립니다.

설문에 응답해 주신 분 중 추첨을 통해 50명에게 커피 기프트콘을 드립니다. 추첨에 응모하기를 원하시는 분은 이름과 기프트콘을 받으실 연락처(이메일 주소나 휴대폰 번호)를 입력해 주시기 바랍니다(이름과 연락처를 남기시는 분들에게만 개인정보 활용 동의받음).
※ 설문에 관해서 문의하실 내용이 있으면 다음으로 연락해 주시기 바랍니다.
(아세아연합신학대학교 ACTS교육연구소, edu@acts.ac.kr 또는 031-770-7723)

교사 기본정보(11문항)

1. 성별

    1) 남   2) 여

2. 나이

    1) 20대   2) 30대   3) 40대   4) 50대   5) 60대 이상

3. 선생님이 섬기는 교회의 출석 성도 규모는?

    1) 50명 이하

    3) 50-100명

    4) 100-300명

    5) 300-500명

    6) 500명-1,000명

4. 선생님이 섬기는 부서는?

    1) 영유아부

    2) 유치부

    3) 초등부

    4) 중등부

    5) 고등부

    6) 대학청년부

5. 선생님이 섬기는 교육부서의 규모는 어떠합니까?

    1) 10명 이내

    2) 10-30명

    3) 30-50명

    4) 50-100명

5) 100명 이상

6. 선생님께서 예수님을 믿으신지 얼마나 되셨습니까?
   1) 1년 미만
   2) 1~5년
   3) 5-10년
   4) 10-30년
   5) 30-50년
   6) 50년 이상

7. 선생님이 교사로 섬기기 시작하신지 몇 년 정도 되셨습니까(타 교회 사역경험도 포함)?
   1) 1년 미만
   2) 1-5년
   3) 5-10년
   4) 10-20년
   5) 20-30년
   6) 30-40년
   7) 40년 이상

8. 선생님께서 평상시 미디어를 사용하는 시간은 얼마나 되십니까?
   1) 1시간 이하
   2) 1시간~3시간
   3) 3시간-5시간
   4) 5시간 이상

9. 선생님은 미디어를 읽고 쓰는 능력(컴퓨터, 스마트폰 등을 이용해서 필요한 정보를 찾고 활용하는 능력)이 어느 정도 수준이라고 생각하십니까?

　　　　1) 매우 못함(1점)
　　　　2) 약간 못함(2점)
　　　　3) 보통 수준(3점)
　　　　4) 조금 잘함(4점)
　　　　5) 매우 잘함(5점)

10. 선생님이 섬기는 교육부서에 담당 사역자가 있습니까?
　　　　1) 예　　2) 아니오

11. (10번에 &예&라고 대답하신 선생님들만 응답) 선생님이 속한 교육부서의 담당 사역자는 미디어를 읽고 쓰는 능력(컴퓨터, 스마트폰 등을 이용해서 필요한 정보를 찾고 활용하는 능력)이 어느 정도 수준이라고 생각하십니까?
　　　　1) 매우 못함(1점)
　　　　2) 약간 못함(2점)
　　　　3) 보통 수준(3점)
　　　　4) 조금 잘함(4점)
　　　　5) 매우 잘함(5점)

코로나19로 인한 변화(6문항)

1. 코로나19 이후 예배는 어떻게 드리고 있습니까?
　　　　1) 온라인 예배
　　　　2) 온라인과 현장 예배를 병행
　　　　3) 현장 예배
　　　　4) 부서 예배를 따로 드리지 못하고 있음

2. 코로나 19 이후 교육부서의 예배 참석 인원에는 어떤 변화가 있나요?

    1) 많이 줄었다(1점)

    2) 어느 정도 줄었다(2점)

    3) 큰 변화가 없다(3점)

    4) 늘었다(4점)

    5) 크게 늘었다(5점)

3. (온라인 예배를 드리는 교회만) 온라인 예배를 드릴 때 사용하는 매체는 어떠한 것입니까? (복수 응답 가능)

    1) 교회 홈페이지

    2) 유튜브

    3) 줌(Zoom) (혹은 다른 실시간 화상회의 플랫폼)

    4) 카카오톡 라이브

    5) 네이버 밴드

    6) SNS (페이스북, 인스타그램 등)

    7) 기타:

4. 코로나19 이후 비대면 교회학교 교육은 어떻게 진행되고 있습니까?

  (1=전혀 하지 않음. 2=거의 하지 않음. 3=가끔 하고 있음. 4=꽤 자주 하고 있음. 5=매주(항상) 하고 있음)

	1	2	3	4	5
예배(온라인 예배)					
비대면 심방(드라이브-쓰루 포함)					
비대면 소그룹 모임(온라인 분반공부/성경공부)					
온라인 큐티					
비대면 성경학교/수련회					
비대면 제자훈련					
비대면 교제 모임					
다양한 비대면 프로그램(성경 퀴즈, 성경 필사, 성경 암송 등)					

5. 코로나19이후 비대면 교회학교 교육을 진행할 때 아래의 내용과 관련하여 얼마나 힘들었습니까?

(1=전혀 힘들지 않음. 2=거의 힘들지 않음. 3=가끔 힘들었다. 4=자주 힘들었다. 5=항상 힘들었다)

	1	2	3	4	5
컴퓨터나 스마트폰 사용하기					
카메라, 마이크, 그리고 조명 사용하기					
새로운 프로그램(어플리케이션) 익히기					
학생들의 저조한 반응과 참여					
영상 편집					
전문 인력의 부족					
미디어 컨텐츠와 자료의 부족					
교회의 지원과 인프라(기기, 인터넷망) 부족					
참여하는 가정의 인프라(기기, 인터넷망) 부족					
교육자료 제작 시 저작권 문제					
교단이나 노회 차원에서의 지원과 도움의 부족					
장기적인 계획과 대안의 부재					

6. 코로나19 이후 진행된 비대면 교회교육의 결과 부서의 학생들의 신앙(신앙생활, 신앙 습관)에 어떤 변화가 있다고 생각하시나요?

    1) 심각하게 안 좋아졌다(1점).

    2) 약간 안 좋아졌다(2점)

    3) 큰 변화가 없다(3점)

    4) 좋아졌다(4점)

    5) 크게 좋아졌다(5점)

비대면 교회교육의 만족도(4문항)

1. 비대면으로 진행되는 교회교육 프로그램들에 대한 학생들의 전반적인 반응은 어떠한가요?

    1) 처음부터 관심이 없었고 참여도 저조했다(1점)
    2) 처음에는 잘 참여했지만 지금은 관심이 식었다(2점)
    3) 대면으로 진행된 교회교육 프로그램들과 큰 차이가 없었다(3점)
    4) 대체로 잘 적응하여 참여하고 있다(4점)
    5) 비대면 프로그램에 더 흥미를 느끼며 더 잘 참여했다(5점)

2. 비대면으로 진행한 교회교육 프로그램들에 대한 선생님 본인의 전체적인 만족도는 어떠한가요?

    1) 대단히 불만족스럽고 빨리 대면 교육이 이루어지기를 원함(1점)
    2) 조금 불만족스러운 부분은 있지만 어느 정도 효과가 있다고 생각한다(2점)
    3) 대면으로 진행된 교회교육 프로그램들에 비해 큰 차이가 없다(3점)
    4) 대체로 만족스러우며 꽤 의미 있는 효과가 있다고 생각한다(4점)
    5) 아주 만족하며 코로나 이후에도 계속 활용하기를 원함(5점)

3. 다음은 비대면으로 진행된 교회교육 프로그램에 대한 선생님의 만족도를 알아보기 위한 질문입니다. 해당하는 항목을 표시해 주시기 바랍니다.
    (1=전혀 그렇지 않다, 2=그렇지 않다, 3=보통이다, 4=그렇다, 5=매우 그렇다)

	1	2	3	4	5
학생들이 예배의 끈을 놓치지 않는 데 도움이 되었다					
학생들의 예배 태도를 형성하고 훈련하는 데 도움이 되었다					
학생들이 스스로 신앙을 지키는 습관을 키우게 되었다					
학생들이 선생님과의 친밀감을 형성하는 데 도움이 되었다					
학생들이 공동체 의식을 형성하는 데 도움이 되었다					
학생들이 친구들과의 교제를 유지하는 데 도움이 되었다					

신앙교육의 새롭고 실제적인 통로가 되었다					
시간과 장소를 초월한 교회교육의 장이 되었다					
교회교육의 새로운 가능성을 볼 수 있었다					

4. 비대면 교회교육이 진행되면서 학생들의 신앙 성장과 관련하여 가장 걱정되는 부분은 무엇입니까? (복수 응답 가능)

        1) 예배 태도가 안 좋아짐

        2) 인성/성품 교육의 부족

        3) 공동체 의식이 부족하게 됨

        4) 기도 및 영성 훈련의 부족

        5) 관계의 끈을 놓치게 됨

        6) 미디어 중독

        7) 신앙생활 자체에 무관심해 짐

        8) 기타:

코로나19 이후 전망(3문항)

1. 코로나19 이후 교회학교 교육이 어떻게 이루어질 것이라 예상하십니까?

        1) 예전처럼 대면 교육 위주로 운영될 것이다

        2) 대면 교육을 위주로 하지만 비대면 교육을 병행한다

        3) 비대면 교육을 위주로 하면서 대면 교육을 병행한다

        4) 비대면 교육만으로 운영한다

2. 위의 예상과는 상관없이 선생님은 코로나19 이후에도 (어떠한 형식이든) 비대면 교회교육이 필요하다고 생각하십니까?

1) 필요하다   2) 필요하지 않다

3. 코로나19 이후에도 비대면 교회교육이 필요하다면 가장 우선하여 필요한 지원은 무엇이라고 생각하십니까? (복수 응답 가능)

    1) 교회의 지원과 관심

    2) 영상/음향 장비 및 인터넷망 등의 지원

    3) 미디어 활용 능력과 신학적 기초를 함께 갖추고 있는 사역자

    4) 미디어 활용 능력이 탁월한 교사

    5) 양질의 교육 미디어 콘텐츠

    6) 교회학교 교사들의 미디어 활용 능력을 높이기 위한 교육 프로그램

    7) 기타:

설문에 참여해 주셔서 감사합니다. 설문에 응답해 주신 분 중 추첨을 통해 00명에게 커피 기프트콘을 드리고자 합니다. 추첨에 응모하기를 원하시는 분은 기프트콘을 받으실 휴대폰 번호를 입력해 주시기 바랍니다.

설문을 모두 마쳤습니다. 참여에 진심으로 감사드립니다!

교회학교 교역자 설문 문항

안녕하세요!

아세아연합신학대학교의 ACTS교육연구소에서는 코로나19 팬데믹 이후 비대면 상황에서 진행되고 있는 교회교육의 현황과 그 어려움을 분석하고, 시대적 상황에 맞는 대안을 찾기 위하여 "코로나19 이후 중·소형 교회의 비대면 교회교육 현황 연구"라는 연구를 수행하게 되었습니다.

설문지에 응답하시는 내용은 코로나19 상황은 물론, 이후 한국 교회교육의 방향을 모색하고 대안을 수립하는 데 있어서 귀하게 사용될 것입니다. 부디 성실하고 정확하게 응답하여 주시기를 부탁드립니다. 단 본 연구는 1,000명 이하의 중·소형 교회가 그 연구의 대상입니다. 혹시라도 본인이 섬기시는 교회가 출석 성도 1,000명이 넘는 교회라면 죄송하지만, 다음에 참여해 주시기 바랍니다.

설문은 총 8개의 영역으로 이루어져 있으며 약 10-15분 정도 소요될 것으로 예상됩니다. 선생님의 설문 참여는 자발적으로 이루어지며, 참여 여부로 인한 어떠한 불이익도 발생하지 않음을 알려드립니다.

설문에 응답해 주신 분 중 추첨을 통해 50명에게 커피 기프트콘을 드립니다. 추첨에 응모하기를 원하시는 분은 이름과 기프트콘을 받으실 연락처(이메일 주소나 휴대폰 번호)를 입력해 주시기 바랍니다(이름과 연락처를 남기시는 분들에게만 개인정보 활용 동의받음).

※ 설문에 관해서 문의하실 내용이 있으면 다음으로 연락해 주시기 바랍니다.
(아세아연합신학대학교 ACTS 교육연구소, edu@acts.ac.kr 또는 031-770-7723)

교역자 기본정보(11문항)

1. 성별

    1) 남   2) 여

2. 나이

    1) 20대   2) 30대   3) 40대   4) 50대   5) 60대 이상

3. 섬기는 교회의 출석 성도 규모는?

    1) 50명 이하

    2) 50-100명

    3) 100-300명

    4) 300-500명

    5) 500명-1,000명

4. 섬기는 부서는?

    1) 영유아부

    2) 유치부

    3) 초등부

    4) 중등부

    5) 고등부

    6) 대학청년부

    7) 담임목사

    8) 교구 및 행정 목사

5. 섬기는 부서의 규모는?

    1) 10명 이내

    2) 10~30명

3) 30~50명

4) 50~100명

5) 100명 이상

6. 신앙의 연조는 몇 년 정도 됩니까?

    1) 1년 미만

    2) 1~5년

    3) 5~10년

    4) 10~30년

    5) 30~50년

    6) 50년 이상

7. 사역을 시작하신 지 몇 년 정도 되십니까?

    1) 1년 미만

    2) 1~5년

    3) 5~10년

    4) 10~20년

    5) 20~30년

    6) 30년 이상

8. 평상시 미디어를 사용하는 시간은 얼마나 되십니까?

    1) 1시간 이하

    2) 1시간~3시간

    3) 3시간-5시간

    4) 5시간 이상

9. 미디어를 읽고 쓰는 능력(컴퓨터, 스마트폰 등을 이용해서 필요한 정보를 찾고 활용하는

능력)이 어느 정도 수준이라고 생각하십니까?

 1) 매우 못함(1점)

 2) 약간 못함(2점)

 3) 보통 수준(3점)

 4) 조금 잘함(4점)

 5) 매우 잘함(5점)

10. 섬기는 교회에 미디어 담당 사역자가 있습니까?

 1) 예   2) 아니오

11. 10 번에 &예&라고 대답하신 교역자들만 응답) 교역자가 섬기는 교회의 미디어 담당 사역자는 미디어를 읽고 쓰는 능력(컴퓨터, 스마트폰 등을 이용해서 필요한 정보를 찾고 활용하는 능력)이 어느 정도 수준이라고 생각하십니까?

 1) 매우 못함(1점)

 2) 약간 못함(2점)

 3) 보통 수준(3점)

 4) 조금 잘함(4점)

 5) 매우 잘함(5점)

코로나19로 인한 변화(6문항)

1. 코로나19 이후 예배는 어떻게 드리고 있습니까?

 1) 온라인 예배

 2) 온라인과 현장 예배를 병행

 3) 현장 예배

 4) 부서 예배를 따로 드리지 못하고 있음

2. 코로나19 이후 예배 참석인원에는 어떤 변화가 있나요?

    1) 많이 줄었다(1점)

    2) 어느 정도 줄었다(2점)

    3) 큰 변화가 없다(3점)

    4) 늘었다(4점)

    5) 크게 늘었다(5점)

3. (온라인 예배를 드리는 교회만) 온라인 예배를 드릴 때 사용하는 매체는 어떠한 것입니까? (복수 응답 가능)

    1) 교회 홈페이지

    2) 유튜브

    3) 줌(Zoom) (혹은 다른 실시간 화상회의 플랫폼)

    4) 카카오톡 라이브

    5) 네이버 밴드

    6) SNS (페이스북, 인스타그램 등)

    7) 기타:

4. 코로나19 이후 비대면 교회학교 교육은 어떻게 진행되고 있습니까?

  (1=전혀 하지 않음, 2=거의 하지 않음. 3=가끔 하고 있음. 4=꽤 자주 하고 있음. 5=매주(항상) 하고 있음)

	1	2	3	4	5
예배(온라인 예배)					
비대면 심방(드라이브-쓰루 포함)					
비대면 소그룹 모임(온라인 분반공부/성경공부)					
온라인 큐티					
비대면 성경학교/수련회					
비대면 제자훈련					
비대면 교제 모임					
다양한 비대면 프로그램(성경 퀴즈, 성경 필사, 성경 암송 등)					

5. 코로나19 이후 비대면 교회학교 교육을 진행할 때 아래의 내용과 관련하여 얼마나 힘들었습니까? (1=전혀 힘들지 않음. 2=거의 힘들지 않음. 3=가끔 힘들었다. 4=자주 힘들었다. 5=항상 힘들었다)

	1	2	3	4	5
컴퓨터나 스마트폰 사용하기					
카메라, 마이크, 그리고 조명 사용하기					
새로운 프로그램(어플리케이션) 익히기					
학생들의 저조한 반응과 참여					
영상 편집					
전문 인력의 부족					
미디어 컨텐츠와 자료의 부족					
교회의 지원과 인프라(기기, 인터넷망) 부족					
참여하는 가정의 인프라(기기, 인터넷망) 부족					
교육자료 제작 시 저작권 문제					
교단이나 노회 차원에서의 지원과 도움의 부족					
장기적인 계획과 대안의 부재					

6. 코로나19 이후 진행된 비대면 교회교육의 결과 부서의 학생들의 신앙(신앙생활, 신앙 습관)에 어떤 변화가 있다고 생각하시나요?

    1) 심각하게 안 좋아졌다(1점).

    2) 약간 안 좋아졌다(2점)

    3) 큰 변화가 없다(3점)

    4) 좋아졌다(4점)

    5) 크게 좋아졌다(5점)

비대면 교회교육의 만족도(4문항)

1. 비대면으로 진행되는 교회교육 프로그램들에 대한 학생들의 전반적인 반응은 어떠한가요?

    1) 처음부터 관심이 없었고 참여도 저조했다(1점)

    2) 처음에는 잘 참여했지만, 지금은 관심이 식었다(2점)

    3) 대면으로 진행된 교회교육 프로그램들과 큰 차이가 없었다(3점)

    4) 대체로 잘 적응하여 참여하고 있다(4점)

    5) 비대면 프로그램에 더 흥미를 느끼며 더 잘 참여했다(5점)

2. 비대면으로 진행한 교회교육 프로그램들에 대한 사역자 본인의 전체적인 만족도는 어떠한가요?

    1) 대단히 불만족스럽고 빨리 대면 교육이 이루어지기를 원함(1점)

    2) 조금 불만족스러운 부분은 있지만 어느 정도 효과가 있다고 생각한다(2점)

    3) 대면으로 진행된 교회교육 프로그램들에 비해 큰 차이가 없다(3점)

    4) 대체로 만족스러우며 꽤 의미 있는 효과가 있다고 생각한다(4점)

    5) 아주 만족하며 코로나 이후에도 계속 활용하기를 원함(5점)

3. 다음은 비대면으로 진행된 교회교육 프로그램에 대한 사역자의 만족도를 알아보기 위한 질문입니다. 해당하는 항목을 표시해 주시기 바랍니다(1=전혀 그렇지 않다, 2=그렇지 않다, 3=보통이다, 4=그렇다, 5=매우 그렇다).

	1	2	3	4	5
학생들이 예배의 끈을 놓치지 않는 데 도움이 되었다					
학생들의 예배 태도를 형성하고 훈련하는 데 도움이 되었다					
학생들이 스스로 신앙을 지키는 습관을 키우게 되었다					
학생들이 선생님과의 친밀감을 형성하는 데 도움이 되었다					
학생들이 공동체 의식을 형성하는 데 도움이 되었다					
학생들이 친구들과의 교제를 유지하는 데 도움이 되었다					

신앙교육의 새롭고 실제적인 통로가 되었다				
시간과 장소를 초월한 교회교육의 장이 되었다				
교회교육의 새로운 가능성을 볼 수 있었다				

4. 비대면 교회교육이 진행되면서 학생들의 신앙 성장과 관련하여 가장 걱정되는 부분은 무엇입니까? (복수 응답 가능)

    1) 예배 태도가 안 좋아짐

    2) 인성/성품 교육의 부족

    3) 공동체 의식이 부족하게 됨

    4) 기도 및 영성 훈련의 부족

    5) 관계의 끈을 놓치게 됨

    6) 미디어 중독

    7) 신앙생활 자체에 무관심해 짐

    8) 기타:

코로나19 이후 전망

1. 코로나19 이후 교회학교 교육이 어떻게 이루어질 것이라 예상하십니까?

    1) 예전처럼 대면 교육 위주로 운영될 것이다

    2) 대면 교육을 위주로 하지만 비대면 교육을 병행한다

    3) 비대면 교육을 위주로 하면서 대면 교육을 병행한다

    4) 비대면 교육만으로 운영한다

2. 위의 예상과는 상관없이 선생님은 코로나19 이후에도(어떠한 형식이든) 비대면 교회교육이 필요하다고 생각하십니까?

    1) 필요하다   2) 필요하지 않다

3. 코로나19 이후에도 비대면 교회교육이 필요하다면 가장 우선하여 필요한 지원은 무엇이라고 생각하십니까? (복수 응답 가능)

    1) 교회의 지원과 관심

    2) 영상/음향 장비 및 인터넷망 등의 지원

    3) 미디어 활용 능력과 신학적 기초를 함께 갖추고 있는 사역자

    4) 미디어 활용 능력이 탁월한 교사

    5) 양질의 교육 미디어 콘텐츠

    6) 교회학교 교사들의 미디어 활용 능력을 높이기 위한 교육 프로그램

    7) 기타:

설문에 참여해 주셔서 감사합니다.

설문에 응답해 주신 분 중 추첨을 통해 00명에게 커피 기프티콘을 드리고자 합니다.

추첨에 응모하기를 원하시는 분은 기프트콘을 받으실 휴대폰 번호를 입력해 주시기 바랍니다.

설문을 모두 마쳤습니다. 참여에 진심으로 감사드립니다!

부모님 설문 문항

안녕하세요!

아세아연합신학대학교의 ACTS 교육연구소에서는 코로나19 팬데믹 이후 비대면 상황에서 진행되고 있는 교회교육의 현황과 그 어려움을 분석하고, 시대적 상황에 맞는 대안을 찾기 위하여 "코로나19 이후 중·소형 교회의 비대면 교회교육 현황 연구"라는 연구를 수행하게 되었습니다.

설문지에 응답하시는 내용은 코로나19 상황은 물론, 이후 한국 교회교육의 방향을 모색하고 대안을 수립하는 데 있어서 귀하게 사용될 것입니다. 부디 성실하고 정확하게 응답하여 주시기를 부탁드립니다. 단 본 연구는 1,000명 이하의 중·소형 교회가 그 연구의 대상입니다. 혹시라도 본인이 섬기시는 교회가 출석 성도 1,000명이 넘는 교회라면 죄송하지만, 다음에 참여해 주시기 바랍니다.

설문은 총 8개의 영역으로 이루어져 있으며 약 10-15분 정도 소요될 것으로 예상됩니다. 선생님의 설문 참여는 자발적으로 이루어지며, 참여 여부로 인한 어떠한 불이익도 발생하지 않음을 알려드립니다.

설문에 응답해 주신 분 중 추첨을 통해 50명에게 커피 기프트콘을 드립니다. 추첨에 응모하기를 원하시는 분은 이름과 기프트콘을 받으실 연락처(이메일 주소나 휴대폰 번호)를 입력해 주시기 바랍니다(이름과 연락처를 남기시는 분들에게만 개인정보 활용 동의를 받음).

※ 설문에 관해서 문의하실 내용이 있으면 다음으로 연락해 주시기 바랍니다.
(아세아연합신학대학교 ACTS 교육연구소, edu@acts.ac.kr 또는 031-770-7723)

부모님 기본정보(16문항)

1. 자녀와의 관계
    1) 아버지   2) 어머니

2. 부모님 나이
    1) 20대   2) 30대   3) 40대   4) 50대   5) 60대 이상

3. (자녀 기준) 함께 거주하는 가족 구성원 (복수 응답 가능)
    1) 아버지
    2) 어머니
    3) 형제/자매
    4) 할아버지/할머니
    5) 친인척
    6) 기타

4. 부모님의 경제 활동
    1) 외벌이
    2) 맞벌이
    3) 기타:

5. 자녀의 수
    1) 외동
    2) 2명
    3) 3명 이상

6. 자녀의 나이 (복수 응답 가능)
    1) 영유아부

2) 유치부

3) 초등부

4) 중등부

5) 고등부

6) 대학청년부

7. 부모님이 섬기는 교회의 출석 성도 규모

　　1) 50명 이하

　　2) 50~100명

　　3) 100~300명

　　4) 300~500명

　　5) 500명~1,000명

8. 부모님의 교회 직분

　　1) 일반성도

　　2) 서리 집사

　　3) 안수집사, 권사, 장로

　　4) 목회자

9. 코로나 이후, 부모님의 개인 신앙생활 (복수 응답 가능)

　　1) 주일 예배

　　2) 주중 예배(수요, 금요 예배)

　　3) 새벽 기도회

　　4) 개인 말씀 묵상, 기도

　　5) 가정예배

　　6) 비대면 소모임

　　7) 기타:

10. 부모님의 예배 참여 형태 (복수 응답 가능)

    1) 교회 현장

    2) 온라인 예배

    3) TV/라디오 방송 예배

    4) 가정예배

    5) 기타:

11. 부모님의 주일 예배 참석 빈도

    1) 매주

    2) 한 달에 2~3번

    3) 한 달에 1번

    4) 아주 가끔

12. (코로나 이전을 포함하여) 부모님의 교회 소그룹 및 봉사 활동 (복수 응답 가능)

    1) 구역예배/셀 모임

    2) 친교 모임

    3) 교회학교 봉사

    4) 교회 내 봉사(식당, 주차, 성가대 등)

    5) 교회 밖 봉사(전도, 지역사회 봉사 등)

    6) 하지 않음

13. 부모님께서 평상시 미디어를 사용하는 시간은 얼마나 되십니까?

    1) 1시간 이하

    2) 1시간~3시간

    3) 3시간-5시간

    4) 5시간 이상

14. 부모님은 미디어를 읽고 쓰는 능력(컴퓨터, 스마트폰 등을 이용해서 필요한 정보를 찾고 활용하는 능력)이 어느 정도 수준이라고 생각하십니까?

    1) 매우 못함(1점)

    2) 약간 못함(2점)

    3) 보통 수준(3점)

    4) 조금 잘함(4점)

    5) 매우 잘함(5점)

15. 자녀가 소속된 교육부서에 담당 사역자가 있습니까?

    1) 예   2) 아니오   3) 기타(자녀가 속한 부서에 따라 다름)

16. (15번에 &예& 혹은 &기타&라고 대답하신 부모님들만 응답) 자녀가 속한 교회교육부서의 담당 사역자는 미디어를 읽고 쓰는 능력(컴퓨터, 스마트폰 등을 이용해서 필요한 정보를 찾고 활용하는 능력)이 어느 정도 수준이라고 생각하십니까?

    1) 매우 못함(1점)

    2) 약간 못함(2점)

    3) 보통 수준(3점)

    4) 조금 잘함(4점)

    5) 매우 잘함(5점)

코로나19로 인한 변화(6문항)

1. 코로나19 이후, 자녀는 주로 예배는 어떻게 드리고 있습니까?

    1) 온라인 예배

    2) 온라인과 현장 예배를 병행

    3) 현장 예배

    4) 부서 예배를 따로 드리지 못하고 있음

2. 코로나19 이후, 자녀들의 비대면 교회학교 교육(프로그램) 참여는 어떻습니까?

 (1=전혀 참여하지 않음. 2=거의 참여하지 않음. 3=가끔 참여. 4=자주 참여. 5=매주(항상) 참여)

	1	2	3	4	5
예배(온라인 예배)					
비대면 소그룹 모임(온라인 분반공부/성경공부)					
비대면 제자훈련					
비대면 친교 모임					
다양한 비대면 프로그램(성경 퀴즈, 성경 필사, 성경 암송 등)					
비대면 성경학교/수련회					

3. 코로나19 이후, 자녀들의 &생활 습관&(공부 습관, 수면 시간, 운동량, 가족 간의 대화 등)은 코로나 이전과 비교하여 어떻습니까?

    1) 훨씬 더 안 좋아졌다(1점).

    2) 대체로 안 좋아졌다(2점)

    3) 코로나 이전과 큰 차이가 없다(3점)

    4) 대체로 좋아졌다(4점)

    5) 훨씬 더 좋아졌다(5점)

4. 코로나19 이후, 자녀들의 &신앙생활&(예배 생활, 개인 경건 생활, 교회학교 선생님과 친구들과의 관계, 신앙의 실천 등)은 코로나 이전과 비교하여 어떻습니까?

1) 훨씬 더 안 좋아졌다(1점).

2) 대체로 안 좋아졌다(2점)

3) 코로나 이전과 큰 차이가 없다(3점)

4) 대체로 좋아졌다(4점)

5) 훨씬 더 좋아졌다(5점)

5. 자녀들이 자주 사용하는 미디어 콘텐츠는? (복수 응답 가능)
    1) 학교 교육 참여

    2) 친구들과 소통

    3) 게임, 엔터테인먼트

    4) 개인학습

    5) 교회교육 참여

    6) 신앙/경건 생활

    7) 기타

6. 자녀들의 &학교& 비대면 교육과 &교회& 비대면 교육의 참여에 차이가 있나요?
    1) 학교 교육에 참여가 더 높다

    2) 교회교육에 참여가 더 높다

    3) 학교 교육과 교회교육 모두 참여가 높다

    4) 학교 교육과 교회교육 모두 참여가 낮다

비대면 교회교육의 만족도(5문항)

1. 비대면으로 진행되는 교회교육 프로그램들에 대한 자녀들의 전반적인 반응은 어떠한가요?
   1) 처음부터 관심이 없었고 참여도 저조했다(1점)
   2) 처음에는 잘 참여했지만 지금은 관심이 식었다(2점)
   3) 대면으로 진행된 교회교육 프로그램들과 큰 차이가 없었다(3점)
   4) 대체로 잘 적응하여 참여하고 있다(4점)
   5) 비대면 프로그램에 더 흥미를 느끼며 더 잘 참여했다(5점)

2. 비대면으로 진행한 교회교육 프로그램들에 대한 부모님의 전체적인 만족도는 어떠한가요?
   1) 대단히 불만족스럽고 빨리 대면 교육이 이루어지기를 원함(1점)
   2) 조금 불만족스러운 부분은 있지만 어느 정도 효과가 있다고 생각한다(2점)
   3) 대면으로 진행된 교회교육 프로그램들에 비해 큰 차이가 없다(3점)
   4) 대체로 만족스러우며 꽤 의미 있는 효과가 있다고 생각한다(4점)
   5) 아주 만족하며 코로나 이후에도 계속 활용하기를 원함(5점)

3. 자녀들의 비대면 교회교육에 대한 부모님의 더 구체적인 만족도를 알아보기 위한 질문입니다. 해당하는 항목을 표시해 주시기 바랍니다(1=전혀 그렇지 않다, 2=그렇지 않다, 3=보통이다, 4=그렇다, 5=매우 그렇다).

	1	2	3	4	5
자녀들이 예배의 끈을 놓치지 않는 데 도움이 되었다					
자녀들의 예배 태도를 형성하고 훈련하는 데 도움이 되었다					
자녀들이 스스로 신앙을 지키는 습관을 키우게 되었다					
자녀들이 선생님과의 친밀감을 형성하는 데 도움이 되었다					
자녀들이 공동체 의식을 형성하는 데 도움이 되었다					
자녀들이 친구들과의 교제를 유지하는 데 도움이 되었다					
신앙교육의 새롭고 실제적인 통로가 되었다					
시간과 장소를 초월한 교회교육의 장이 되었다					
교회교육의 새로운 가능성을 볼 수 있었다					
교회교육과 가정이 함께하는 계기가 되었다					

4. 비대면으로 진행된 자녀들의 예배와 교회교육을 돕기 위해 부모님이 직면했던 어려움은 무엇인가요?

(1=전혀 그렇지 않다, 2=그렇지 않다, 3=보통이다, 4=그렇다, 5=매우 그렇다).

	1	2	3	4	5
자녀의 담임교사와 소통에 어려움이 있었다					
자녀의 교회학교 교역자와 소통에 어려움이 있었다					
교회학교 비대면 예배 및 교육과 관련하여 자녀들과 소통하고 지도하는 데 어려움이 있었다					
가정의 인프라(기기, 인터넷망)의 부족으로 교회학교 비대면 교육활동에 참여하는 데 어려움이 있었다					
교회에서 제공하는 콘텐츠의 질이 떨어졌다(음향, 영상의 질이 좋지 않아 예배 및 프로그램에 집중하기 힘들었다)					
미디어 기기와 새로운 프로그램(어플리케이션)들을 활용하는 것이 서툴러 어려움이 있었다					
접속 방법 및 프로그램 사용에 대한 안내가 부족했다					

5. 비대면 교회교육이 진행되면서 자녀들의 신앙 성장과 관련하여 가장 걱정되는 부분은 무엇입니까? (복수 응답 가능)

    1) 예배 태도가 안 좋아짐

    2) 인성/성품 교육의 부족

    3) 공동체 의식이 부족하게 됨

    4) 기도 및 영성 훈련의 부족

    5) 관계의 끈을 놓치게 됨

    6) 미디어 중독

    7) 신앙생활 자체에 무관심해 짐

    8) 기타:

코로나19 이후 전망 (4문항)

1. 코로나19 이후 교회학교 교육이 어떻게 이루어질 것이라 예상하십니까?
    1) 예전처럼 대면 교육 위주로 운영될 것이다
    2) 대면 교육을 위주로 하지만 비대면 교육을 병행한다
    3) 비대면 교육을 위주로 하면서 대면 교육을 병행한다
    4) 비대면 교육만으로 운영한다

2. 위의 예상과는 상관없이 부모님은 코로나19 이후에도 (어떠한 형식이든) 비대면 교회교육이 필요하다고 생각하십니까?
    1) 필요하다   2) 필요하지 않다

3. 코로나19 이후에도 비대면 교회교육이 필요하다면 가장 우선하여 필요한 지원은 무엇이라고 생각하십니까? (복수 응답 가능)
    1) 교회의 지원과 관심
    2) 미디어 활용 능력과 신학적 기초를 함께 갖추고 있는 사역자
    3) 양질의 교육 미디어 콘텐츠
    4) 교회학교 교사들의 미디어 활용 능력을 높이기 위한 교육 프로그램
    5) 교회와 가정과의 소통
    6) 부모들을 위한 미디어 교육
    7) 기타:

4. 코로나19 이후 자녀들의 신앙생활에 있어서 교회와 가정의 역할에 관한 생각은?
    1) 교회의 역할이 절대적으로 중요하다
    2) 가정의 역할이 절대적으로 중요하다
    3) 교회와 가정은 각각 중요한 역할을 지닌다.
    4) 교회와 가정의 역할이 모두 중요하지만, 교회의 역할이 더 중요하다
    5) 교회와 가정의 역할이 모두 중요하지만, 가정의 역할이 더 중요하다

설문에 참여해 주셔서 감사합니다.

설문에 응답해 주신 분 중 추첨을 통해 00명에게 커피 기프티콘을 드리고자 합니다.

추첨에 응모하기를 원하시는 분은 기프티콘을 받으실 휴대폰 번호를 입력해 주시기 바랍니다.

설문을 모두 마쳤습니다. 참여에 진심으로 감사드립니다!